Jahrbuch für Didaktik der Philosophie und Ethik
2010

AF280880

Jahrbuch für Didaktik der Philosophie und Ethik 2010

Herausgegeben von Johannes Rohbeck

Philosophie und Weltanschauung

Herausgegeben von Gisela Raupach-Strey
und Johannes Rohbeck

THELEM
2011

Bibliografische Information der Deutschen Bibliothek
Die Deutsche Bibliothek verzeichnet diese Publikation in der
Deutschen Nationalbibliografie; detaillierte bibliografische Daten
sind im Internet unter <http://dnb.ddb.de> abrufbar.

Bibliographic information published by Die Deutsche Bibliothek
Die Deutsche Bibliothek lists this publication in the Deutsche
Nationalbibliografie; detailed bibliographic data is available in
the Internet at <http://dnb.ddb.de>

ISBN 978-3-942411-32-5

© 2011 w. e. b. Universitätsverlag & Buchhandel
Eckhard Richter & Co. OHG
Bergstr. 70 | D-01069 Dresden
Tel.: 0351/4 72 14 63 | Fax: 0351/4 72 14 65
http://www.thelem.de

Titelbild: Camille Flammarion, L'Atmosphere: Météorologie Populaire
(Holzstich, Paris 1888)

Thelem ist ein Imprint von w. e. b.
Alle Rechte vorbehalten. All rights reserved.
Gesamtherstellung: w. e. b.
Satz: w. e. b., Sophia Zeil
Druck und Bindung: Difo-Druck GmbH, Bamberg
Made in Germany.

Inhalt

Didaktische Werkstatt

Einleitung

Philosophie und Weltanschauung werden im lebensweltlichen, aber auch im akademischen Diskurs mitunter verwechselt, vermischt, zuweilen gar gleichgesetzt. Heutige Philosophen gehen meist auf Distanz zu jedweder Weltanschauung und haben dafür unterschiedliche Gründe. Umgekehrt meldet sich gegenwärtig aber auch häufiger der Verdächtigungsgestus: »Deine Philosophie enthält ja doch eine versteckte Weltanschauung.« Dabei ist schon das Personalpronomen verräterisch, sucht Philosophie doch von alters her nach nicht bloß subjektiven Einsichten. Philosophie ohne Bekenntnis können sich – in der umgangssprachlichen Lesart – viele, auch denkende Menschen schlecht vorstellen. Diese diffuse Gemengelage unterschiedlicher Sprachgebräuche führt leicht zu Missverständnissen, so dass Klärungsbedarf besteht. Für die Didaktik rührt die Frage nach dem Verhältnis von Philosophie und Weltanschauung an einen Nerv.

»Philosophie ist keine Weltanschauung« – diese Grundannahme haben wir in den Debatten zu Konzeption und Didaktik des Philosophie-Unterrichts in der ersten Professionalisierungsphase betont, und erst recht in der folgenden Phase der Debatten um einen wie auch immer benannten Ethik-Unterricht, der etwas später in der alten Bundesrepublik zum evangelischen und katholischen Religions-Unterricht hinzutrat. »Wir« meint die Generation von Fachdidaktiker/innen, die den Philosophie-Unterricht in den 70er Jahren als ordentliches Schulfach aufgebaut und die Didaktik professionalisiert hat. Was verbarg und verbirgt sich vielleicht noch hinter dieser vorausgesetzten These?

1. Zum einen der Blick auf ein sich soeben als »ordentliches Unterrichtsfach« etablierendes Fach, das unter den dafür üblichen Kriterien die Anbindung an eine an der Universität vertretene wissenschaftliche Disziplin erfüllen sollte. Somit wird eine gewisse Verbindlichkeit hinsichtlich der Inhalte und der Methoden garantiert, die für ein schulisches Fach unabdingbar ist, aber auch eine angemessene und seriöse Ausbildung der Unterrichtenden. – Bei diesem Punkt wird eine weitere Voraussetzung gemacht:

2. Die Option, Philosophie als Wissenschaft zu begreifen. Dies war zwar ebenfalls ein beliebter und strittiger Diskussionsgegenstand Anfang der 70er Jahre. In diesem Zusammenhang wird damit ein gewisser Anspruch erhoben, der mit dem umgangssprachlichen »Herumphilosophieren« – »Spintisieren« nicht vereinbar ist, jedenfalls nicht bei ungeprüften oder gar

phantastischen Meinungsäußerungen stehenbleiben darf. Nicht gemeint ist die Abgrenzung im engeren Sinn von Philosophie als Wissenschaft gegenüber der Philosophie als Aufklärung, die der Kantischen Philosophie nach dem Weltbegriff entspricht und die ebenfalls für die Didaktik von Bedeutung ist. Als Wissenschaft betriebene Philosophie intendiert hier Verbindlichkeit und Allgemeingültigkeit anstrebendes Denken und Sprechen, das mit einer gewissen methodischen Strenge einhergeht und vom »Labern« oder »Quatschen« zu distanzieren ist, aber auch von Privatmeinungen über Gott und die Welt. Es geht vielmehr um die Institutionalisierung der Philosophie als Bezugswissenschaft für ein Schulfach auch im akademischen Bewusstsein. – Vielleicht ist diese Option nur richtig zu verstehen aus dem Rückblick:

3. Für unsere Generation der aufbrechenden Fachdidaktiker/innen in den 70er Jahren war durchaus noch spürbar, dass Philosophie mancherorts oder von manchen »Philosophen« als Weltanschauung betrieben wurde. Ihr Denken bewegte sich lediglich im Umfeld eines »großen Philosophen« oder einer Richtung, die eben nicht in eine offene Auseinandersetzung mit anderen Strömungen eintrat und nicht kritisch befragt wurde. Wenn im Denken eines Menschen oder einer Gruppe nur ein einziges Denksystem repräsentiert ist, das sich gegen jede Infragestellung verschließt, so tritt dieses Denksystem an die Stelle eines Glaubens – und das nennen wir üblicherweise eine Weltanschauung. Wohl sollte auf der in diesem Jahrbuch dokumentierten Tagung der Begriff der Weltanschauung ebenfalls kritisch betrachtet werden. Schließlich waren aber im Hinblick auf die damalige Gegenwart zwei Forderungen an die Realisierung des Unterrichts im Fach Philosophie mitgedacht:

4. Eine methodische Forderung, die allerdings mit konzeptionellen Schwerpunkten zusammenhängt: Philosophie-Unterricht sollte nicht die Philosophiegeschichte abbilden, also lediglich auf Reproduktion des schon früher Gedachten abzielen, sondern zum selbständigen Denken anregen und anleiten, freilich auch in kritischer, dialogischer Auseinandersetzung mit tradiertem philosophischem Gedankengut.

5. Eine didaktisch-konzeptionelle Forderung: Die Lehrer/innen des Philosophie-Unterrichts sind es ihren Schüler/innen schuldig, den Unterricht nicht einseitig zu gestalten, d. h. insbesondere sie nicht nur mit einer Denkrichtung bekannt zu machen, die dadurch unerkannt dogmatisiert würde. Erst recht verbietet sich offene Indoktrination, also die Behandlung eines Philosophen oder einer philosophischen Richtung als absolut gültig – so dass sie dann eben an die Stelle eines zu glaubenden Systems (einer »Weltanschauung«) rücken würde.

Die zweite Professionalisierungsphase (die Johannes Rohbeck einläutete) setzt diese Voraussetzungen nicht außer Kraft, sondern betrachtet sie als eingelöst, jedenfalls als prinzipiell selbstverständlich für Unterricht an einer öffentlichen Schule. Es ist darauf zu achten, dass gegenwärtige Praxis nicht hinter diese Einsichten zurückfällt.

Die Auffassung von Philosophie ebenso wie Philosophie-Unterricht als kritischer Reflexion, die in ihrem Bestand eine Pluralität von Denkstilen und -strömungen nicht nur zulässt und toleriert, sondern auch nebeneinander pflegt, grenzt also Philosophie von Weltanschauungen jedweder couleur ab, innerphilosophisch vom dogmatischen Verfolgen nur einer Richtung und außerphilosophisch von jeder religiösen oder nichtreligiösen Weltanschauung. Solche lediglich individuell oder partikular für eine Gesinnungsgemeinschaft gültigen Überzeugungs- bzw. Glaubenssysteme können aber Gegenstand philosophischer Reflexion werden, ja sie müssen es sogar, wenn man nicht eine Weltanschauung unter der Hand zur Ideologie erheben will. Insofern ist Philosopie(ren) als kritische Reflexion mit einer Pluralität von Anschauungen nicht nur vereinbar, sondern kritisch auf sie bezogen. »Kritisch« im ursprünglichen Sinn des Unterscheidens: Philosophisches Denken zielt auf die Unterscheidung des Begründbaren vom Nicht-Begründbaren.

Nach der politischen Wende von 1989 war für die Kolleg/innen aus der ehemaligen DDR dies wohl zuerst die eindrücklichste Erfahrung: das Zulassen von Pluralität in der Philosophie selbst. Daher ging aus einer der ersten gemeinsamen Tagungen die »Mindener Erklärung« hervor, die die Pluralität ausdrücklich bejahte. Weniger beleuchtet haben wir in dem Moment, dass Philosophie ohnehin nicht »geglaubt« werden sollte, auch kein Plural von Philosophien. Aber es war ein erster wichtiger Schritt, die Gleichsetzung von Philosophie und Weltanschauung im Marxismus-Leninismus aufzulösen, zumal dieser die Philosophie als wissenschaftlich bezeichnete und sie somit mit einem Objektivitätsanspruch versehen wurde.

Bereits Ende der 70er Jahre hatte in der alten Bundesrepublik die Diskussion und allmähliche Etablierung eines Ethik-Unterrichts eingesetzt neben dem Religions-Unterricht. Dies macht vielleicht noch deutlicher, dass der Unterricht die Schüler/innen nicht zu einer bestimmten Auffassung oder Anschauung zwingen darf. Der Ethik-Unterricht ist vielmehr mit guten Gründen hauptsächlich an die Bezugswissenschaft Philosophie angebunden, weil hier erst recht das Indoktrinationsverbot gilt (Religionsfreiheit im Grundgesetz Art. 4).

Jedenfalls gilt dies für die letzten, nicht weiter begründbaren Überzeugungen, bezüglich derer in einem demokratischen Gemeinwesen Toleranz zu üben ist. Der Unterricht bewegt sich allerdings hauptsächlich im Vorfeld der letzten Überzeugungen und setzt sich argumentativ mit unterschiedlichen Moralvorstellungen, Werten, Lebens- und Weltentwürfen auseinander. Diese sollen jedoch in ihrer Vielfalt zur Sprache kommen und kommen dürfen.

Man sieht also: Für Konzeption und Didaktik des Ethik-Unterricht brauchen wir erst recht die schon für den Philosophie-Unterricht entwickelte Abgrenzung zu Weltanschauungen; Ethik-Unterricht leitet zur kritischen Reflexion und vernünftigen Begründung jedweder Überzeugung an. Er vertritt nicht seinerseits eine Weltanschauung oder ein Glaubenssystem, auch nicht das eines Atheismus oder eines Agnostizismus oder eines per se religionslosen Humanismus.

Ziel der Tagung des *Forums für Didaktik der Philosophie und Ethik* am 8. und 9. Mai 2009 in Halle (Saale) war zum einen, Unterschiede, aber auch Überschneidungen sowie die wechselseitige Paradoxie der Begriffe Philosophie und Weltanschauung ins Auge zu fassen und das Verhältnis beider nach kritischer Durchleuchtung auf anderer Ebene neu zu bestimmen. Zum anderen sollten die Problemfelder der gegenwärtigen Gesellschaft, die gerade durch ihren Bezug zu weltanschaulichen Grundfragen die Didaktik herausfordern, beleuchtet werden.

Die Paradoxie liegt darin, dass die Philosophie, die den Weltanschauungen gerne ihren Absolutheitsanspruch zum Vorwurf macht, ihrerseits seit der Antike universale Intentionen verfolgt. Andererseits kann sie diese auch nicht ohne weiteres suspendieren, da der Mensch auf ein Orientierungssystem angewiesen ist und dies zu den anthropologischen Grundlagen gehört, deren Bearbeitung Aufgabe der Philosophie ist.

Johannes Rohbeck wählt als Ausweg aus dieser Paradoxie den Verzicht auf den Weltanschauungsbegriff und spricht in Anlehnung an aktuelle, konstruktivistische Tendenzen in den Wissenschaften vielmehr von Deutungsmustern, die das Individuum situativ aktiviert, die aber nicht auf ein einheitliches Weltbild bezogen werden. Dennoch sind in der Gesellschaft der Gegenwart Relativismus einerseits und Fundamentalismus andererseits Erscheinungen, die nicht nur für die Didaktik problematisch sind. *Richard Breun* versucht insbesondere die anthropologischen Entstehungsbedingungen solcher Einstellungen zu analysieren. Um relativistischen und fundamentalistischen Verkürzungen entgegenzuwirken, entwickelt Breun in Anlehnung an Cassirer eine performative Didaktik der symbolischen Formen, die im Durchgang durch Dezentrierung eine solide Ich-Entwicklung ermöglichen soll.

Ein weiteres, von Weltanschauungsfragen bestimmtes Problemfeld der Gegenwart ist kulturelle Heterogenität. Auf welche Art und Weise dieser Herausforderung in der Philosophiedidaktik so begegnet werden kann, dass die vielfältigen Schwierigkeiten in interkulturelles Lernen der Schüler/innen transformiert werden, stellt *Renate Schröder-Werle* aus eigener Erfahrung in der Lehrerbildung dar. Die dritte, weltanschauliche Grundlagen berührende Herausforderung liegt in der Bestandsaufnahme, dass ein großer Teil heutiger Schüler/innen, insbesondere in den neuen Bundesländern, gar keine religiöse Sozialisation mehr kennt. Einer

Differenzierung dieser Thematik hat sich *Michael Domsgen* in eigenen Untersuchungen gewidmet und für die Didaktik eine Perspektiverweiterung postuliert, die über neutral informierende Religionskunde hinausgeht, indem sie Innen- und Außenperspektive der Religionen philosophierend ebenso wie durch Begegnungserfahrungen verschränkt. Schließlich ist der diachrone Blick auf die zugespitzte Form der Weltanschauung, die »Ideologie«, zwanzig Jahre nach der politischen Wende von besonderem Interesse. Der Beitrag von *Herbert Schnädelbach* hierzu bereichert zweifellos den weiterhin notwendigen Ost-West-Dialog.

Das Postulat weltanschaulicher Neutralität des Ethikunterrichts erfordert eo ipso auch die Selbstreflexion der Unterrichtenden auf die weltanschaulichen Elemente und Vormeinungen, die sie selber vor allem Unterricht mitbringen. Vorschläge, wie man sich diesem komplexen Thema annähern kann, wurden – in bewusster Methodenpluralität – im letzten Teil der Tagung von einer Arbeitsgruppe in fünf Workshops vorgestellt: von *Julia Dietrich, Christian Gefert, Christa Runtenberg, Donat Schmidt* und *Markus Tiedemann*.

Eine allzu strikte Abgrenzung zwischen Philosophie und Weltanschauung ist nicht durchzuhalten, will man das gewonnene Problembewusstsein nicht gleich wieder verlieren. Es bleibt aber das Desiderat, falsche Totalitätsansprüche zu erkennen, die in Vergangenheit und Gegenwart auf unterschiedliche Weise mit Weltanschauungen verknüpft wurden bzw. werden. Und da andererseits der Kampf der Weltanschauungen in der globalisierten Welt keine Option sein kann, sind unbegründete und irrationale Auffassungen nicht tolerabel, der ethische Minimalkonsens jenseits aller Weltanschauungen bleibt daher ebenso ein unhintergehbares Desiderat. Insofern zeigt sich – so im grundlegenden Beitrag von *Gisela Raupach-Strey* – dass eine gewisse Differenz zwischen Philosophie und Weltanschauung im Sinne unseres didaktischen Postulats aufrechtzuerhalten ist – freilich im Durchgang durch die theoretischen Paradoxien und die praktischen Schwierigkeiten auf einer reflektierten Ebene.

Im August 2010
Gisela Raupach-Strey

Herbert Schnädelbach

Zum Ideologiebegriff –
20 Jahre nach der Wende

Was hat der Ideologiebegriff mit der »Wende« zu tun? Ist 1989 nicht nur ein real-geschichtliches, sondern auch ein begriffsgeschichtliches Datum, wie es der mir vorgeschlagene Vortragstitel unterstellt? In der Tat ist das Ideologie-Thema völlig aus dem wissenschaftlichen Diskurs verschwunden, und der breite Strom einschlä-giger Publikationen aus den 60er und 70er-Jahren ist längst versiegt. Damit hat offenbar auch die Konjunktur der Ideologiekritik ihr Ende gefunden, die seit dem Ende des Zweiten Weltkriegs zum täglichen Brot der Intellektuellen gehörte, und die waren damals fast alle »links«, denn konservative Intellektuelle musste man in jenen Jahren mit der Lupe suchen. Damit ist auch den Jüngeren die ideologiekriti-sche Sensibilität, die wir Älteren uns besonders zugute hielten, weitgehend abhan-den gekommen. Als ich in meiner Kritik an der Philosophie Robert B. Brandoms behauptete, seine Darstellung der Kommunikation als ein wechselseitiges »deon-tisches Kontoführen« von »*score-keepern*« erinnere auffällig an den Schacher von *shop-keepern*, die andauernd gegenseitig ihre jeweiligen Konten aufrechnen, und dass es kein Wunder sei, dass in der kapitalistischen Welt sich niemand wundere, wenn eine Philosophie menschliche Verständigung als Börsenveranstaltung unter lauter kleinen Privatkapitalisten darstellt,[1] war die Entrüstung so groß, dass man meinen Aufsatz beinahe nicht gedruckt hätte. Ein anderes Beispiel: Bei einer Kon-ferenz über Max Weber hatte ich mir erlaubt, auf die Hohlheit der neumodischen Werte-Rhetorik hinzuweisen. (Damals hatte z. B. Angela Merkel als Oppositions-führerin dem Bundeskanzler Schröder entgegengehalten: »Ihre Werte stimmen nicht!«)[2] Darauf reagierte ein Kollege, dem das Thema wohl sehr am Herzen lag, verärgert und tief gekränkt, ohne mein ideologiekritisches Interesse auch nur zu bemerken.

---

1 Vgl. Herbert Schnädelbach, »Sozialpragmatischer Idealismus. Bemerkungen zu Robert B. Brandoms Expressive Vernunft«, in: ders., *Analytische und postanalytische Philosophie. Vorträge und Abhandlun-gen 4*, Frankfurt a. M. 2004, S. 179 ff.
2 Vgl. Herbert Schnädelbach, »Die Sprache der Werte«, in: ders., a. a. O. (Anm. 1), S. 266 ff.

1. Ideologiekritische Attitüden

Ehe man versucht, auch dieses Phänomen selbst wieder ideologiekritisch zu dekonstruieren, ist freilich auch »linke« Selbstkritik angebracht. Tatsächlich hatte sich schon in den 70er Jahren die Ideologiekritik bei vielen zur leeren Attitude verflüchtigt, denn man verfügte ja über die richtige Theorie und damit über das richtige Bewusstsein. Ich erinnere mich an einen Studenten der FU Berlin, der mir versicherte, nach der Lektüre von vier Kapiteln von Marx habe er »die Gesellschaft verstanden«. Wenn man aber die Gesellschaft »verstanden« hatte, schien man ohne näheres Hinsehen das, was gerade vorfiel, kompetent interpretieren zu können, also die Ölkrise von 1973 oder den Baader-Meinhoff-Terrorismus. Mich hat damals gewundert, wie schnell damals manche Sozialwissenschaftler mit ihren Deutungen bei der Hand waren, und ich kann mir dies im Nachhinein nur so zu erklären: Die marxistische Dogmatik vermittelte ein Gefühl intellektueller Überlegenheit bis hin zum geistigen Omnipotenzwahn, und man musste dann nur noch die empirische Sozialforschung generell unter Ideologieverdacht stellen, um sich von den Ansprüchen der Realität gänzlich entlastet zu fühlen.

Die ideologiekritische Attitude war auch bei Philosophen sehr beliebt, nämlich als Entzifferungs- und Entlarvungsstrategie gegenüber klassischen philosophischen Texten. In den legendären Frankfurter Hegelseminaren bei Adorno und Horkheimer wurde gar nicht darauf eingegangen, was Hegel selbst in seinen Vorreden und in der Einleitung über Sinn und Zweck seiner *Wissenschaft der Logik* gesagt hatte, sondern nach dem Vom-Kopf-auf-die-Füße-Stellen seiner Philosophie durch Marx stand im Vorhinein schon fest, dass der buchstäbliche Sinn dieses Textes nicht der wahre Sinn sein könne, sondern den müsse man erst »entziffern«. So stand für Adorno fest, dass Hegels Logik eine in den Lettern des Himmels geschriebene Gesellschafts- und Geschichtsphilosophie sei und damit die Anatomie der bürgerlich-kapitalistischen Welt genau, wenn auch verschlüsselt wiedergebe.[3] Was musste das für ein Gefühl gewesen, sich hinter dem großen Hegel aufzustellen und ihm zu versichern: »Du weißt gar nicht, was Du da machst in Deiner Philosophie, und ich werde es Dir sagen.« Diese Haltung, durch die der argumentative Dialog durch eine therapeutische Sitzung ersetzt wurde, fand sich bis heute auch bei Nichtmarxisten. So versicherte mir in den 70ern ein prominenter und nach wie vor hochgeschätzter Kollege, Hegels Logik sei in Wahrheit eine Kritik der Herrschaft, und diese Idee bestimmte dann seine bekannte Hegeldeutung.[4] Noch vor

---

3 Vgl. Theodor W. Adorno, »Zur Lehre von der Geschichte und von der Freiheit«, in: *Nachgelassene Schriften, Abt. IV: Vorlesungen*, Bd. 13, Frankfurt a. M. 2001, S. 11 und S. 164 f.; auch: ders., *Negative Dialektik*, Frankfurt a. M. 1966, S. 309 f.
4 Vgl. Michael Theunissen, *Sein und Schein. Die kritische Funktion der Hegelschen Logik*, Frankfurt a. M. 1980, insbes. S. 447 ff.

kurzem wurden in verschiedenen Arbeiten Hegels eigene Ansprüche, mit seiner *Wissenschaft der Logik* die Metaphysik restauriert zu haben, souverän ignoriert und behauptet, es handle sich dabei um eine holistisch-inferentialistische Bedeutungs-theorie.[5] Solche Ultra-Hermeneutik, derzufolge der Interpret seinen Autor nicht bloß anders als der sich selbst versteht, was ja wohl stets der Fall sein kann, sondern durch die er seinen Autor überhaupt erst einmal zu verstehen vorgibt, weil der sich ja gar nicht selber verstehen konnte, ahmt die klassische Ideologiekritik einfach nach. Denn derzufolge können ja die ideologisch Befangenen aus objektiven, d. h. gesellschaftlichen Gründen den Schleier nicht durchschauen, der sie von der Wirk-lichkeit trennt, während der Ideologiekritiker selbst davon nicht betroffen sei.

2. Ideologiekritik im Marxismus

Die Basis solcher fragwürdiger Allmachtsphantasien war der real existierende Marxismus in seinen verschiedenen Spielarten, der seit den 20er Jahren das Profil der europäischen Intellektuellen bestimmte; denn der Faschismus und erst recht der deutsche Nationalsozialismus waren für sie wegen ihres Antiintellektualismus wenig attraktiv. Es ist eine Ironie der Geschichte, dass dieser Marxismus nach dem Zweiten Weltkrieg im Westen nicht mehr in der Arbeiterklasse real existierte, wo er ja eigentlich hingehörte, denn es stellte sich damals die Frage: Wo ist das Pro-letariat? Seine Protagonisten waren jetzt vor allem gebildete Bürgerkinder und diente ihnen als Vehikel ihrer bürgerlichen Selbstkritik. Damals wollte niemand »bürgerlich« sein; in den 60er-Jahren war dies in diesen Kreisen ein Schimpfwort, und man träumte da von einer Alternative zur »bürgerlichen Wissenschaft«,[6] ohne freilich über deren alternative Klassenbasis Auskunft geben zu können. Von der akademischen Präsenz des real existierenden Marxismus jener Jahre machen sich die Jungen heute kaum mehr eine Vorstellung. (Leider habe ich versäumt, meine Erfahrungen damit unter der Rubrik »mein ´68« zu Papier zu bringen.) Es gab Universitäten – Namen tun nichts zur Sache – an denen man ein ganzes Philoso-phie- oder Soziologiestudium samt Examen mit Marx bestreiten konnte. Der galt dort als der Überwinder der von Hegel vollendeten Philosophie durch das Projekt ihrer Verwirklichung, und so lesen wir heute noch bei Adorno den erstaunlichen Satz: »Philosophie, die einmal überholt schien, erhält sich am Leben, weil der Augenblick ihrer Verwirklichung versäumt ward.«[7] Heute reiben wir uns die Augen

---

5 Über solche an das moderne Regietheater erinnernde Hegelexegese vgl. Herbert Schnädelbach, »Hegels Erben«, in: *Deutsche Zeitschrift für Philosophie* 54, 2006, S. 801 ff.
6 Vgl. z. B. Friedrich Tomberg, *Bürgerliche Wissenschaft. Begriff – Geschichte – Kritik*, Frankfurt a. M. 1973.
7 Adorno, Negative Dialektik, a. a. O. (Anm. 3), S. 13.

und fragen, welche Philosophie je und zu welchem Zeitpunkt zur Verwirklichung angestanden hätte; zugleich rechtfertigt Adornos Satz die weitere Beschäftigung mit philosophischen Fragen, denn die stand damals unter Rechtfertigungsdruck, schließlich war ja alles in Wahrheit ein gesellschaftliches Problem. Somit schien man bei Marx – und vor allem in den rätselhaften »Grundrissen« zum *Kapital* – alles finden zu können, was man trotz des angeblichen Veraltens der Philosophie philosophisch doch noch benötigte: eine nicht mehr bloß formale dialektische Logik und die einzig angemessene wissenschaftliche Methodologie. Für die Historiker und Sozialwissenschaftler stellte das *Kapital* nichts weniger bereit als die »Enthüllung« der ökonomischen Bewegungsgesetze der menschlichen Gesellschaft, wie Friedrich Engels am Grab von Karl Marx erklärte,[8] und die wiederum dienten dann als Grundlage der Politik des »wissenschaftlichen Sozialismus« und einer nicht mehr bloß bürgerlich-formalen, sondern revolutionären Ethik.[9]

Die »Wende« brachte nicht nur das definitive Ende des real existierenden Sozialismus, der ohnehin schon längst am Ende gewesen war, sondern auch das plötzliche Verschwinden des Marxismus; heutzutage will niemand je Marxist gewesen sein – abgesehen von wenigen skurrilen Ausnahmen. Damit verschwand zugleich das Ideologiethema von der Tagesordnung, denn ihm fehlte plötzlich der tragende Kontext. Auch die liberalen Marxisten, die sich nicht einfach als staatstragende Ideenfunktionäre, sondern als kritische Geister verstanden, waren sämtlich der Idee gefolgt, Ideologiekritik sei die Fortsetzung der Aufklärung mit anderen Mitteln: Auf die Metaphysikkritik sei folgerichtig die Kantische Vernunftkritik gefolgt, die man über die Schiene Hegel-Feuerbach-Marx letztlich nur als Gesellschaftskritik ausbuchstabieren könne, und deren immanente Konsequenz sei halt die Ideologiekritik. Gemäß der Formel, Ideologie sei gesellschaftlich notwendig falsches Bewusstsein, schien man in diesem Medium das Projekt der Aufklärung ganz nach Hause gebracht zu haben. Der orthodoxe Marxismus unterschied sich von seinen liberalen westlichen Varianten freilich dadurch, dass er vor der positiven Verwendung des Ideologiebegriffs nicht zurückschreckte und in diesem Sinn vom Marxismus als der Ideologie der Arbeiterklasse sprach. Abgesehen von dieser Sprachregelung aber war der Unterschied zwischen beiden Seiten nicht besonders groß; hier wie da glaubte man sich im Besitz der richtigen Theorie, die von sich aus die ideologiekritischen Maßstäbe bereitzustellen versprach und ihre Besitzer vom Ideologieverdacht auszunehmen schien.

---

8 Friedrich Engels, »Grabrede«, in: Karl Marx, Friedrich Engels: *Werke*. Bd. 19, Berlin 1962, S. 335.
9 Vgl. Hans Jörg Sandkühler, »Marxismus und Ethik«, in: Hans Jörg Sandkühler, Rafael de la Vega (Hg.), *Marxismus und Ethik*, Frankfurt a. M. 1973, S. I–L.

3.   Zur Wortgeschichte

Die Wortgeschichte von »Ideologie«[10] ist interessant und aufschlussreich, was die Frage betrifft, warum dieser Ausdruck aus dem gegenwärtigen Diskurs verschwunden ist. Man kann in diesem Zusammenhang drei Grundbedeutungen unterscheiden, die dieser Ausdruck im Lauf der Geschichte annahm. Zunächst bezeichnete er eine von den Spätaufklärern um Destutt de Tracy begründete Wissenschaft: die Wissenschaft von den »Ideen«, d. h. von den Vorstellungen der Menschen, und zwar auf angeblich rein naturwissenschaftlicher Grundlage. Unter Napoleon geschieht zweierlei: Zum einen sieht er in der so verstanden Ideologie eine gefährliche Modeerscheinung, die die normativen Grundlagen von Staat und Gesellschaft untergrabe, und er verfolgt die »Ideologen« als zersetzende Intellektuelle; damit rückt die Ideologie in die Perspektive des Sozialen, in der sie erklärt und beurteilt werden müsse. Seitdem gilt die Ideologie allgemein nicht mehr als ein natürliches und auch nicht nur als ein psychisches Phänomen, sondern als ein sozialer Tatbestand.

Das Zweite, was in jener Zeit erfolgte, ist der Wandel des Ideologiebegriffs von der Bezeichnung einer bestimmten Wissenschaft zum Namen für einen bestimmten wissenschaftlichen Gegenstand; die Theoretiker und Kritiker von Ideologie wollen selbstverständlich nicht selbst Ideologen sein, obwohl die buchstäbliche Bedeutung dieses Wortes genau dies nahelegt, sondern sie sind jetzt zu dem Pleonasmus »Ideologietheorie« genötigt. Bei Karl Marx könnte man den Titel seines Gemeinschaftswerkes *Deutsche Ideologie* zwar so verstehen, dass darin eine »ideologische« Beschreibung und Erklärung der leitenden Ideen der Deutschen unternommen werde, aber in Wahrheit ist damit nur ihr aus historischen und sozialen Gründen verzerrtes und irreführendes Ideenkonglomerat gemeint.

Damit ist das zweite Stadium der Wortgeschichte erreicht: Ironischerweise erben damit Marx und die Marxisten die kritische Grundbedeutung des Ideologiebegriffs, die ihm Napoleon aus politischen Gründen zugewiesen hatte. Als Karl Mannheim in den 20er und 30er Jahren des 20. Jahrhundert wertfreie Untersuchungen des Zusammenhangs zwischen Sozial- und Bewusstseinsstrukturen unternahm, benötigte er einen anderen Ausdruck, nämlich »Wissenssoziologie«, weil »Ideologie« in dem ursprünglichen Sinn einer Ideenwissenschaft nicht mehr zur Verfügung stand; gleichwohl sprach auch er von Ideologie, aber nun im Sinne eines »totalen« Ideologiebegriffs, denn alles Denken und Erkennen sei unhintergehbar bedingt durch die soziale Perspektive der Individuen und Gruppen.[11] Es ist verständlich, dass die Vertreter der Kritischen Theorie sich diesem Relati-

---

10 Vgl. Kurt Lenk, Artikel »Ideologie«, in: *Historisches Wörterbuch der Philosophie*, Bd. 4, S. 158 ff.
11 Vgl. Karl Mannheim, *Ideologie und Utopie*, Bonn 1929; 8. Auflage Frankfurt a. M. 1995.

vismus ihres soziologischen Fachkollegen energisch widersetzt und stets an der kanonischen, von Georg Lukács geprägten Formel »Ideologie ist gesellschaftlich notwendig falsches Bewusstsein« festhielten.

Dabei war Karl Mannheims Modell längst innerhalb der marxistischen Orthodoxie vorbereitet worden. Hermann Lübbe hat schon in den 60er Jahren in einem glänzenden Aufsatz[12] darauf hingewiesen, dass genau dann, wenn man die Marxsche These der Abhängigkeit des Bewusstseins vom sozialen Sein total werden lässt, es nicht mehr möglich ist, in diesem Bereich zwischen wahr und falsch zu unterscheiden. Heraus kommt ein Klassenperspektivismus; und um zu entscheiden, welcher von beiden – also die bürgerlich-kapitalistische oder die proletarische Variante – im Recht ist, braucht man eine Geschichtsphilosophie, die die eine Klasse ins Unrecht und die andere ins Recht setzt.

In der Tat erfolgte im späten 19. Jahrhundert durch Friedrich Engels der Import des Begriffs »Weltanschauung« in die Arbeiterbewegung, und dies bedeutete das dritte Stadium der Wortgeschichte von »Ideologie«: Der Marxismus galt von jetzt an als die proletarische Weltanschauung, und die wurde vor allem in seiner leninistischen Version nun selbst im vollen Gegensatz zur ursprünglichen Sprachregelung beim frühen Marx als Ideologie bezeichnet – nun als Ideologie der Arbeiterklasse. Möglich wurde dies dadurch, dass man nach jener Totalisierung glaubte, man könne die kritische Bedeutung dieses Begriffs zugunsten seiner Funktion im Klassenkampf vernachlässigen. Lübbe hat zudem darauf aufmerksam gemacht, dass dies zugleich auf einen Kurzschluss zwischen Theorie und Praxis hinausläuft, denn wenn interne Wahrheitsansprüche nicht mehr sinnvoll zu erheben sind, weil alles eine Klassenfrage ist, dann entscheidet nur der politische Erfolg.

4.   Ideologie und Weltanschauung

Ich denke, dies ist der Grund dafür, dass die »Wende« nicht nur dem realexistierenden Marxismus, sondern auch dem Ideologie-Begriff den Todesstoß versetzte. Dasselbe Schicksal widerfuhr inzwischen auch dem Ausdruck »Weltanschauung«.[13] Der ist wie die »Ideologie« ein Kind des 19. Jahrhunderts, und dies gilt auch für das »Weltbild«, denn das ist das Bild, das sich einem bietet, wenn man die Welt mit einem Blick aufs Ganze anschaut.

Die erste Weltanschauung finden wir in der Bibel: »Und Gott sah an alles, was

---

12 Vgl. Hermann Lübbe, »Zur Geschichte des Ideologiebegriffs«, in: ders., *Theorie und Entscheidung. Studien zum Primat der praktischen Vernunft*, Freiburg 1971, S. 159 ff.
13 Vgl. Herbert Schnädelbach, »Der Blick aufs Ganze. Zur Optik der Weltanschauung«, in: ders., *Philosophie in der modernen Kultur. Vorträge und Abhandlungen 3*, Frankfurt a. M. 2000, S. 150 ff.

er gemacht hatte, und siehe da, es war sehr gut.«[14] Demzufolge ist Weltanschauung das Resultat der Privatisierung dieses göttlichen Privilegs, was natürlich auf eine Vielzahl verschiedener Weltsichten hinausläuft, von denen nicht von vornherein klar ist, welche die richtige und angemessene wäre. (Wenn es nur eine gibt, nämlich die Gottes, stellt sich dieses Problem nicht.) Die optische Metaphorik ist hier ganz aufschlussreich: Jeder, der etwas anschaut, tut dies von einem bestimmten Standpunkt aus und damit in einer bestimmten Perspektive (von lat. *perspicere* – hinsehen, hindurchsehen), und wenn er seinen Standpunkt durch einen Schritt nach rechts oder links wechselt, hat sich schon die Perspektive und damit seine Weltanschauung verändert. Damit eröffnet sich auch jedesmal ein bestimmter Horizont, und so ist man geneigt zu vermuten, dass manche Standpunkte selbst nichts anderes sind als Horizonte mit dem Radius Null.

Die klassische Metaphysik hatte es auch mit dem Ganzen zu tun und hatte sich den Gottesstandpunkt zugetraut, von dem aus man alles auf einmal überblicken kann – ohne Horizont; die Spekulation, nicht die an der Börse, sondern die »intellektuelle Anschauung« war ihr Leitbild, denn schon bei Platon war ja vom »Auge der Seele« die Rede gewesen, mit der man letztlich die Idee des Guten sollte schauen können.[15]

Das Intellektuelle dieser Sicht der Dinge hat die Weltanschauung insofern geerbt, als unser Sehvermögen es ja nicht zulässt, die ganze Welt auf einmal in den Blick zu nehmen; die Astronauten auf dem Mond sahen immerhin die Erde als ganze, aber das war eben doch viel weniger als die »Welt«. Also kann man nur im übertragenen Sinn die Welt anschauen und sich von ihr ein Bild machen, und dies läuft in der Regel auf ein beschränktes und vorurteilsbeladenes Konglomerat von Gedanken und Meinungen hinaus, das unter Personen und sozialen Gruppen erheblich variiert. So kann man das Konzept »Weltanschauung« verstehen als die relativistische Schwundstufe oder als das durch Privatisierung heruntergekommene Erbe unserer großen metaphysischen Tradition ansehen.

5. Aktuelle Ideologien in der Ökonomie

Wenn aber die Begriffsgeschichte von »Ideologie« abgeschlossen zu sein scheint, bedeutet dies nicht, dass die damit gemeinte Sache erledigt sei; so etwas wäre selber ideologieverdächtig. Nach Beispielen für Sprachregelungen und Denkmuster, die offenbar soziale Tatbestände völlig verzerrt wiedergeben, und zwar aus sozialstrukturellen Gründen, brauchen wir nicht lange zu suchen. Es ist bemerkenswert,

14 Genesis 1, 31.
15 Vgl. Platon, *Politeia*, 540a.

dass wir bis heute die menschliche Reproduktion in Termini von Saat und Ernte beschreiben, wobei die Metaphorik den Männern bei der »Fortpflanzung« die Rolle des fleißigen Sämanns und den Frauen die des fruchtbaren Ackers zuweist; zweifellos gehört dies in den Umkreis des patriarchalen Diskurses, dessen realgeschichtliche Basis zur neolithischen Revolution mit ihrem Übergang vom Nomadentum zum stationären Ackerbau gehört. Die normative Festlegung der Frauen auf sexuelle Passivität, die bis ins 20. Jahrhundert im Abendland selbstverständlich war,[16] ist somit unschwer als Ideologie der bäuerlichen Produktionsweise erkennbar.

Über die Unterscheidung zwischen Arbeitgeber und Arbeitnehmer haben sich schon viele gewundert,[17] denn die Arbeitgeber nehmen doch in Wahrheit die Arbeit, die die Arbeitnehmer ihnen geben: Was »gibt« denn der Arbeitgeber, und was »nimmt« der Arbeitnehmer außer einem Arbeitsplatz? Immer wieder hören und lesen wir, da sei auf der einen Seite »die« Wirtschaft und auf der anderen Seite die Arbeitnehmerschaft, als ob die nicht auch zur Wirtschaft gehörte. So ist es auch nicht erstaunlich, dass in dieser Sicht der Dinge die Arbeitnehmereinkommen immer nur als Kosten erscheinen, die »die« Wirtschaft zu tragen habe, während die Unternehmens- und Unternehmergewinne durchweg als wirtschaftliche Erfolge präsentiert werden. Die Kapitaleigner schrecken aber auch nicht davor zurück, ihre kostspieligen Beschäftigten als »Humankapital« zu verbuchen, das sich genau so zu verzinsen habe wie ihr Sachkapital, wobei die Zinserträge natürlich dem Kapitaleigner zustehen. (Das »Humankapital« ist ein moderner Nachfahre der Sklavenwirtschaft.) In diesem Sinn hören wir aus der wirtschaftsliberalen Ecke, »wir« könnten uns so viel Sozialstaat nicht leisten, wobei man nicht lange fragen muss, wer hier eigentlich mit »wir« gemeint sei – doch sicher nicht die Empfänger von Sozialleistungen. Vor allem diese Redeweise offenbart den Hintergrund solcher Verlautbarungen, nämlich die Vermengung der betriebswirtschaftlichen mit der volkswirtschaftlichen Perspektive, und weil unsere Manager und ihre Berater

---

16 Die radikalste philosophische Rechtfertigung dieser Auffassung findet sich bei Johann Gottlieb Fichte in seiner *Grundlage des Naturrechts*, wo es heißt: »Die besondere Bestimmung dieser Natureinrichtung [der Fortpflanzung – H. S.] ist die, daß bei der Befriedigung des Triebes oder Beförderung des Naturzweckes, was den eigentlichen Akt der Zeugung anbelangt, das eine Geschlecht sich nur tätig, das andere sich nur leidend verhalte.« (Erster Anhang, Grundriß des Familienrechts. Erster Abschnitt, §2.) Das *System der Sittlichkeit* (1798) folgert daraus: »Der Geschlechtstrieb des Weibes in seiner Rohheit ist das widrigste und ekelhafteste, was es in der Natur gibt; und zugleich zeigt er die absolute Abwesenheit aller Sittlichkeit...Für das Weib ist Keuschheit das Prinzip aller Moralität.« (§27, Abschn. A, II)

17 Bereits Friedrich Engels bemerkt dazu: »Es konnte mir nicht in den Sinn kommen, in das ›Kapital‹ den landläufigen Jargon einzuführen, in welchem deutsche Ökonomen sich auszudrücken pflegen, jenes Kauderwelsch, worin z. B. derjenige, der sich für bare Zahlung von andern ihre Arbeit geben läßt, der Arbeitgeber heißt, und Arbeitnehmer derjenige, dessen Arbeit ihm für Lohn abgenommen wird. Auch im Französischen wird travail im gewöhnlichen Leben im Sinn von ›Beschäftigung‹ gebraucht. Mit Recht aber würden die Franzosen den Ökonomen für verrückt halten, der den Kapitalisten donneur de travail, und den Arbeiter receveur de travail nennen wollte.« Friedrich Engels, »Vorwort zur 3. Auflage« (von Marx: Das Kapital. Band I), in: Karl Marx, Friedrich Engels, *Werke*, Bd. 23, Berlin 1970, S. 34.

auf die Betriebswirtschaft festgelegt sind, ist es nicht erstaunlich, dass sie im klassischen pars pro toto ihren beschränkten Bereich mit dem ökonomischen Universum verwechseln. So haben sie auch kein Verständnis für den Wert öffentlicher Güter, denn sie sind ihnen erst dann etwas wert, wenn sie privatisiert sind; das Lamentieren über »den« Staat als die öffentliche Hand, ist da nur propagandistische Begleitmusik.

Und damit sind wir bei den »Werten« – diesmal bei den materiellen und nicht bei den ständig beschworenen »höheren« Werten. Was heißt heute »Wertschöpfung«? Die Entlassung von 1000 Mitarbeitern lässt die Börsenkurse des betreffenden Großunternehmens steigen, und der Chefmanager bekommt dafür einen millionenschweren Bonus, denn er hat Werte geschaffen. (Wenn die Kurse wieder fallen, wie in der gegenwärtigen Bankenkrise, muss er natürlich seinen Bonus nicht zurückzahlen, denn den hat ja er »im Trockenen«.) Merkwürdig, dass niemand auf den Gedanken kommt, diese Verwandlung von rein spekulativen Papierwerten in harte Währung als ökonomische Einbahnstraße könne einfach Schwindel sein. Um das wirklich nachweisen zu können, bräuchte man eine andere Werttheorie, aber die hat niemand, denn die von Karl Marx ist gescheitert. Zudem zeigt das Beispiel, dass es mit dem Tauschprinzip nicht weit her ist, wenn es drauf ankommt, denn wenn ein Topmanager einen Riesenkonzern vor die Wand gefahren und dadurch Milliardenverluste »eingefahren« hat, ohne dafür nachträglich mit seinen riesigen Boni und Abfindungen zu haften, dann stimmt irgendetwas nicht. Jeder Handwerker muss geradestehen für das, was er angerichtet hat, aber für unsere großen Wirtschaftslenker gilt dies offenbar nicht. Wenn man dann anfängt, von Gerechtigkeit zu sprechen, hören wir von neoliberaler Seite, Friedrich von Hayek oder Milton Friedman hätten doch gezeigt, dass man soziale »Gerechtigkeit« nicht definieren könne; deswegen tauge diese Idee nichts, und wir sollten uns mit dem Grad von Gerechtigkeit begnügen, die der Markt hergebe: Als ob nicht schon kleine Kinder genau wüssten, was ungerecht ist, ohne über einen allgemeinen Begriff des Gerechten zu verfügen.

Der Marktfundamentalismus hat sich im Zuge der Bankenkrise selbst als Massenbetrug entlarvt, aber die hätte es dazu gar nicht gebraucht, man denke nur an unsere Energieversorger: Erstaunlich ist, dass der Spotmarkt in Rotterdam immer genau vor Feiertagen und deutschen Schulferien die Benzinpreise ansteigen lässt, und wir sollen dann glauben, dies geschehe von selbst. Wir machen uns wahrscheinlich gar keine Vorstellung davon, in welchem Maße die Märkte, von denen unser Leben abhängt, international vermachtet sind, und dann kann man fragen, worin hier noch der Unterschied zu einer staatlichen Kommandowirtschaft bestehen soll, außer dem, dass es sich hier nicht mehr um Einzelstaaten handelt, in denen immerhin noch demokratische Legitimation denkbar wäre. Manchmal kann ich den Eindruck nicht abwehren, die sogenannte Globalisierung sei in Wahrheit eine Einrichtung zur Ausplünderung der armen Gesellschaften durch die Reichen dieser Erde, aber hier stehen schon die Gurus des Marktfundamentalismus bereit und verweisen auf den *free trade*.

6. Ideologiekritik bei Marx und Engels

In dieser Situation mag man sich nostalgisch an Marx und Engels erinnern und auf ihre Ideologiekritik zurückzugreifen versuchen, aber da wird man erfahren, wie wenig eindeutig der Ideologiebegriff schon in ihren Schriften konturiert ist. In der *Deutschen Ideologie* erscheint das Falsche des deutschen Bewusstseins primär als die Verkennung der realen Bedeutung von Ideen und Gedankensystemen für die *Geschichtsprozesse* und damit für die Politik. Die Grundthesen lauten: »Das Bewußtsein kann nie etwas anderes sein als das bewußte Sein, und das Sein der Menschen ist ihr wirklicher Lebensprozeß ... Nicht das Bewußtsein bestimmt das Leben, sondern das Leben bestimmt das Bewußtsein.«[18] So versuchen Marx und Engels, die Junghegelianer als Illusionisten und phrasendreschende Projektemacher zu entlarven.

Dass dieses Phänomen selber soziale Ursachen hat, deuten die Autoren durch folgende These an: »Wenn in der ganzen Ideologie die Menschen und ihre Verhältnisse wie in einer *camera obscura* auf den Kopf gestellt erscheinen, so geht dies ebenso sehr aus ihrem historischen Lebensprozeß hervor, wie die Umdrehung der Gegenstände auf der Netzhaut aus ihrem unmittelbar physischen.«[19] Ideologie ist demzufolge wesentlich die Verkennung der Rang- und Wirkordnung von realer und ideeller Welt, und an dieser Stelle erweisen sich Marx und Engels als die getreuen Erben der Feuerbachschen Religionskritik, nur mit dem Unterschied, dass sie die anthropologische Erklärung dieser optischen Täuschung nun durch eine historisch-soziale zu ersetzen versuchen, ohne dies aber an dieser Stelle wirklich auszuführen. Der Verweis auf die Tatsache, dass die Deutschen das, was die Franzosen in der Wirklichkeit vollbrachten, nämlich die Revolution, nur auf der Ebene des Bewusstseins, also quasi unter der Hirnschale unternahmen, ist im Vormärz ein Gemeinplatz, der sich schon 1838 bei Heinrich Heine findet – in seiner *Geschichte der Religion und Philosophie in Deutschland*. In seiner Schrift *Zur Kritik der Hegelschen Rechtsphilosophie* ist freilich nur vom Anachronismus der deutschen Verhältnisse die Rede: »Wenn ich die deutschen Zustände von 1843 verneine, stehe ich, nach französischer Zeitrechnung, kaum im Jahre 1789, noch

---

18 Karl Marx, *Die Frühschriften*, Siegfried Landshut (Hg.), Stuttgart 1953, S. 349.
19 Ebd.

weniger im Brennpunkt der Gegenwart…Wir haben nämlich die Restaurationen der modernen Völker geteilt, ohne ihre Revolutionen geteilt zu haben.«[20]

Es liegt freilich auf der Hand, dass die bloße historische Verspätung nicht ausreicht, um die Deutsche Ideologie zu erklären. Hier ist daran zu erinnern, dass jene Verkehrung der Perspektiven bereits von Hegel als kennzeichnend für die Neuzeit dargestellt wurde; in der *Phänomenologie des Geistes* ist von ihr als der »Welt des sich entfremdeten Geistes« die Rede,[21] wobei als der Motor der Entfremdung die »Bildung« gilt. Das Resultat ist die »verkehrte Welt«, von der schon in den erkenntnistheoretischen Abschnitten dieses Werkes die Rede war, und zwar als Ergebnis der Aktivitäten des »abstrakten Verstandes«, der die Signatur der Welt der Bildung ausmacht. Hier wird deutlich, wie nahe Marx und Engels mit ihrem ursprünglichen Ideologiekonzept bei Hegel geblieben sind, jedenfalls näher als Feuerbach, weil sie die menschliche Selbstentfremdung als die wahre Ursache der »verkehrten Welt« nicht in irgendeinem anthropologischen Apriori, sondern in der Dynamik der menschlichen Geschichte verorten.

Eine genauere Begriffsbestimmung von »Ideologie« sucht man beim späteren Marx vergebens; im Register des ersten Bandes des *Kapital* findet man nicht einen einzigen Eintrag. Auch bei Engels bleibt es zunächst bei der Bestimmung, Ideologie sei im wesentlichen die Verkennung der tatsächlichen Bedeutung von Ideen für den realen Lebensprozess, also »die Beschäftigung mit Gedanken als mit selbständigen, sich unabhängig entwickelnden, nur ihren eigenen Gesetzen unterworfenen Wesenheiten«.[22] Das Falsche der Ideologie besteht hier primär in einer Fehleinschätzung der realen Funktion von Ideen, und die wird in der *Deutschen Ideologie* und verwandten Schriften auf die Arbeitsteilung im Sinn der Separierung von geistiger und materieller Tätigkeit zurückgeführt; die Aufhebung der Arbeitsteilung, von der der junge Marx träumt, bedeutete somit das Ende der Ideologie. Die Unhaltbarkeit ihres aktuellen Gehalts spielt in dieser Argumentation nur eine untergeordnete Rolle, und mit diesem Funktionalismus haben Marx und Engels die bereits angedeutete kognitive Neutralisierung des Ideologiebegriffs zu dem der Weltanschauung selbst vorbereitet. Erst die »Hegelmarxisten« im Gefolge von Georg Lukács haben diesem Mangel abzuhelfen versucht, und zwar im Rückgriff auf das kurze Kapitel »Der Fetischcharakter der Ware und sein Geheimnis«[23]. Seitdem galt im nichtorthodoxen Marxismus dieser Warenfetischismus als der Kern der Ideologie im Kapitalismus: »Das Geheimnisvolle der Warenform besteht … einfach darin, daß sie den Menschen die gesellschaftlichen Charaktere ihrer eigenen Arbeit als gegenständliche Charaktere der Arbeitsprodukte selbst, als

---

20 Ebd., S. 209.
21 G. W. F. Hegel, *Werke*, Frankfurt a. M. 1969 ff., Band 3, S. 362 ff.
22 Zit. nach Karl Marx, *Das Kapital I*, Berlin 1957, S. 932.
23 Ebd., S. 76 ff.

gesellschaftliche Natureigenschaften dieser Dinge zurückspiegelt, daher auch das
gesellschaftliche Verhältnis der Produzenten zur Gesamtarbeit als ein außer ihnen
existierendes gesellschaftliches Verhältnis von Gegenständen ... Dieser Fetischcharakter der Warenwelt entspringt ... aus dem eigentümlichen Charakter der
Arbeit, welche Waren produziert.«[24] In diesem Modell sind beide Hegelschen
Motive aufbewahrt – das der »verkehrten Welt« in der arbeitsteiligen Warenproduktion, und das der Entfremdung der arbeitenden Menschen von ihren eigenen
Produkten als Preis dieser Produktionsweise. Die ideengeschichtliche Wirkung
dieser wenigen Druckseiten kann man nur schwer überschätzen. Bei Adorno tritt
die nietzscheanisch-lebensphilosophische Verdinglichungskritik hinzu, und die
wird in marxistischer Einfärbung, die schon Georg Simmel vornahm, dann zum
zentralen Medium seiner Ideologiekritik. Dies führte ihn zu so erstaunlichen Thesen wie der Behauptung, in der spätkapitalistischen Warenproduktion gerieten die
Gesellschaft selbst und die Menschen in ihr zur Ideologie: »Die Ideologie ist keine
Hülle mehr, sondern das drohende Antlitz der Welt.«[25]

7.   Ideologie des Naturalismus

Wenn wir heute mit Recht davon überzeugt sind, dass es Ideologie im Sinn eines
gesellschaftlich induzierten falschen Bewusstsein gibt, geraten wir in einen merk-
würdigen Zwischenbereich zwischen Lüge und Irrtum, weil die Ideologien Adorno
zufolge »zwar falsches Bewußtsein, aber doch nicht nur falsch sind«, denn sie
geben den gesellschaftlich erzeugten Schein ja korrekt wieder. Es wäre zu kurz
gegriffen, wollte man die ideologischen Verzerrungen z. B. der ökonomischen
Wirklichkeit auf die Betrugsversuche unserer Wirtschaftseliten zurückführen, denn
die denken ehrlicherweise genau so – also dass sie »die« Wirtschaft repräsentieren,
mit dem Kostenfaktor »Arbeitskraft« zurechtkommen müssen und den Sozialstaat
als Belastung anzusehen vermögen. Worüber wir nicht mehr verfügen, ist die eine,
allumfassende Gesellschaftstheorie, aus der sich ableiten ließe, was richtiges und
was falsches Bewusstsein ist. Weder die Erinnerung an die historische Verspätung
der Deutschen, noch das Hegelsche Theorem der unvermeidlichen Selbstentfremdung des Menschen in der Bildung unter den Bedingungen arbeitsteiliger
Produktion, und erst recht nicht das Modell des Warenfetischismus helfen uns an
dieser Stelle weiter. Während Marx und die Marxisten noch glauben konnten, die
kapitalistische Warenproduktion sei die Wurzel aller sozialen Übel, und also auch
der ideologischen Verblendungen, sehen wir uns seit langem mit solchen Phäno-

---

24 Ebd., S. 77 f.
25 Institut für Sozialforschung, *Soziologische Exkurse*, Frankfurt a. M. 1956, S. 179.

menen konfrontiert, ohne dafür ausschließlich ökonomische Ursachen namhaft
machen zu können. Man könnte an dieser Stelle auf den Nationalismus oder auf
den Antisemitismus verweisen; ich ziehe eine Erscheinung vor, die man bestimmt
nicht auf ökonomische Bedingungen zurückführen kann und doch alle Merkmale
einer Ideologie aufweist: Ich meine den Naturalismus.

Zunächst ist der Naturalismus eine philosophische Position[26] und besteht in der
Überzeugung, wir könnten all unsere Probleme erst dann befriedigend lösen, wenn
wir sie ausschließlich mit naturwissenschaftlichen Methoden angingen. Dafür
mussten seit dem 19. Jahrhundert herhalten: die Evolutionsbiologie, die behavioris-
tische Verhaltenspsychologie, die Molekularbiologie der Gene und neuerdings die
Neurophysiologie. Dass nur die wenigsten Naturwissenschaftler Naturalisten sind
und mit ihrem täglichen Geschäft keineswegs solche Ansprüchen zu verbinden
pflegen, deutet bereits darauf hin, dass es sich beim Naturalismus um Ideologie im
Sinne eines Überbauphänomens handelt, also um eine Interpretation der wissenschaftlichen Methodologie und ihrer Resultate auf der Metaebene, deren Adres-
saten gar nicht primär die Wissenschaftler selbst sind, sondern die interessierte
Öffentlichkeit. Auch in funktionaler Hinsicht zeigt der Naturalismus alle Merkmale
einer Ideologie, zumindest im Sinn einer Weltanschauung, denn hier wird nicht
nur die naturwissenschaftliche als die einzig angemessene Sichtweise der Dinge
propagiert, sondern er tritt in der Regel als neue Heilslehre auf mit der Forderung,
dass wir endlich unser »Menschenbild« ändern sollten, und zwar unter der Anleitung der fortgeschrittendsten Wissenschaft. So wurde aus Darwin der Sozialdarwinismus, aus dem Behaviorismus das Kulturmodell »Jenseits von Freiheit und
Würde«,[27] aus der Genetik die Lehre vom »egoistischen Gen«,[28] die in Wahrheit
auf Menschenzüchtung hinausläuft, und neuerdings aus der Hirnforschung die
Leugnung von Freiheit und Verantwortlichkeit mit angeblich segensreichen Konsequenzen für eine angeblich antiquierte Moral und ein barbarisches Strafrecht.[29]
Der Kampf der Meinungen, der nach dem Auftreten unserer Neurophilosophen
einsetzte, beweist zur Genüge, dass es dabei nicht nur um die Konkurrenz um
Forschungsressourcen geht, die ohnehin ständig von den sogenannten Geisteswissenschaften abgezogen und den angeblich unendlich wichtigen Naturwissenschaften zugeschanzt werden; tatsächlich geht es um öffentliche Meinungsmacht.
Nicht erst die heutige Hirnforschung, sondern schon der Naturalismus des 18. und
19. Jahrhunderts beanspruchte die kulturelle Führungsrolle, denn er verstand sich

---

26 Vgl. Geert Keil, *Kritik des Naturalismus*, Berlin, New York 1993; auch Geert Keil, Herbert Schnädelbach (Hg.), *Naturalismus. Philosophische Beiträge*, Frankfurt a. M. 2000.
27 So der Titel eines Hauptwerkes von Burrhus Frederic Skinner, *Jenseits von Freiheit und Würde*,
Reinbek 1982 (dte. Ausg. v. *Beyond Freedom and Dignity*).
28 Vgl. Richard Dawkins, *Das egoistische Gen*, Heidelberg, New York 1976 (dte. Ausg. v. *The Selfish
Gene*).
29 Vgl. die zahlreichen Publikationen dazu von Wolf Singer.

als die einzige Bildungsinstanz, die wissenschaftlich legitimiert sei. Dass aber an
den Naturwissenschaften die Welt genesen werde, ist Ideologie auch im Sinn des
gesellschaftlich induzierten falschen Bewusstseins, wobei die Ursachen dafür auch
ohne Mühe benannt werden können, ohne dass man dabei auf die Ökonomie zu
sprechen kommen müsste.

Dem verbreiteten Glauben an »die« Naturwissenschaften liegt zunächst ein
völlig ungeklärtes Vorverständnis von »der« naturwissenschaftlichen Methode
zugrunde, obwohl noch kein Wissenschaftstheoretiker zu zeigen vermochte, worin
dieser Singular genau besteht. In der Regel beruht dies auf dem »Bacon-Projekt«
der Wissenschaft,[30] d. h. auf der Überzeugung, sie habe die Aufgabe, prognostisch
und technisch verwertbares Wissen im Sinn der Lebensbewältigung bereitzustellen – eine Idee, die der Antike völlig fremd war. Dieses technische Wissen-
schaftsverständnis (im Sinn von *téchne* – Herstellungswissen) hat in der Moderne
zu einer immer fortschreitenden Technologisierung der Wissenschaften selbst
geführt, und tatsächlich sind die wissenschaftlichen Großprojekte, von denen
unser Leben zunehmend abhängt, in Wahrheit Technologien: man denke an die
Gen- oder die Atomtechnik. Dies hat unter anderem zur Folge, dass immer dann,
wenn von der irreführenden und politisch verhängnisvollen Unterscheidung zwischen Natur- und Geisteswissenschaften die Rede ist, mit den Naturwissenschaften
immer zugleich die Technikwissenschaften mitgemeint sind, und dies befördert
den unerschütterlichen Glauben an den gesellschaftlichen Nutzen von Natur-
wissenschaft überhaupt. Dass wir in der Lebenswelt auch noch andere als natur-
wissenschaftlich oder technologisch lösbare Probleme haben – z. B. politische,
ökonomische, pädagogische oder kommunikative – wird von der naturalistischen
Propaganda übertönt oder sogar explizit bestritten, und genau an dieser Stelle wird
der Naturalismus falsch. Er ist Ideologie im klassischen Sinn, weil die Überzeugungen, die ihn stützen, zwar auf die tatsächliche Bedeutung der technologisierten
Wissenschaften für unser Leben zurückverweisen, aber ohne dass er deswegen
die Wahrheit wäre. Dass wir in einer verwissenschaftlichten Kultur leben, ist unbe-
streitbar, aber der Ausdruck »Wissenschaft« ist ein Plural,[31] und darum bestimmen
auch nicht-naturwissenschaftliche Wissenschaften unsere Lebenspraxis, von auß-
erwissenschaftlichen Instanzen einmal abgesehen. Der kulturelle Alleinvertretungsanspruch des Naturalismus erweist ihn zugleich als Ideologie im Sinn einer
politischen Waffe im Kampf der Meinungen; er strebt nichts anderes an als das
Definitions- und Deutungsmonopol all unserer Lebensprobleme und damit die
Rolle der unbestreitbaren kulturellen Führungsmacht.

30 Vgl. Lothar Schäfer, *Das Bacon-Projekt. Von der Erkenntnis, Nutzung und Schonung der Natur,*
Frankfurt a. M. 1993.
31 Vgl. Geert Keil, »Ist die Philosophie eine Wissenschaft?«, in: Simone Dietz, Heiner Hastedt, Geert Keil,
Anke Thyen (Hg.), *Sich im Denken orientieren. Für Herbert Schnädelbach,* Frankfurt a. M. 1996, S. 32 ff.

8. Ende der Kritischen Theorie

Dass wir nicht über eine Gesellschaftstheorie verfügen, die uns das Phänomen »Ideologie« als solches und aus einem einzigen Prinzip erklären kann, liegt aber nicht nur an der faktischen Vielfalt der Bewusstseinsformen, die mit Grund den Verdacht, ideologisch zu sein, auf sich lenken, sondern letztlich an der Tatsache, dass es keine Kritische Theorie in dem strengen Sinn einer Einheit von Erkenntnis und Kritik der sozialen Wirklichkeit geben kann, denn nur einer solchen Theorie ließe sich für den gesamten sozialen Bereich entnehmen, was richtiges und was falsches Bewusstsein ist. Der Analyse des Bestehenden selbst ist nicht zu entnehmen, was daran kritikwürdig ist und was nicht. Die ältere Kritische Theorie Horkheimers und Adornos verstand sich als Wiederaufnahme des Marxschen Programms einer Kritik der politischen Ökonomie, und zwar in dem Doppelsinn einer Kritik der ökonomischen Verhältnisse im Medium der immanenten Kritik der diesen Verhältnissen zugehörigen, bürgerlichen ökonomischen Theorie. Aber tatsächlich waren diese Verhältnisse in der Phase des weltweit drohenden Faschismus nicht mehr so, wie es Marx und Engels vorausgesetzt hatten, denn im heraufziehenden Staatskapitalismus waren die Gesetze des Marktes weitgehend außer Kraft gesetzt, und wenn die ökonomischen Mächte gar nicht mehr vorgeben, den Prinzipien des gerechten Tausches zu folgen, entfällt die Möglichkeit, sie in immanenter Kritik an ihren erhabenen bürgerlichen Grundsätze zu messen.

Wichtig ist in diesem Zusammenhang auch die Möglichkeit, die Folgen der kapitalistischen Modernisierung positiv einzuschätzen. Arnold Gehlen hatte von der »Geburt der Freiheit aus der Entfremdung«[32] gesprochen, und ich wüsste nicht, was dagegen einzuwenden wäre. Die Durchsetzung des Tauschprinzips in der Ökonomie hat immerhin die unmittelbaren Abhängigkeiten der Sklaverei und Leibeigenschaften abgelöst, wenn auch unter erheblichen sozialen Kosten; schon in sogenannten primitiven Gesellschaften ist Tausch die humane Alternative zu reinen Gewaltverhältnissen, und dies gilt auch dann, wenn da wegen der realen Machtverhältnisse kaum von Gerechtigkeit die Rede sein kann. Deswegen habe ich nie verstanden, warum bei Adorno die »Tauschgesellschaft« als zentraler gesellschaftskritischer Topos benutzt wird, und wie er zu der These gekommen ist, die vollständige Realisierung des gerechten Tausches bedeutete zugleich die Aufhebung des Tauschprinzips.[33] Die Warenproduktion der Kulturindustrie hat uns allen, die nicht das Privileg besaßen, in einer reichen bildungsbürgerlichen Familie aufzuwachsen, die kulturelle Welt doch erst erschlossen – durch billige Reclamheftchen, teure Schallplatten und Radiosendungen. Der *Dialektik der*

---

32 Vgl. Arnold Gehlen, *Gesamtausgabe der Schriften*, Bd. 4, Frankfurt a. M. 1983, S. 366–379.
33 Vgl. dazu Schnädelbach, »Adorno und die Geschichte«, in: ders., *Analytische und postanalytische Philosophie*, a. a. O. (Anm. 1), S. 169.

Aufklärung zufolge ist die Kulturindustrie »Aufklärung als Massenbetrug«,[34] und deswegen steht im Spätkapitalismus der gesamte kulturelle Überbau unter dem Verdikt, Ideologie zu sein; demzufolge existierte nur noch in kulturellen Nischen, außerhalb des »Betriebs«, das »richtige« Bewusstsein – z. B. in Frankfurt am Main. Wenn ich meinen Lehrern etwas wirklich Gravierendes vorzuwerfen habe, dann ist es das Laster, etwas, was im Modus des begründeten Verdachts einen guten Sinn macht, als vollendete Tatsache zu präsentieren. Dies hat nämlich den theoretischen Nachteil, dass man dann nicht mehr erklären kann, wie im totalen Verblendungszusammenhang einer durch und durch ideologisierten Gesellschaft so etwas wie Kritische Theorie überhaupt noch möglich sein könnte.

Die transzendentalphilosophische Rekonstruktion der Kritischen Theorie von Jürgen Habermas im Gefolge von Anregungen von Karl-Otto Apels Peirce-Rezeption, die damals von der Altfrankfurter Orthodoxie als Häresie verurteilt und bekämpft wurde, unternahm es, nach Kantischem Vorbild die Einheit von Theorie und Kritik in den Möglichkeitsbedingungen von Wissenschaft überhaupt zu verankern. Aus dem Primat des kommunikativen Handelns sollten sich Folgerungen für die Diagnose von Sozialpathologien ergeben, die man auf die Kolonialisierung der Lebenswelt durch verselbständigte Systeme zurückführen könne; der Sache nach gehörten die Ideologien auch hierher, aber sie wurden in der *Theorie des kommunikativen Handelns*[35] kaum thematisiert. Auch hier zeigte sich, dass der bloßen Beschreibung der Dynamik von System und Lebenswelt nicht zu entnehmen ist, welche Folgen pathologisch und deswegen kritikwürdig sind oder nicht. Es gibt genügend Beispiele für Lebenswelten, die dringend »kolonisiert« werden müssten, d. h. in denen unmittelbare Gewaltverhältnisse durch Formen unpersönlicher Systemintegration wie Recht und Tausch zu ersetzen wären, was auf Freiheitsgewinne der betroffenen Individuen hinausliefe. So gilt auch hier: Es gibt keine Kritische Theorie im Sinn einer inneren Einheit von Theorie und Kritik, sei es im Sinne von Marx oder von Kant. Das Kritische einer Kritischen Theorie lässt sich nicht aus dem Theoretischen selbst deduzieren, sondern es muss von dem Theoretiker selbst begründet und verantwortet werden; davon kann ihn keine Theorie entlasten.

9. Aufgaben der Ideologieforschung

So bleibt die Ideologieforschung durchaus ein sinnvolles Projekt, – in allen Fällen nämlich, wo man perspektivische Verzerrungen der sozialen Wahrnehmung aus sozialen Gründen wirklich nachweisen kann. (Beispiele dafür habe ich zu geben

---

34 Max Horkheimer, Theodor W. Adorno, *Dialektik der Aufklärung. Philosophische Fragmente*, 2. Auflage, Frankfurt a. M. 1969, S. 108 ff.
35 Vgl. Jürgen Habermas, *Theorie des kommunikativen Handelns*, 2 Bände, Frankfurt a. M. 1981.

versucht.) Die tatsächlichen Ursachen dafür muss man jeweils im Einzelnen auf-
suchen, denn sie lassen sich nicht aus einer einzigen Theorie deduzieren. Auch
was daran kritikwürdig ist, ergibt sich nicht aus solchen Nachweisen, denn nicht
nur Zyniker können auf die soziale Nützlichkeit von Irrtümern und Illusionen
verweisen. Entscheidend aber ist: Der Ideologiekritiker steht selbst unter Legi-
timationsdruck. Er muss seine kritische Perspektive rechtfertigen können, und
dies auch gegenüber denen, die er bezichtigt, ideologisch zu sein; sonst ist er nur
der Propagandist einer anderen Ideologie. Wenn die Ideologiekritik wirklich die
Fortsetzung der Aufklärung mit anderen Mitteln sein will, darf sie nicht die Idee
der Aufklärung selbst dementieren. Von ihr ist die selbstreferentielle Struktur nicht
wegdenkbar, auf deutsch: Man kann jemanden *über* etwas aufklären, aber dann
hat man ihn oder sie nur informiert. Wenn Aufklärung wirklich der »Ausgang aus
der selbstverschuldeten Unmündigkeit« sein soll, kann man nur *sich selbst* aufklären, sei es als Individuum oder als ein Wir. Der Idologiekritiker als Aufklärer kann
sich nicht über oder neben diesem Wir aufstellen und immer schon alles besser
gewusst haben, denn dann schlägt der Ideologieverdacht auf ihn selbst zurück.
Wir können eben nicht von vornherein sicher sein, dass das, was wir meinen und
denken, nicht doch Ideologie ist.

Gisela Raupach-Strey

Philosophie ohne Weltanschauung?

Problematik und Bedeutung eines didaktischen Postulats

»Philosophie ist keine Weltanschauung« – diese These haben die Didaktikerinnen und Didaktiker der Philosophie in den 70er Jahren mit einiger Festigkeit vertreten. Anknüpfend an unsere Anliegen bei dieser These, die ich in der Einführung skizziert habe, werde ich zunächst ihre Bedeutung etwas grundsätzlicher ansprechen, sie sodann in einem historischen Rückgriff kritisch beleuchten, ferner die gegenwärtige Diskussionslage in der Philosophie aufnehmen, um sie schließlich unter didaktischen Gesichtspunkten für die gegenwärtige Welt in gewisser Weise mit Einschränkungen zu rehabilitieren.

1. Die Bedeutung der Ausgangsthese: Philosophie ist keine Weltanschauung

Unser Anliegen war (und das wird m. E. auch durch die noch anzustellenden Überlegungen nicht ausgehebelt) über das schulpolitische eines wissenschaftlich angebundenen Schulfaches hinaus ein Dreifaches: ein bestimmtes, didaktisch relevantes Philosophieverständnis, ein in einem weiten Sinn politisches, das sich mit demokratischen Anliegen verknüpft und ein didaktisch-methodisches.

1.1 Philosophie als Aufklärung

Philosophie ist keine Weltanschauung: Denn wer Philosophie treibt, schließt sich nicht einem Philosophen oder einer philosophischen Richtung wie einer Glaubensgemeinschaft an. Seine Philosophie darf auch nicht von einem religiösen Glauben oder einer politischen Richtung bestimmt werden. Wer Philosophie treibt, »hat« keine fertige Philosophie, sondern ist selbst aktiv, indem er/sie eigene Fragen stellt, nichts auf puren Glauben oder auf Hörensagen hin annimmt, vielmehr kritisch prüft, argumentiert und abwägt, kurz indem er/sie selber philosophiert – bekanntlich gemäß dem aufklärerischen Philosophie-Verständnis (Sokrates, Kant, Nelson, Mittelstraß u. a.). Die andere Haltung: sich einer Richtung oder gar einem Meister und seinem Gedankengebäude zu verschreiben, hat es im Laufe der Geschichte natürlich auch gegeben; aber sie verfehlt die Offenheit des Denkens auf Vernunftbasis. Erfreulicherweise sind Vertreter solchen festlegenden Denkens im akademischen Bereich ja eher die Ausnahme geworden.

1.2   Die Gefahr der Ideologisierung

Bei einer faktischen Gleichsetzung von Philosophie mit einer Weltanschauung hatten wir unausgesprochen die historische Erinnerung an den Nationalsozialismus im Hinterkopf: mit anderen Worten eine Absolutsetzung einer bestimmten Weltanschauung, das Nicht-Zulassen von alternativen Anschauungsweisen und damit de facto eine Immunisierung gegen Kritik. Dazu kam die Parallele des Staatskommunismus im anderen Teil Deutschlands. Die Dominanz einer Weltanschauung (an welchem Ort und zu welcher Zeit auch immer) erlaubt nicht die Freiheit und Souveränität des Einzelnen, über seine letzten Überzeugungen selbst zu bestimmen, zumal wenn sie in sich inhumane und unterdrückerische Elemente enthält. Eine solchermaßen in einem Gemeinwesen praktizierte Weltanschauung nennen wir dann üblicherweise Ideologie. Unsere Abwehr gegen die Auffassung von Philosophie als Weltanschauung war gespeist von dem Bewusstsein der Gefahr der Ideologisierung und der Indoktrination. Die Erziehung zum mündigen, urteilsfähigen und nicht mehr vorschnell gehorsamsbereiten Menschen ist zwar eine Angelegenheit der ganzen Schule, im Grunde der ganzen Gesellschaft, aber der Philosophie-Unterricht als potentieller Gedankenlieferant steht hier in vorderster Linie und ist besonders gefragt.

1.3   Didaktik der Philosophie nach dem »Weltbegriff«

Der dritte Grund für die These, dass Philosophie keine Weltanschauung sei, war ein didaktischer, der mit der »Philosophie nach dem Weltbegriff« eng zusammenhängt: Philosophieren als diskursive Bearbeitung der jeden Menschen angehenden Fragen und Probleme in einer Denkgemeinschaft ist in sich didaktisch verfasst – das besagte ja die Konstituierungsthese von Ekkehard Martens, die ich als eine vierdimensionale Konstituierung differenziert habe (Eigenaktivität des Subjekts, Unterrichtsgegenstände, Lernprozesse, didaktische Lerngemeinschaft). Danach hat Philosophie-Unterricht keine Lehre und kein System zu vermitteln, auch nicht die Philosophiegeschichte als Wissensstoff abzubilden, vor allem soll Philosophie-Unterricht kein Standpunkt-Denken produzieren.

Problemorientiertes Arbeiten stellt sich unmittelbar und aktiv den (»großen« oder »kleinen«) Problemen, es bildet Inseln der gründlichen Reflexion, einzeln und im Dialog. Es hütet sich also davor, vorschnell oder gar mit Zwang die unvollkommenen Gedanken der Lerngruppe in ein weltanschauliches System einzuordnen oder gar zu bewerten. Die gedanklich beackerten Reflexionsinseln dürfen als Inseln stehenbleiben. Mit der Zeit werden die Zwischenräume von selbst kleiner, und es bilden sich Brücken von einer Insel zur anderen – aber als Philosophierende schütten wir die Abgründe zwischen ihnen nicht vorschnell und übereifrig zu, indem wir eine – die vermeintlich richtige – Weltanschauung darüberstülpen.

Also drei, wie ich meine, gute Gründe für die These, Philosophie ist keine Weltanschauung – und daher für die Konsequenz, dass Philosophie und Weltanschauung nicht verwechselt und nicht vermischt werden dürfen. Wie haben wir bei diesen Überlegungen den Begriff Weltanschauung benutzt? Es wurden ihm implizit folgende semantischen Elemente zugeschrieben:

(a) eine Gesamtschau der Welt, mitgedacht mag auch sein: aus einem einheitlichen Prinzip oder einer Grundidee entwickelt;

(b) die Grundüberzeugungen, auf denen das zugehörige Gedankensystem aufbaut, müssen nicht oder nicht lückenlos rational begründet sein; sie werden »geglaubt« und sind im allgemeinen affektiv stark besetzt;

(c) die letzten, teilweise irrationalen Überzeugungen werden von einer größeren oder kleineren Gemeinschaft geteilt, ohne jedoch universale Anerkennung zu finden;

(d) wenn gar »Gefolgschaft« verlangt wird, wird die Grenze zur Ideologie fließend, wenn nicht überschritten;

(e) eine Weltanschauung weist eine gewisse Geschlossenheit auf, die eine offene Auseinandersetzung, kritische Fragen und Alternativen zu denken erschwert und im Extremfall der Ideologie sogar verhindert, sich also Kritik-immun geriert.

Deutlich geworden ist für die Seite des Philosophieverständnisses, dass vom Philosophie-Treibenden Distanz zu Weltanschauungen erwartet wird, insbesondere auch zur je eigenen. Der/die Philosophierende kann und sollte wohl Weltanschauungen zum Gegenstand des Nachdenkens machen und zu deren kritischer Reflexion in der Lage sein. Unter dieser Perspektive stellt also Philosophie Weltanschauungen in einen weiteren Reflexionshorizont und markiert ggf. deren Partikularität.

2.   Gegenfrage: Ist Philosophie nicht doch selbst auch Weltanschauung?

Betrachten wir die andere Seite, so stellt sich gegenläufig zu den bisher dargelegten Überlegungen die Frage: Versteht eine Philosophie, die sich von Weltanschauung(en) abgrenzt, möglicherweise sich selbst nicht »richtig«? Denn Philosophie hat sich doch von alters her selber sich um den Blick auf das Ganze bemüht. Das wurde in der philosophischen Tradition gerade als das Auszeichnende gegenüber anderen Wissensbemühungen und Denkweisen betrachtet. Wie kann Philosophie dann den Weltanschauungen vorwerfen, eine Gesamtschau anzustreben? Ist der philosophische Blick auf das Ganze wirklich ein anderer als der in einzelnen Weltanschauungen, den sie sich zu kritisieren anmaßt? Wir geraten hier in den Strudel einer grundlegenden Paradoxie im Verhältnis von Philosophie und Weltanschauung.

Nun hat es in der Philosophiegeschichte in der Tat die Auffassung gegeben, dass Philosophie eine »philosophische Weltanschauung« auszuarbeiten und anzubieten habe, etwa bei Dilthey und Max Scheler.

Vor 99 Jahren, im Jahr 1911 veröffentlichte Max Frischeisen-Köhler[1] den bekannten Sammelband »Weltanschauung« mit dem bezeichnenden Untertitel »Philosophie und Religion in der Darstellung von...«, in dem an prominenter Stelle Wilhelm Dilthey die Grundgedanken seiner Weltanschauungslehre darstellt.

Der Herausgeber Frischeisen-Köhler vertritt in seiner Einleitung die Auffassung, dass es wieder an der Zeit sei, eine »einheitliche Welt- und Lebensbetrachtung« zu entwickeln, nachdem die Philosophie unter dem Eindruck des Aufstiegs der Einzelwissenschaften, insbesondere der Naturwissenschaften sich in einer langen Epoche von »metaphysischen und religiösen Problemen« ferngehalten hat. Man könne jedoch das Bedürfnis nicht verleugnen (nicht »ausrotten«), Einzelerkenntnisse in einen Zusammenhang zu bringen und in einen Gesamtplan der Wirklichkeit einzuordnen, um »ein abschließendes Bild der Welt und des Lebens zu gewinnen«[2]. Die *Vielfalt* ist das, was Frischeisen-Köhler ebenso wie Dilthey zu schaffen macht, und die er für aufhebbar hält in einer philosophischen Weltanschauung.

---

1 Max Frischeisen-Köhler (Hg.), *Weltanschauung. Philosophie und Religion in Darstellung von Wilhelm Dilthey u. a.*, Berlin 1911.
2 Ebd., S. IX,X.

2.1 Wilhelm Dilthey

Von seiner Entdeckung und Fokussierung des geschichtlichen Bewusstseins wird Ditlthey motiviert, nach einer philosophischen Weltanschauung zu suchen.[3] Für Dilthey ist die Mannigfaltigkeit der philosophischen Systeme ein Problem, weil sie den Zweifel an deren Gültigkeitsanspruch nährt und zur »Anarchie« der philosophischen Denksysteme führe. Auf den von ihm als zerstörerisch empfundenen Widerspruch zwischen der sich zeigenden Vielfalt und dem philosophischen Anspruch auf Allgemeingültigkeit antwortet er mit der Entwicklung seiner »Weltanschauungslehre«, die den Versuch einer Typisierung unterschiedlicher Weltanschauungen darstellt: Den verschiedenen geschichtlichen Erscheinungsformen von Weltanschauungen geht Dilthey mit einer Freude an der Vielfalt und mit Akribie nach, so dass man sich bei der Lektüre fragt, ob es überhaupt eine Denkrichtung gibt, die Dilthey nicht zur Weltanschauung erklärt. Von diesem hermeneutischen Blick sozusagen, in jeder Denkrichtung die oft unausgesprochenen Grundlagen aufzuspüren und in das Bewusstsein zu heben, würde man sich heute in der philosophischen Lehre wohl manches Mal auch stärkere Spuren wünschen, sozusagen den Ansatz auch in seinen vielleicht nicht rational fassbaren Grundlagen zu erfassen. Andererseits supponiert Dilthey unterschwellig doch keine Gleichberechtigung, sondern eine gewisse Höherentwicklung im Laufe der Geschichte, die metaphysischen Systeme betrachtet er als die entwickelsten wiederum mit einer immanenten Hierarchie (auf die ich hier nicht weiter eingehen kann). Letztlich vermag Dilthey, wie mir scheint, den genannten Widerspruch zwischen der Phänomenvielfalt der Weltanschauungen und dem philosophischen Anspruch auf Allgemeingültigkeit, den er gleichwohl artikuliert, nicht wirklich aufzulösen.

Aufschlussreich sind die (vier) Wesensmomente, die Dilthey im Begriff der Weltanschauung ausmacht:

1. Weltanschauungen entspringen dem Wunsch nach Deutung des Ganzen, sie erheben Anspruch auf Allgemeingültigkeit.
2. Weltanschauungen sind dreistufig strukturiert:
(a) Sie gehen aus dem Lebensverhalten, der Lebenserfahrung und der Struktur unserer psychischen Totalität hervor und werden durch das Bewusstsein zur Wirklichkeitserkenntnis erhoben. Da diese Wirklichkeitserkenntnis aus dem Leben hervorgeht, ist sie nicht ausschließlich kognitiv zu verstehen, sondern formt ein komplexes Wirklichkeitsverständnis; es resultiert ein »Weltbild«.
(b) Auf einer zweiten Ebene geschehen Wertungen, eine Wertschätzung sowohl

---

3 Wilhelm Dilthey, »Die Typen der Weltanschauung und ihre Ausbildung in den metaphysischen Systemen«, in: Frischeisen-Köhler, a. a. O. (Anm. 1), S. 3–51.

des eigenen Daseins wie Abschätzungen des Wirkungswertes von Zuständen, Personen und Dingen, die Dilthey zusammenfassend »Lebenswürdigung« nennt.

(c) Auf der dritten Stufe bilden sich die Ideale, obersten Grundsätze, das höchste Gut – die obersten Normen des Handelns und ein umfassender Lebensplan, aus dem der praktische Gestaltungswille seine Energie empfängt.

3. Die Ausbildung von Weltanschauungen, gleich, ob es sich um religiöse oder philosophische Weltanschauungen handelt, ist bestimmt von dem Willen zur »Festigkeit, Wirkungskraft, Herrschaft und Allgemeingültigkeit« (S. 16).

4. Die Pluralität der Weltanschauungen ist nach Dilthey historisch an keinem Hauptpunkt zu einer Entscheidung gelangt. Die Weltanschauungen werden nur klassifiziert und erhalten sich trotz ihrer Widersprüche selbstmächtig nebeneinander. Da Dilthey die letzten Gründe für eine Weltanschauung als der Rationalität unzugänglich betrachtet, kann er keine Gültigkeitsfragen stellen und so bleibt für den praktischen Umgang nur der Kampf – ähnlich wie wir es bei Max Weber wiederfinden (1919). Das kann und darf für die heutige Welt nicht das letzte Wort sein.

2.2 Max Scheler

In der Forderung nach einer philosophischen Weltanschauung geht *Scheler* weiter. Ihm zufolge bildet sich jeder Mensch notwendigerweise eine Weltanschauung, eine »metaphysische Idee« und ein »metaphysisches Gefühl«, eine Idee von dem, was als das Seiende dem Menschen und der Welt zugrunde liegt. Der Mensch hat nur die Wahl zwischen einer guten und vernünftigen oder einer schlechten und vernunftwidrigen Idee vom Absoluten. Die meisten Menschen seien in ihrer Weltanschauung von einer religiösen oder sonstigen Tradition bestimmt; anzustreben sei aber auf der Basis der eigenen Vernunft eine philosophisch begründete Weltanschauung. Die Philosophie habe lange auf den Aufbau einer Weltanschauung verzichtet, sie dürfe aber ebenso wenig wie Dienerin eines kirchlichen Glaubens Dienerin der Wissenschaften sein. Die Philosophie habe ja nun gründliche und strenge Methoden gewonnen, um die metaphysischen Probleme einer Lösung näher zu führen, wobei Scheler den Positivismus, den Neukantianismus sowie den Historismus durch seinen eigenen Ansatz einer philosophischen Anthropologie überholen zu können meint. Schelers eigene Antwort auf die Frage »Was ist der Mensch?« liegt darin, dass »das Sein des Menschen als Mikrotheos auch der erste Zugang zu Gott« sei[4]. Interessanterweise gesteht Scheler sodann im allerletzten

---

4 Max Scheler, *Philosophische Weltanschauung*, Bonn 1923/4, S. 14.

Satz zu, dass es inhaltlich betrachtet »keine allgemeingültig wahre, sondern nur eine individualgültig wahre« Weltanschauung gebe. Allgemeingültig sei nur die Methode, mit der jeder Mensch »seine« metaphysische Wahrheit finden kann.

Scheler sieht also im Ausgangspunkt ganz ähnlich wie Frischeisen-Köhler und Dilthey die phänomenale Vielfalt der Weltanschauungen ebenso wie die Zersplitterung der Wissenschaften. Aber: Weltanschauungen zu haben, ist nach Scheler eine anthropologische Konstante; dagegen ist es ein philosophisches Desiderat, eine philosophisch begründete Weltanschauung streng methodisch auszubilden und damit dem Allgemeinheitsanspruch Rechnung zu tragen.

Beide Autoren, Dilthey und Scheler, haben genau genommen zwei Weltanschauungs-Begriffe: Zum einen die partikularen Weltanschauungen, die es in ihrer Vielfalt gibt, teils angelehnt an religiöse Traditionen, teils angelehnt an die Einzelwissenschaften, und demgegenüber eine angestrebte philosophische, einheitliche Weltanschauung, bei Dilthey nur angestrebt, von Scheler selbst als eingelöst betrachtet, wenn auch nicht absolut gesetzt. Zwar wird die Gültigkeitsfrage jeweils nicht eindeutig beantwortet, aber beide Autoren scheuen sich nicht, den anspruchsvolleren Weltanschauungs-Begriff mit Philosophie in Verbindung zu bringen.

2.3 Martin Buber

Werfen wir noch einen Blick auf einen religionsphilosophischen Denker: Buber verfasste 1928 die kurze Abhandlung »Philosophische und religiöse Weltanschauung«. Bekanntlich geht er in seinem der jüdischen Tradition verpflichteten Denken von den beiden »Urworten« Ich-Du und Ich-Es aus. In letzterem, dem Subjekt-Objekt-Erkennen, unterscheidet Buber nicht zwischen wissenschaftlichem und philosophischem Denken. »Philosophie ist die Anwendung des Subjekt-Objekt-Verhaltens auf die Totalität des Seins«[5], sie sei gegründet auf den Glauben an die Allmacht des Denkens und totalisiere das Partielle. Dieses Denkmuster reiße Gott und Mensch auseinander, es kann keine Gemeinschaft stiften. Religion dagegen sei Begegnung und Bewährung. Sie stehe nicht wie wissenschaftlich-philosophische Aussagen unter dem Satz des Widerspruchs, vielmehr sei die religiöse Situation die Stätte der gelebten Complexio oppositorum. Glaube ist nicht Erkenntnis, sondern Ereignis. Unter dieser Perspektive stellen sich für Buber die heutigen sogenannten »Weltanschauungen« als Fluchtsysteme dar.

Bei diesem Ansatz sind also philosophische Weltanschauungen die defizitären

---

5 Martin Buber, »Philosophische und religiöse Weltanschauung«, in: *Martin Buber Werkausgabe*, Bd. 8, Gütersloh 2005, S. 165–168.

und die religiöse Weltanschauung die umfassendere und daher höherrangige. Darin liegt eine Umkehrung zu den vorigen Betrachtungen, die strukturell wohl auch dem Selbstverständnis anderer religiöser Weltanschauungen entspricht: Aus ihrer Binnenperspektive artikuliert sie einen umfassenderen Horizont für ihre Weltsicht als es aus philosophischer Warte möglich ist. Wenn man diese Betrachtungsweise nicht als Sonderfall beiseite legt – und das können wir eigentlich in der gegenwärtigen Welt nicht mehr –, kann sie für uns neue Fragen aufwerfen:

Wir könnten den kritischen Einwand erheben, dass hier eine aus einem bestimmten Glauben gespeiste Weltanschauung ihre Binnenperspektive für allgemeingültig erklärt und sich damit unzulässigerweise absolut setzt. Wir könnten aber auch gegenläufig fragen, ob nicht eine Philosophie, die die Grenzen der Vernunft und des Denkens mitreflektiert und anerkennt, ein »Fenster ins Absolute« braucht, das sich mit philosophischen Mitteln allein nicht erfassen und charakterisieren lässt. Wie können wir als Philosophen den Blick auf das Ganze ausdrücken, ohne ungerechtfertigte Grenzüberschreitungen vorzunehmen? Mir scheint, wir stoßen hier ein weiteres Mal in den Strudel der Paradoxie zwischen Philosophie und Weltanschauung: Vernunft und Glaube beanspruchen wechselseitig den umfassenderen Horizont und damit eine höherstufige Gültigkeit.

3.   Folgerungen für unser Philosophie-Verständnis unter Beachtung der Verfallsgeschichte

Ist Philosophie nun doch eine Weltanschauung – oder, etwas vorsichtiger, ist zuzugestehen, dass es eine philosophische Weltanschauung gibt? Was lernen wir von den eben dargelegten Autoren, und inwiefern müssen wir umgekehrt auch sie kritisch lesen?

Der »Blick auf das Ganze«, das Herstellen von Zusammenhängen und die Erkundung des Grundsätzlichen stellte schon immer ein genuines Interesse des Philosophierens dar. Gerade das kritische Denken transzendiert die Partikularitäten theoretischer wie praktischer Art in einen umfassenderen Horizont, auch wenn wir uns scheuen, einen solchen festzustellen und zu formulieren. An dieses Anliegen einer Gesamtschau sollten wir uns durch die genannten Autoren wieder erinnern lassen; es ergänzt die im ersten Teil aufgezeigten didaktischen Intentionen und war vermutlich unterschwellig auch in den Professionalisierungsanfängen unserer Fachdidaktik gleichzeitig präsent. Es war und ist auch präsent in den beiden didaktischen Desiderata der philosophischen Vertiefung des Fachunterrichts sowie des fächerübergreifenden bzw. fächerverbindenden Lernens. Beide sind von nicht ausformulierten Visionen gespeist, dass es gemeinsame Grundlagen unterhalb von Differierendem gibt und dass es unhintergehbare allgemeingültige Zwecke gibt.

Und über diese Probleme wollen wir ja gerade auch mit unseren Schülerinnen und Schülern und ebenso mit den Studierenden nachdenken.

Aber müssen wir da nicht Acht geben? Wird nicht doch eine Weltanschauung, die als philosophische deklariert wird, unterschwellig zur alleinigen verabsolutiert? Und wird es irgendeinem Philosophierenden anders gehen, sobald er/sie versucht, positive Inhalte einer philosophischen Weltanschauung zu formulieren? Jede Setzung einer philosophischen Antwort in Weltanschauungs-Fragen scheint zwangsläufig den Einwand auf sich zu ziehen, dass sie partikulare Einsichten unzulässig verallgemeinere und somit wieder in das Odium zumindest fragwürdiger, wenn nicht inakzeptabler Weltanschauungen zu geraten, wie wir sie in der Geschichte, aber auch in der Gegenwart leider zuhauf hatten und haben. So gilt es auch die »*Verfallsgeschichte*«[6] des Weltanschauung-Begriffs nicht zu verdrängen, sondern mitzubedenken.

Der Weltanschauungs-Begriff ist ja insbesondere im Nationalsozialismus missbraucht worden, und bis heute haben Philosophen oft diese Hintergründe im Ohr, wenn der Begriff fällt. Die Sehnsucht nach einer einheitlichen, tragenden Weltanschauung war offenbar in den 20er Jahren des vorigen Jahrhunderts verbreitet, wie bei Oswald Spengler, Eduard Spranger oder Arnold Gehlen und anderen nachgewiesen wurde, so dass die Grenze zwischen dem Wünschenswerten und dem moralisch Vertretbaren fließend wurde. Aber der Ausdruck »nationalsozialistische Weltanschauung« ist missbräuchlich – weshalb wir ja dann auch von Ideologie sprechen. Der Missbrauch liegt in doppelter Hinsicht vor: Zum einen enthielt die nationalsozialistische Ideologie die allgemeine Menschenwürde missachtende Inhalte, und zum anderen ließ sie den Menschen nicht die Freiheit der Wahl, sondern setzte ihre Ideologie indoktrinierend und mit unzulässigen Machtmitteln durch.

Der andere Missbrauch liegt im Marxismus-Leninismus vor, der im östlichen Teil Deutschlands zur staatlich verordneten Ideologie wurde. Ein Missbrauch strukturell nach denselben Kriterien: menschenverachtende Inhalte, die bei ursprünglich guter Absicht, eine gerechtere Gesellschaft zu wollen, de facto bestimmte Menschengruppen diskreditierten, sowie eine politische Durchsetzung mit Machtmitteln, die dem Individuum nicht die Meinungs-, Religions- und Redefreiheit zugestanden.

Manche Autoren halten diesen Missbrauch für so durchschlagend, dass sie empfehlen, ganz auf den Begriff zu verzichten. So schreibt beispielsweise Karl-Siegbert Rehberg[7]: »nach den elitären Individualisierungen und den aggressiven Kol-

---

6 Karl-Siegbert Rehberg, »›Weltanschauung‹ und Menschenbilder – zur Verfallsgeschichte eines Begriffs«, in: Johannes Rohbeck (Hg.), *Philosophie und Weltanschauung. Dresdner Hefte für Philosophie*, Bd.1, Dresden 1999, S. 66–85.
7 Ebd., S. 84.

lektivierungen meine ich, dass das Wort ›Weltanschauung‹ durch die Geschichte der verfehlten Selbstsicherheiten, der Selbst- und Fremdtäuschungen, der hysterischen Aufladungen und zwanghaften politischen Dogmatismen grundlegend desavouiert ist.« Er gesteht gleichwohl zu, dass die Probleme der unterschiedlichen Weltsichten, eines Zeitgeistes und der Wandlungen von Weltdeutungen nicht gegenstandslos geworden sind – als analytisches Problem, wie er meint. Er empfiehlt aber statt des Begriffs Weltanschauung (im Anschluss an Max Weber) den Begriff »Weltbilder« im Plural. Dieser decke ab, was der Begriff Weltanschauung einst meinte: »Aus systematisierten Weltsichten ergeben sich habituelle Prägungen, kognitive Muster, Denkstile und Handlungsprogramme (und umgekehrt)«, die Gegenstand einer kulturwissenschaftlich orientierten Soziologie seien.

Diesem Urteil und damit der Empfehlung kann ich mich nicht anschließen, weil m. E. der Begriff des Weltbildes im allgemeinen kognitiv-naturwissenschaftlich konnotiert ist, und gerade die weitergehenden, sinndeutenden und handlungsorientierenden Dimensionen, mit denen wir es im gegenwärtigen Nachdenken zu tun haben, nicht oder zu wenig anklingen und mitdenken lässt. Stärker als im Begriff des »Weltbildes« wird im Begriff der »Weltanschauung« der zwar ebenfalls dem Bereich der Optik entlehnte zweite Teil metaphorisch gedeutet; zugleich verweist er durch das (zwar substantivierte) Verb »anschauen« stärker auf die Eigenaktivität des Subjekts im Kontrast zum eher statischen »Bild«.

Bei dieser Problemlage drängt sich die Frage auf, die Herbert Schnädelbach am Schluss seiner Abhandlung »Der Blick auf das Ganze« anspricht: Ist der Wunsch nach einer Weltanschauung nicht »eine bloße Durchgangsstufe im langen Abschied von der Metaphysik, die versucht hatte, die Sicht Gottes auf die Welt mit menschlichen Augen noch einmal zu wiederholen«[8]? Für Schnädelbach ist es sogar eine These, und als Ersatz für Weltanschauungen konstatiert er einen diffusen praktischen Pragmatismus insbesondere in der heutigen Medienwelt, der den Verzicht auf den Blick auf das Ganze und auf prinzipielle Argumente sogar »als Entlastung und Freiheitsgewinn« verzeichne.

Aber genauso wenig wie der Kampf der Weltanschauungen oder der Absolutheitsanspruch einer philosophischen Weltanschauung oder gar einer Ideologie oder die zuletzt genannte Ermäßigung der Weltanschauung zum Weltbild scheint mir diese Form des Pragmatismus das letzte Wort sein zu können. (Auch Schnädelbach formuliert ja »Wir *scheinen* keine Weltanschauung mehr zu brauchen«). Denn nach wie vor stellen sich dem Menschen unabdingbar die metaphysischen Grundfragen, und in diesem Sinn ist der Blick auf das Ganze nicht suspendierbar. Daher plädiere ich dafür, dass wir uns über die Verfallsgeschichte des Begriffs Welt-

---

8 Vgl. Herbert Schnädelbach, »Der Blick aufs Ganze. Zur Optik der Weltanschauung«, in: ders., *Philosophie in der modernen Kultur*, Frankfurt a. M. 2000, S. 162.

anschauung sehr wohl Rechenschaft ablegen und ablegen müssen, aber dennoch für die gegenwärtigen gesellschaftlichen Probleme und insbesondere die damit zusammenhängenden Probleme in Konzeption und Didaktik des Philosophie- und Ethik-Unterrichts nicht völlig auf ihn verzichten können. Dabei treten jedoch andere Konnotationen ins Zentrum der Betrachtung, wie ich im Folgenden zeigen möchte.

4. Das gegenwärtige Verhältnis von Philosophie und Weltanschauung im Hinblick auf die Didaktik

Wir sind ja nicht nur durch den Blick in die Philosophiegeschichte auf die Problematik der Verhältnisbestimmung von Philosophie und Weltanschauung gestoßen, sondern durch die immer stärker ins Bewusstsein getretenen Pluralismen, die in der gegenwärtigen Welt Tatsache sind. Dabei beschäftigt uns vielleicht weniger als die früheren Denker die Vielfalt der Einzelwissenschaften und -disziplinen.

4.1 Vielfalt politischer Anschauungen versus ethischer Minimalkonsens

In gegenwärtigen Gesellschaften beschäftigt uns stärker zum einen die Vielfalt politischer Anschauungen, jedenfalls dann, wenn die Grenze zur Unregierbarkeit eines Gemeinwesens gestreift wird und man wieder anfängt, sich nach gemeinsamen Grundlagen zu fragen. Und härter noch werden diese Auseinandersetzungen, wenn zum einen moralische und erst recht, wenn religiöse Grundüberzeugungen aufeinandertreffen. Das Problem des Zusammenhalts einer demokratischen Gesellschaft, die ja ihren Bürgerinnen und Bürgern keine bestimmte Weltanschauung, keine bestimmte Religion und so weit möglich auch keine bestimmten Wertentscheidungen und sonstigen Grundüberzeugungen vorschreiben will, hat ja u. a. zur Einrichtung des Ethik-Unterrichts geführt. Gemäß dem Böckenförde-Diktum hat man sich darauf besonnen, dass es unterhalb der demokratischen Strukturen noch eine Basis des ethischen Minimalkonsenses geben muss, wenn das Zusammenleben in einer Gesellschaft gelingen soll. Da die herkömmlichen Sozialisationsagenturen für die Vermittlung dieses Minimalkonsenses nicht mehr uneingeschränkt funktionieren, fiel der Schule die pädagogische Verantwortung zu, den ethischen Minimalkonsens an die nächste Generation weiterzugeben. Diese Aufgabe aber ist eng verknüpft mit den jeweiligen weltanschaulichen Grundüberzeugungen und von dieser Warte her mit dem Problem der Vielfalt. Wir bekommen es hier zu tun mit dem, was Otfried Höffe treffend den »doktrinalen

Tiefenkonflikt«[9] genannt hat: Einerseits den Bürger/innen eines demokratischen
Staates keine Vorschriften machen zu wollen hinsichtlich ihrer Grundüberzeugungen, andererseits aber auf die Beachtung des ethischen Minimalkonsens, d. h.
vor allem der Menschenrechte, angewiesen zu sein. Hinzu kommt, dass wir als
Philosophierende keine Schranke setzen wollen, dass jedwede These und Überzeugung der kritischen Prüfung ausgesetzt werden darf. Insofern befindet der
philosophisch orientierte Ethik-Unterricht sich immer auf einer Gratwanderung
– die er aber gehen kann, wenn er darauf abzielt, dass auch der ethische Minimalkonsens vernünftig begründbar ist und aufgrund von Einsicht, nicht aufgrund von
Zwang oder Disziplinierung befolgt wird.

4.2 Weltanschauungen als notwendige Orientierungssysteme

In weltanschaulicher Hinsicht stellt sich die didaktische Situation noch etwas
komplexer dar. Hier meine ich, dass uns die Problematik einer Konzeption des
Ethik-Unterrichts erneut die Augen dafür geöffnet hat, dass Weltanschauungen
nicht per se zu diskreditieren sind. Vielmehr ist jeder Mensch darauf angewiesen,
eine – je eigene – Weltanschauung zu entwickeln, was mit der größten Intensität
wohl im Jugendalter geschieht, aber ein Leben lang zur Disposition steht, insbesondere in Krisensituationen. Wenn es stimmt, dass der Mensch das »nicht
festgestellte Tier«, das weltoffene Wesen ist, dann ist er unabdingbar darauf angewiesen, seinem Leben und der Welt einen Sinn zu verleihen, also Deutungen vorzunehmen. Deutungen betreten eine Meta-Ebene und lassen sich nicht einfach
und schon gar nicht eindeutig aus der Faktizitätsebene ableiten. Auf Deutungen
zu verzichten, ist nicht möglich; die Grundfragen des Lebens stellen sich jedem
Menschen unausweichlich. Wenn keine Antworten gegeben werden (wie vorläufig
auch immer), führt dies zu psychischen Krankheiten und im Extrem zum Zerfallen
der Persönlichkeit. Ein weltanschauliches Orientierungssystem aufzubauen, ist
daher Existenzbedingung für den Menschen.

Um den Begriff der Weltanschauung zu vermeiden, haben wir in den Konzeptions-Diskussionen der Didaktik diese Zusammenhänge meist in der Aussage
zusammengefasst: Jeder Mensch braucht ein Orientierungssystem.

Allerdings soll der Begriff des »Orientierungssystems« auch Offenheit signali-
sieren und damit die relative Geschlossenheit, die im Weltanschauung-Begriff oft
mitgedacht oder mitverstanden wird, überholen. Die Offenheit ist eine reflexive,
die synchron und diachron zu denken ist: Das persönliche Orientierungssystem

---

9 Otfried Höffe, »Ethikunterricht in einer pluralistischen Demokratie«, in: Alfred Treml (Hg.), *Ethik
macht Schule!*, Frankfurt a. M. 1994, S. 32.

eines jugendlichen Menschen baut sich allmählich im Laufe der Zeit auf, dadurch, dass an immer neuen Problemen gearbeitet wird und früher gegebene Antworten integriert werden, wobei natürlich auch alte Fragen neu aufbrechen können oder alte Antworten erneut überdacht, vielleicht gar verworfen werden können. Hinzu kommt die gleichzeitige Auseinandersetzung mit dem, was andere Menschen zum gleichen Problem denken und worüber ggf. eine dialogische Auseinandersetzung stattfindet. Ein solches Orientierungssystem enthält genau, wie wir es oben von den Weltanschauungen gesagt haben, kognitive Elemente, Grundüberzeugungen, Einstellungen und handlungsleitende Elemente.

Im Begriff »Orientierungssystem« ist also stärker als bei »Weltanschauung« ein Bildungs- und Revisions-Prozess inbegriffen, und er lässt offen, wieweit Überzeugungselemente dogmatisiert werden und ebenso lässt er offen, wieweit das Orientierungssystem mit einer »Gesinnungs-« oder eben Weltanschauungs-Gemeinschaft geteilt wird. Das Ausmaß des Doktrinären ist nicht bestimmt. Aber den »Orientierungsanteil« der Weltanschauungen, den brauchen wir: Welterklärungen, Sinndeutungen und handlungsleitende Überzeugungen.

4.3 Die philosophische Reflexion über Weltanschauungen

Nun hatten wir in den Konzeptions-Diskussionen gefragt, was Philosophie beim Aufbau eines Orientierungssystems vornehmlich in der Adoleszenz beitragen kann. Die Antwort lag und liegt aber nicht darin, dass die Philosophie eine Weltanschauung anzubieten hätte.

Meine Antwort dazu war immer eine doppelte: erstens nimmt Philosophie Weltanschauungen bzw. weltanschauliche Elemente in dem gerade dargelegten Sinn zum Reflexionsgegenstand, und zweitens orientiert sie durch die Methode, durch das kritische und argumentative Nachdenken selber. Wenn Weltanschauungen Reflexionsgegenstand des Unterrichts sind, bedeutet das, dass die Vielfalt in den Unterricht hineinzuholen ist. Man kann dazu die Begegnung mit authentischen Vertretern einer religiösen oder nichtreligiösen Weltanschauung arrangieren. Wichtig sind dazu weiterhin die religionskundlichen Bausteine im Ethik-Unterricht, die dem Kennenlernen dienen, ohne auf ein Bekenntnis abzuzielen. Schließlich sollte spätestens ab der 7. Klasse das problemorientierte Arbeiten dazukommen: zu bestimmten Grundfragen des Mensch-Seins die Antworten verschiedener weltanschaulicher Ausrichtungen zur Kenntnis zu nehmen, zu verstehen und kritisch zu diskutieren. In diesem Sinn ist dann der Ethik-Unterricht ein Forum für unterschiedliche Weltanschauungen, die Philosophie selber aber weltanschauungsneutral: Sie darf unter den Positionen, die im Rahmen des Grundgesetzes und der Menschenrechte vertretbar sind, keine favorisieren und muss den Schüler/

innen die Freiheit lassen, über die letzten Überzeugungen selbst zu entscheiden. Das schließt natürlich nicht aus, dass im Vorfeld der letzten Überzeugungen eine argumentative Auseinandersetzung stattfinden kann und im Sinne des philosophischen Anspruchs auch stattfinden muss. Das bedeutet vor allem, dass die Gültigkeitsfrage nicht suspendiert werden darf, dass es vielmehr das Anliegen des Unterrichts sein muss das Gültige – aufgrund von Gründen Gültige – miteinander herauszufinden. Hier wiederholen wir gewissermaßen auf einer Meta-Ebene die Frage, die Dilthey nicht losließ: die Frage nach dem Allgemeingültigen angesichts der Pluralität. Aber wir beantworten sie nicht mit dem Einnehmen eines Meta-Standpunkts im Sinne einer philosophischen Weltanschauung.

Erfahrungsgemäß wird im argumentativen und dialogischen Miteinander-Philosophieren das Vertreten und Durchsetzen-Wollen einer Position zurücktreten gegenüber dem Abwägen von guten, d. h. einsehbaren Gründen. Dieses Philosophie-Verständnis ist nicht das einer bestimmten Position, sondern ein diskursives. Es dokumentiert sich nicht in einem lehrbaren System, sondern bewährt sich im Prozess.

4.4 Das diskursive Philosophieverständnis ist selbst keine Weltanschauung

Nun könnte jemand auf den Gedanken kommen, die Schraube der Paradoxie noch einmal anzudrehen, und dem diskursiven Philosophie-Verständnis den Vorwurf machen, seinerseits eine bestimmte »philosophische Weltanschauung« zu sein, so dass unser didaktisches Postulat niemals einlösbar wäre.

Dazu ist Mehreres zu entgegnen. Zum einen ist zuzugestehen, dass Philosophierende auch auf einer solchen Meta-Ebene noch einmal die eigenen Voraussetzungen zu reflektieren haben. Und selbstverständlich gibt es Färbungen, Richtungen und Denkstile in der Art des Philosophierens, die mitwirken bei unseren Entscheidungen, welche Argumente für uns einleuchtend sind und bei Abwägungen über die Gewichtung, auch bei der Findigkeit, welche Art von Argumenten überhaupt zur Sprache kommen. Solche Färbungen, Richtungen und Denkstile auf ihr didaktisches Potential auszuloten, hat ja Johannes Rohbeck in methodischer Hinsicht zum didaktischen Programm erhoben. Analog scheint mir in Bezug auf die inhaltliche Problembearbeitung auch vermeintlich sakrosankter, weltanschauliche Überzeugungen berührender Probleme durch solche Färbungen zunächst einmal die Vielfalt der Argumentation bereichert. Wenn unter den angeführten oder implizierten Argumenten solche sein sollten, die sich unerkannt einer Weltanschauung verdanken und bislang nicht kritisch befragt wurden, so lässt sich dies ja im gemeinsamen Gespräch aufdecken und hinterfragen; es mag dann im Einzelfall auch einmal schwierig sein, eine bisherige Kritik-Immunisierung zu überwinden. Die Vielfalt der Argumente und Gesprächsbeiträge bedeutet eben nicht, dass wir bei billigen Relativierungen stehenbleiben können, mit denen wir in das Positionen-Denken zurückfallen würden. Die Gültigkeitsfrage ist offen zu halten, selbst wenn man im Konkreten zu keiner konsensuellen Antwort in der Lerngruppe gelangt. Die Herkunft oder Richtung der Art und Weise, in der jemand denkt und argumentiert, ist letztlich für die Gültigkeit von Argumenten nicht erheblich, sondern nur eine transzendentale Bedingung ihrer Formulierung sowie der Tatsache, dass sie angeführt werden. Aber diese Überlegung liegt gewissermaßen im Rücken des Diskurses über die Probleme selbst und die rationale Tragfähigkeit von Antworten.

Es könnte mit dem obigen Vorwurf aber auch gemeint sein, das diskursive Philosophieverständnis sei selbst eine Position unter anderen, es beinhalte einen Glauben an die Vernunft und die rationale Auflösbarkeit aller Fragen. Damit wird seine Bedeutung jedoch verkannt: Diskursive Philosophie beansprucht nicht selbst eine absolute Wahrheit, sie bietet vielmehr ein Forum, in dem viele Auffassungen zu einem Problem zur Sprache kommen können, sofern sie sich auf eine vernunft-geleitete Auseinandersetzung einlassen. In diesem Sinn ist das diskursive Philosophieverständnis kompatibel mit vielen Denkrichtungen, solange sie nicht die Basis der Rationalität verlassen. Wer allerdings Denkrichtungen als Positionen auffasst, wird gewissermaßen rückfällig in das Zeitalter der unbefragten Weltanschauungs-»Philosophien«, deren letzte Grundlagen nur geglaubt werden können. Auch die in der Einführung erwähnte Mindener Erklärung enthielt noch dieses implizite Defizit.

5. Weiterführung der Toleranz-Stufe zur diskursiven Verständigung

Hinsichtlich des Verhältnisses von Philosophie und Weltanschauungen, auch der Weltanschauungen untereinander, hätten wir mit den bisherigen Überlegungen gewissermaßen die Stufe der Toleranz erreicht: Man lässt einander nebeneinander gelten – immer mit der Einschränkung, sofern der Grundrechtsrahmen der Menschenrechte nicht tangiert wird –, aber jedenfalls hinsichtlich der letzten Überzeugungen lässt man einander gewissermaßen in Ruhe. Für das gesellschaftliche Zusammenleben ebenso wie für das Schulleben ist damit, wenn es gelingt, schon eine ganze Menge gewonnen, und auf der pragmatischen Ebene sollten wir daher m. E. auch weiterhin den gegenseitigen Toleranz-Respekt unterschiedlicher Weltanschauungen didaktisch postulieren.

5.1   Der Toleranz-Gestus ist nur ein Anfang

Aber reicht der Toleranz-Gestus aus? Demnach kann jeder seine letzten Überzeugungen behalten, die unterschiedlichen Weltanschauungen brauchen einander dann gar nicht zu bekämpfen, schon gar nicht mit Gewalt; solange der ethische Minimalkonsens gewahrt ist, können wir in einem demokratisch verfassten Rechtsstaat dann schon miteinander auskommen.

Wir müssen hier noch weitergehen. Denn der Toleranz-Gestus enthält noch keineswegs die Achtung vor dem anderen, ja in gewisser Weise ließe sich sogar ein Rest Missachtung herauslesen, insofern die Isolation der einzelnen bzw. einzelnen Weltanschauungsgemeinschaften erhalten bleibt und es an ernsthaften Verstehensbemühungen fehlt. Die Patt-Situation zwischen philosophischer und religiöser Weltanschauung, die wir bei Buber abgelesen hatten, scheint sich sozusagen auf das Wechselverhältnis aller vorhandenen Weltanschauungen in ihrer Pluralität auszuweiten.

Hier setzen ja auch die (früheren) Konzepte interkulturellen Lernens an: Sie wollen durch Realbegegnungen Verständnis und Auseinandersetzung fördern. Genau genommen nimmt man den/die Gesprächspartner nur ernst, wenn man gleichberechtigt in den Diskurs einsteigt, und nicht bei einem schiedlich-friedlichen Nebeneinander stehen bleibt bzw. bei einem billigen Relativismus, der sich für die Wahrheitsfrage gar nicht interessiert. Implizit verweist dies auf die philosophische Dimension, die wir einzuklagen haben: Über das pragmatische Geltenlassen, aber auch über das Verstehen hinaus kommen wir nicht umhin, zu den Gültigkeitsfragen vorzudringen.

Dem prima facie nun ausgeweiteten Strudel der Paradoxie des Verhältnisses von Philosophie und Weltanschauungen können wir aber unter der Perspektive eines diskursiven Selbstverständnisses von Philosophie begegnen.

5.2   Verständnis für fremde Vorstellungen

Denn wir können hier zumindest einige weiterführende Schritte gehen.

Der erste ist, dass immer dann, wenn religiöse oder auch nicht-religiöse Grundüberzeugungen und Vorstellungen im Philosophie- oder Ethik-Unterricht zum Thema werden, diese auf jeden Fall (trotz möglicherweise eines Anfangs-Befremdens bei einem Teil der Lerngruppe) soweit ernst genommen werden, dass man sich um Verständnis bemüht und sie nicht als einem vermeintlich zurückgebliebenen Bewusstsein zugehörig beiseiteschiebt oder gar verachtet. Nun mag trotz ernsthafter Verstehensbemühung Fremdheit der Vorstellungen bleiben. Diese löst sich jedoch meistens auf, wenn nach dem anthropologischen Hintergrund gefragt wird, etwa warum ein religiöser Mensch sich die Vorstellung eines Lebens nach dem Tode bildet – um nur ein Beispiel zu nennen. Die conditio humana wird von allen Menschen geteilt, und auf ihrer Basis lässt sich leichter ein Verständnis für unterschiedliche Ausprägungen von religiösen oder nicht-religiösen Antworten finden.

Nun lässt sich mit dieser Denkfigur freilich nicht alles erklären; gläubige Menschen werden wohl einen Überschuss über das in diesem Sinn vernünftig Erklärliche hinaus in Anspruch nehmen. Dieser Punkt wurde ja in der Auseinandersetzung zwischen Habermas und Ratzinger im Jahr 2004 angesprochen.[10] Interessanterweise gesteht der Diskurstheoretiker Habermas hier dem Theologen Ratzinger zu, dass möglicherweise in den religiösen Traditionen semantische Gehalte aufbewahrt sind, die dem philosophischen, rationalen Denken so nicht zur Verfügung stehen. Dies führt dazu, dass die o. g. Patt-Situation als Komplementär-Situation verstanden wird: Philosophie und Religion respektieren einander im Wissen, dass die andere die andere Seite des eigenen Denkens repräsentiert, die sie selbst nicht einholen kann. Meines Erachtens gilt hier sogar eine Symmetrie: Auch die Philosophie kann einen Überschuss über das religiöse Denken hinaus in Anspruch nehmen: In der Denkfigur der anthropologischen Fundierung, die ja dann für alle die unterschiedlichen weltanschaulichen Vorstellungen gilt, haben wir das eben getan. Vom Allgemein-Menschlichen aus öffnet sich der Blick auf das Allgemein-Gültige, das der Vernunft einsichtig ist, und das herauszufinden Anliegen der Philosophie über die Partikularitäten hinaus ist. Wenn wir im Klassengespräch soweit kommen, ist viel erreicht.

5.3 Der hermeneutische Charakter von Religion

Systematisch können wir aber die Schraube noch einmal weiterdrehen und fragen, ob wir damit nicht auf einer weiteren Meta-Ebene wiederum nur eine Paradoxie erreicht haben: Welches ist der Horizont, indem wir vom Komplementaritätsverhältnis zwischen philosophischer Reflexion und religiös-weltanschaulichem Denken überhaupt sprechen können? Wenn wir von einem beiderseitigen Überschuss sprechen können, dann gibt es wohl doch eine Basis, die Bedingung der Möglichkeit dieser Überlegungen ist.

Da ist zunächst das von Habermas (u. a.) im o. g. Dialog mit Ratzinger vorgetragene Desiderat zu nennen, dass religiöse Gehalte in säkulare Sprache zu übersetzen seien. Beispielsweise kann die jüdisch-christliche Vorstellung von der

---

10 Jürgen Habermas, Joseph Ratzinger, *Dialektik der Säkularisierung. Über Vernunft und Religion*, Freiburg im Breisgau 2005.

Gottesebenbildlichkeit des Menschen übersetzt werden in die zu respektierende gleiche Menschenwürde für alle Menschen. Hier sehe ich in der Tat ein wichtiges Arbeitsfeld für die Philosophie- und Ethik-Didaktik, insbesondere in einem überwiegend religionslosen Umfeld. Aber die Frage nach dem Horizont des Komplementaritätsverhältnisses geht ja weiter: Auf welcher Basis sind etwa solche Übersetzungsleistungen denn überhaupt möglich? Gibt es hier nicht eine tiefere, verborgene Verwandtschaft zwischen Religion und Philosophie?

Für mich greifen an dieser Stelle die Überlegungen, die Herta Nagl-Docekal auf dem Philosophie-Kongress im Herbst 2008 in Essen vorgetragen hat, und die über Habermas noch hinausführen. Denn die Komplementaritätsthese setze, da sie der Religion letztlich einen opaken Charakter zuschreibe, schließlich doch unauflösliche Differenzen zwischen Religion und Philosophie voraus. Religion gründe sich nach Habermas auf die »dogmatische Autorität eines unantastbaren Kerns von infalliblen Offenbarungswahrheiten«.[11]

Nagl-Docekal bringt demgegenüber den hermeneutischen Charakter von Religion zur Geltung: Religion ist im geschichtlichen Prozess immer auf Verständlichmachung ihrer Glaubensinhalte angewiesen, und zwar sowohl innerhalb ihrer eigenen Religionsgemeinschaft bei der Weitergabe an die nächste Generation als auch bei der sprachlichen Vermittlung an Nicht-Gläubige, für die sie ja einen Weg zur Gläubigkeit prinzipiell für möglich hält. Schon die inner-theologische Geschichte ist eine Geschichte von Deutungen, von immer neuer rationaler Vergewisserung der eigenen Grundlagen und somit in Vernunft gegründet. Die Offenbarungswahrheiten verweisen schon von der Begrifflichkeit her auf Wahrheit, und das heißt auf Einsehbarkeit in der Sphäre der Vernunft, von der sie eben nicht isoliert und abgekoppelt seien. Nagl-Docekal fordert also auch für die religiösen Vorstellungen und Überzeugungen Erläuterungen auf der Basis der Vernunft.

Zum Beleg dieser Auffassung knüpft sie sowohl an Kant wie auch an Hegel an. Kant bindet den Offenbarungsbegriff an die reine praktische Vernunft: eine religiöse Lehre muss mit dem von uns als letztgültig eingesehenen Prinzip der Moral zusammenstimmen, das wir in unserer Vernunft vorfinden. Ebenso ist nach Hegel die Vernunft der Ort des Geistes, wo Gott sich dem Menschen offenbart. Die Glaubenslehre hat ihren eigentlichen Ort im Denken; der Glaube muss sich im Denken bewähren. Wenn Gott als ein Jenseits für das Erkennen betrachtet wird, bleibe man de facto bei einer naturalistischen Weltauffassung stehen bzw. bei dem sog. Standpunkt der »verständigen Aufklärung« – Habermas Überlegungen seien in diesem Punkt inkonsistent, so Nagl-Docekal. Die »gemeine Menschenvernunft« darf nicht einfach mit säkularer Vernunft gleichgesetzt werden.

---

11 Herta Nagl-Docekal, *Moral und Religion aus der Optik der heutigen rechtsphilosophischen Debatte*, Manuskript des Vortrags am 16. 9. 2008 auf dem XXI. Deutschen Kongress für Philosophie in Essen, S. 7.

Entscheidend ist, dass Nagl-Docekal nicht bei dem Toleranz-Gestus stehen-
bleibt, den man auch noch in der Zugangsweise von Habermas impliziert sehen
kann. Vielleicht etwas provozierend formuliert: Die bloße Behauptung des Geheim-
nisses ist zu wenig, schon seine Charakterisierung als Geheimnis deutet an, dass
sich darüber mehr und allgemein-Verständliches sagen lässt. Nagl-Docekal fordert
eine Übersetzung in umgekehrter Richtung im Vergleich zu Habermas' Vorschlag:
eine denkende Neu-Aneignung der tradierten Lehren, die sich auch der von der
Philosophie der Moderne entwickelten Differenzierungen bedient.[12]

In Bezug auf die Intention dieses Ansatzes bin ich hier als Didaktikerin hellhörig
geworden. Denn ich habe in unseren Konzeptions-Diskussionen immer die Confes-
sio der letzten Überzeugungen als sakrosankt auch für die Philosophie behandelt
und mit der philosophischen Reflexion gewissermaßen vor dieser Tür halt gemacht.
Der Vortrag von Herta Nagl-Docekal hat mir klar gemacht, dass dieses wiederum
eine Denkfigur ist, die sich wahrscheinlich meiner eigenen weltanschaulichen
Herkunft verdankt – und dass auch sie noch einmal kritisch zu reflektieren ist. So
gebe ich Ihnen selber ein Beispiel für das oben von der diskursiven Philosophie
Beanspruchte: dass wir als Philosophierende und erst recht als Philosophie- und
Ethik-Didaktiker(innen) uns selber, wo nötig, Rechenschaft geben über bisher
unerkannte weltanschauliche Elemente im eigenen Denken. – Inhaltlich hat mir
das Postulat von Herta Nagl-Docekal, eben nicht vor den letzten weltanschaulichen Überzeugungen des jeweils anderen Halt zu machen, insbesondere auf dem
Hintergrund der Bedingungen unserer gegenwärtigen, immer stärker nicht nur
vernetzten, sondern auch kulturell sich mischenden Welt unter den Bedingungen
der Moderne und wohl erst recht der Postmoderne eingeleuchtet. Es mag sein,
dass dieser Reflexionsanspruch auch über »die letzten Dinge« als Zumutung empfunden wird. Aber die lebensweltlichen Berührungen sind früher oder später so
unausweichlich, dass die vorhin genannte bloße Toleranz-Stufe nicht ausreicht,
sondern wir auch hinsichtlich der letzten Überzeugungen in eine rationale Auseinandersetzung eintreten müssen und vernünftig begründete Minimalkonsense
formulieren müssen. In diesem Sinn dürfen wir uns auch nicht einreden lassen, die
Menschenrechte seien ein abendländisches Denkprodukt, womit wir dann schon
wieder bei einer Relativierung wären, die im Rahmen einer – sagen wir es mit C. F.
von Weizsäcker – »Weltinnenpolitik« nicht tragfähig ist. Das Postulat, über die letzten Überzeugungen in den Diskurs einzutreten, verstehe ich somit in dreifacher
Weise: als didaktisches ebenso wie als philosophisches wie als politisches.

---

12 Ebd., S. 11.

6. Schluss

Ich komme daher zu dem eingangs angedeuteten Gedanken zurück: Philosophie hat gegenüber dem, was sich ihr als Weltanschauungen von außen darbietet, die kritische Reflexion einzuschalten; und wenn wir zugestehen, dass Philosophie selbst den Blick auf das Ganze als Aufgabe enthält, dann gilt dasselbe in der Selbstanwendung: darauf zu achten, dass die eigenen Aussagen nicht zu einer dogmatisch sich gerierenden, unkritisch übernommenen Weltanschauung werden. Im diskursiven Philosophie-Verständnis ist das prinzipiell möglich. Kurz formuliert ist es das ideologiekritische Element, das Philosophie doch noch einmal in ein distanziertes Verhältnis zu Weltanschauungen setzt, ggf. weltanschauliche Tendenzen im eigenen Haus gewissermaßen ebenso eingeschlossen wie weltanschauliches Denken und Sich-Verhalten, das sich uns »von außen« darbietet. – Selbstverständlich ist mir bewusst, dass dies unter Umständen gar nicht so einfach in die Praxis umzusetzen ist. Die folgenden Beiträge mögen aber Anregungen dazu aus unterschiedlichen Perspektiven eröffnen.

Johannes Rohbeck

Philosophie zwischen Wissenschaft und Weltanschauung im didaktischen Kontext

Ambivalenz von Weltanschauungen

Weltanschauung ist ein paradoxes Phänomen. Auf der einen Seite gelten Weltanschauungen als *dogmatisch*, weil sie eine vortheoretische und unreflektierte Betrachtungsweise der Welt darstellen. Sie beanspruchen allumfassende Sinnentwürfe, die sich nicht argumentativ einlösen lassen. Solche Weltdeutungen sind in der Regel derart einheitlich und abgeschlossen, dass sie gegen jede Kritik immun zu sein scheinen. Weltanschauungen sind verzweifelte Versuche, in der komplexen und unübersichtlichen Welt der Moderne überschaubare Orientierungen zu liefern. Insofern sind sie nicht bloß kontemplativ, sondern vermitteln eine praktische Einstellung zur Welt, die bis in die persönliche Lebensführung hineinspielen kann. Völlig in Misskredit sind Weltanschauungen durch den Nationalsozialismus geraten, der eine eigene Weltanschauung propagierte und in den Schulen unterrichten ließ. Umso problematischer ist es, dass auch in der ehemaligen DDR von einer marxistisch-leninistischen Weltanschauung die Rede war. Heute ist es der ethnische und religiöse Fundamentalismus, der die Tradition der Weltanschauungen fortzusetzen scheint. So haftet den Weltanschauungen das Odium des Totalitären an.

Auf der anderen Seite gelten Weltanschauungen als *relativistisch*. Schon in den Anfängen der Begriffsgeschichte bei Schleiermacher stand der personale Bezug im Vordergrund.[1] Es sind immer einzelne Personen, die ihre je eigene »Weltanschauung« haben, wie dauerhaft und konsistent dieselbe auch erscheinen mag. Dasselbe lässt sich auch für einzelne Gemeinschaften oder Völker sagen, sofern die Volksgeister wie Individuen betrachtet werden. Dies bedeutet aber, dass es immer mehrere Weltanschauungen gibt, die sich gegenseitig in Frage stellen. Hegel hat diese Partikularität gesehen und versucht, die vielen Anschauungen der Welt in

---

1 Friedrich Schleiermacher, *Texte zur Pädagogik*, Frankfurt a. M. 2000.

sein übergreifendes System zu integrieren. Auf ähnliche Weise konstruierte Wilhelm Dilthey die verschiedenen »Weltanschauungen« als ein Ganzes, das sich aus den drei Typen des Naturalismus, des Idealismus der Freiheit und des objektiven Idealismus zusammensetzt.[2] Weltanschauungen sind demnach partielle Zugänge zu Welt, deren Totalität den Menschen verschlossen bleibt. Eine interessante Variante dazu bietet Hans Leisegang, der mit Hilfe einer Typologie von »Denkformen« die Beliebigkeit der philosophischen Systeme zu überwinden versuchte und dadurch den Relativismusvorwurf indirekt bestätigte.[3] Hinter diesen Versuchen steht bekanntlich der Historismus, hat er doch an die Stelle universeller Geltungsansprüche den Eigenwert der geschichtlichen Epochen und Kulturen gesetzt. Das hat den Weg eröffnet für historiographische, soziologische und psychologische Beschreibungen des Kulturfaktums Weltanschauung.

Natürlich hängt es von der Perspektive ab, welcher Aspekt von Weltanschauung in den Blick gerät. Wer sich auf den Standpunkt einer bestimmten Weltanschauung stellt, setzt sich dem Vorwurf des Dogmatismus aus. Betrachtet man hingegen die Weltanschauungen von außen im größeren Zusammenhang, steht die Partikularität und Relativität im Vordergrund. Die Paradoxie von Dogmatismus und Relativismus lässt sich also durch den Perspektivwechsel auflösen. Je nach Blickwinkel stellt sich dann auch das Verhältnis der Weltanschauung zur *Philosophie* dar. Gegenüber dem dogmatischen Standpunkt wird die Philosophie üblicherweise als kritisches Korrektiv aufgeboten, und gegen den Relativismus der Weltanschauungen ist wohl eher der Wahrheitsanspruch der Philosophie zur Geltung zu bringen.

Im Verhältnis von Philosophie und Weltanschauung sind zwei Extreme denkbar, die es offenbar zu vermeiden gilt.[4] Unakzeptabel ist sicherlich die Identifizierung, weil die Philosophie wesentlich mehr als bloße Orientierung zu bieten hat. Während die Weltanschauung ein abgeschlossenes Sinngebilde darstellt, gehört zur Philosophie traditionell eine skeptische Haltung, durch die der Denkprozess in offener Bewegung bleibt. Und während Weltanschauungen meist stillschweigend vorausgesetzt werden, reflektiert die Philosophie mittels geregelter Verfahren die Bedingungen der Möglichkeit von Orientierungswissen. Umgekehrt scheint mir auch der einfache Gegensatz problematisch zu sein, weil Philosophie und Weltanschauung zu viele Gemeinsamkeiten haben, um sie strikt voneinander trennen zu können. In beiden Fällen handelt es sich um allgemeine Orientierungen, die nicht selten dieselben historischen Wurzeln haben.

2 Wilhelm Dilthey, »Weltanschauung und Analyse des Menschen seit Renaissance und Reformation«, in: *Gesammelte Schriften*, Bd. II, Göttingen 2006.
3 Hans Leisegang, *Denkformen*, Berlin 1928, 2. Auflage 1950.
4 Vgl. Johannes Rohbeck (Hg.), *Philosophie und Weltanschauung*, Dresden 1999.

Philosophie zwischen Wissenschaft und Weltanschauung

In diesem Ensemble fehlt noch eine dritte Position, die ich im Titel meines Vortrags genannt habe: die Wissenschaft. Wenn ich dabei die Philosophie *zwischen* Wissenschaft und Weltanschauung setze, schreibe ich ihr die Aufgabe der Vermittlung zu. Auf der einen Seite hat sie die Aufgabe, die abgehobene Welt der Wissenschaften an die Lebenswelt der Menschen anzubinden, wozu eben auch Weltanschauungen gehören. Es geht also darum, politische und sozialphilosophische Rechtfertigung zu leisten, die ethische Verantwortung des Wissenschaftlers in der Gesellschaft aufzuzeigen, moralische Kriterien der Anwendung aufzuzeigen, die mit dem gesellschaftlichen Konsens zu tun hat, der sich in Weltanschauungen ausdrückt. Auf der anderen Seite hat die Philosophie die Aufgabe, die Wurzeln der Wissenschaften in der Lebenswelt aufzuzeigen, weltanschauliche Vorannahmen freizulegen, die auch in die wissenschaftliche Erkenntnis hineinspielen. Dazu gehört auch: die Grenzen der Wissenschaft demonstrieren, um zu verhindern, dass wissenschaftliche Theorien selbst zu Weltanschauungen werden.

Diesen doppelten Vermittlungszusammenhang möchte ich an einem aktuellen Beispiel demonstrieren. Nämlich im Darwin-Jahr 2009 am Beispiel der Evolutionstheorie. Gerade diese Theorie hat zu weltanschaulichen Auswüchsen geführt, zum Sozialdarwinismus im 19. Jahrhundert und zum Rassismus im 20. Jahrhundert. Wenn sich die Evolutionstheorie auf menschliches Verhalten und auf soziale Prozesse bezieht, besteht die Gefahr des Naturalismus und Biologismus.[5] Hier kann die Philosophie einen Beitrag leisten, indem sie die berechtigten Ansprüche und zugleich die Grenzen der Evolutionstheorie aufzeigt. Erstens kommt es darauf an, die Grenze zwischen Natur und Kultur zu ziehen. Zweitens ist zu zeigen, dass die Evolution nur ein Modell ist, das auf unterschiedliche Gegenstandsbereiche angewendet werden kann.

Denn die Gefahr von Naturalismus und Biologismus lässt sich bannen, wenn deutlich wird: Die Evolution ist die Bezeichnung für ein Modell, das zwar in der Biologie entwickelt worden ist, aber ebenso gut auch auf andere Gegenstandsbereiche übertragen werden kann. Sie ist ein Grundmodell, das auf beliebigen Feldern anwendbar und in diesem Sinn bereichsneutral ist. Folgt man dieser Lesart, erübrigt sich die Kritik am Biologismus, weil das Modell der Evolution nicht primär aus der Biologie stammt und auch nicht aus der Biologie auf die Gesellschaft

---

5 Pirmin Stekeler-Weithofer, »Evolution und Entwicklung. Zum Biologismus in den Sozialwissenschaften«, in: *Deutsche Zeitschrift für Philosophie* 49, 2001, S. 571 ff. – Herbert Schnädelbach, »Geschichte als kulturelle Evolution«, in: Herta Nagl-Docekal, Johannes Rohbeck (Hg.), *Geschichtsphilosophie und Kulturkritik*, Darmstadt 2003, S. 329–351; siehe auch den Beitrag in diesem Band. – Johannes Rohbeck »Evolution und Geschichte«, in: ders., *Aufklärung und Geschichte*, Berlin 2010, S. 141 ff.

übertragen wurde. Die Gesellschaft wird damit weder naturalisiert noch auf ein naturwissenschaftliches Schema reduziert.

An diesem Beispiel kann die vermittelnde Aufgabe der Philosophie deutlich werden; in diesem Fall leistet sie eine rettende Kritik der Evolutionstheorie, indem sie die Tendenz zur Naturalisierung abwehrt und zugleich die heuristische Funktion des evolutionären Modells in seinen Grenzen einräumt.

Darüber hinaus lässt sich zeigen, dass die Philosophie selbst von ihren Gegenstandsfeldern affiziert wird. Sie steht ja nicht etwa unbeteiligt am Rande und schaut dem Treiben von Wissenschaft und Weltanschauung von außen zu, wie ein Schiedsrichter im Namen der »reinen« Vernunft. In Wirklichkeit hat ja das evolutionäre Denken längst auch die Philosophie erfasst. In einer starken Variante in der evolutionären Erkenntnistheorie oder Moralphilosophie;[6] und in einer schwachen Variante in der Einsicht in den geschichtlichen Charakter der Vernunft,[7] also in einem Geschichtsbewusstsein, dass sich nicht zuletzt der beginnenden Historisierung von Natur und Geist im 18. und 19. Jahrhundert verdankt. Sofern sich dabei die Philosophie selbst reflektiert, erkennt sie ihre eigenen wissenschaftlichen wie auch weltanschaulichen Wurzeln.

Das Verhältnis von Wissenschaft und Weltanschauung im Philosophieunterricht

Mit der Evolutionstheorie thematisiere ich zugleich ein Beispiel der didaktischen Umsetzung. Denn das von mir herausgegebene zweite Heft des Jahrgangs 2009 der *Zeitschrift für Didaktik der Philosophie und Ethik* ist Charles Darwin gewidmet. Darin finden sich einige Beispiele, wie die Philosophie im Verhältnis von Wissenschaft und Weltanschauung zu vermitteln vermag. Zunächst geht es um die Auseinandersetzung mit dem Kreationismus und der Theorie des Intelligent Design. Die Philosophie vermittelt, indem sie das Verhältnis von Wissenschaft und religiösem Glauben klärt und sie zu getrennten Bereichen mit je eigenem Wahrheitsanspruch und Verfahrensweise erklärt. Dagegen sind der Kreationismus als Dogmatismus und die Position des Intelligent Design als Pseudowissenschaften und damit als

---

6 Gerhard Vollmer, *Evolutionäre Evolutionstheorie*, Freiburg im Breisgau 1974. – Kurt Bayertz, »Evolution und Ethik: Größe und Grenzen eines philosophischen Forschungsprogramms«, in: ders. (Hg.), *Evolution und Ethik*, Stuttgart 1993, S. 7–36; Thomas Mohrs, »Evolutionäre Ethik als biologische Theorie«, in: Wilhelm Lütterfelds unter Mitarbeit von Thomas Mohrs (Hg.), *Evolutionäre Ethik zwischen Naturalismus und Idealismus. Beiträge zu einer modernen Theorie der Moral*, Darmstadt 1993, S. 19–31.

7 Johannes Rohbeck, »Naturgeschichte und Geschichte der Menschheit«, in: ders., *Aufklärung und Geschichte*, Berlin 2010, S. 127 ff. – Niklas Luhmann, »Geschichte als Prozeß und die Theorie soziokultureller Evolution«, in: Karl-Georg Faber, Christian Meier (Hg.), *Historische Prozesse. Beiträge zur Historik*, Bd. 2, München 1978, S. 413–440.

unakzeptable Weltanschauungen zurückzuweisen.[8] Die Aufgabe des Philosophie-
und Ethikunterrichts besteht hier darin, an die verbreiteten Vorstellungen der
Schülerinnen und Schüler anzuknüpfen, also diese Weltanschauungen erst einmal
ernst zu nehmen und dann schrittweise zu kritisieren. Andere Beispiele dieses Hef-
tes sind Evolution und Moral, d. h. die Frage, ob Moral nur noch ein biologisches
Problem ist bzw. ob Ethik auf Biologie reduziert werden dürfe.[9]

Dieses Verfahren, an die Weltanschauungen der Schülerinnen und Schüler
anzuknüpfen, verweist auf ein verwandtes Thema, nämlich auf den Begriff des
Vorurteils, zu dem es ja auch ein von mir herausgegebenes Heft der *Zeitschrift für
Didaktik der Philosophie und Ethik*[10] gibt. Übrigens hat sich dieses Heft, wie der
Verleger Joachim Siebert berichtet, deshalb so gut verkauft, weil erwartet wurde,
dass Vorurteilen endlich einmal der Kampf angesagt werde. Doch verfolgte ich mit
diesem Heft die völlig gegenteilige Absicht, nämlich die Vorurteile aufzuwerten, um
mit ihnen im Unterricht produktiv umzugehen. Auf diese Weise kann man auch
mit einem Missverständnis Erfolg haben.

Diese aktuelle Problemlage ist für den Philosophie- und Ethikunterricht von
höchster Brisanz. Hat doch die Auseinandersetzung um die Fächergruppe »Philosophie, Ethik, Lebenskunde, Religion« eine unerwartete Schärfe gewonnen, wie
in Berlin zu beobachten war. Was mich an diesem politischen Streit am meisten
gestört hat, war die Tatsache, dass er nur als weltanschaulicher Konflikt thematisiert wurde. Während die Fraktion »ProReli« für sich die bessere Weltanschauung
gegen Ethik reklamierte, verteidigte »ProEthik« ihre Position mit dem Argument,
der Ethikunterricht böte Gelegenheit, die kulturell verschiedenen religiösen und
weltanschaulichen Meinungen miteinander ins Gespräch zu bringen. Das ist aus
meiner Sicht nicht zu bezweifeln, nur ging es bei diesem Meinungsaustausch
eben allein um den Austausch von »Weltanschauungen«. Unterschlagen wurde
damit, dass ein philosophisch fundierter Ethikunterricht sehr viel mehr zu leisten
imstande ist, indem er gerade den Geltungsanspruch von Weltanschauungen in
Frage stellt.

So trifft das Spannungsverhältnis von Philosophie und Weltanschauung über
die bildungspolitische Aktualität hinaus den didaktischen Kern des Fachs. Nach
fachdidaktischem Konsens hat dieser Unterricht in erster Linie die Aufgabe, die

8 Klaus Thomalla, »Darf man sich aus religiösen Gründen wissenschaftlichen Erkenntnissen verweigern? Erläutert am Beispiel der Evolutionslehre im Pflichtschulunterricht. Eine philosophisch-
theologische Perspektive«, in: *Zeitschrift für Didaktik der Philosophie und Ethik* 2, 2009, S. 84–94; Klaus
Draken, »Darwin im Kreuzfeuer – Kann der Ethik- und Philosophieunterricht zwischen Religion und
Wissenschaft vermitteln?« in: ebd., S. 124–132.
9 Kirsten Meyer, »Darwin als Philosoph. Eine fächerverbindende Unterrichtssequenz zur Genese der
Moral«, in: *Zeitschrift für Didaktik der Philosophie und Ethik* 2, 2009, S. 103–108; Norbert Brieden, »Darwin und das Ende der Moral? Ethische Konsequenzen der Evolutionstheorie«, in: ebd., S. 109–115.
10 Vor-Urteile, *Zeitschrift für Didaktik der Philosophie und Ethik* 2, 2006. – Siehe dazu den Beitrag von
Donat Schmidt in diesem Band.

Urteilsfähigkeit der Schüler zu fördern. Aber dieser Lernprozess kann nur gelingen, wenn ausdrücklich an die *Vorurteile und damit Weltanschauungen* der Schüler angeknüpft wird. Diese Vorurteile stellen grundlegende Orientierungsmuster dar, die in begründete und reflektierte Urteile zu überführen sind. Es kommt daher darauf an, Vorurteile nicht einfach »abzubauen«, wie es häufig heißt, sondern mit ihnen kreativ zu arbeiten. Insbesondere der Erfolg des Projekts »ethisch argumentieren« hängt davon ab, in welchem Maße es gelingt, das Vorverständnis der Schüler zu explizieren, ausdrücklich zu respektieren und einer Reflexion zugänglich zu machen.

Didaktik der Deutungsmuster

Um diese didaktische Absicht zu erläutern, möchte ich noch einen anderen Begriff ins Spiel bringen, der mit den Begriffen Vorurteil und Weltanschauung kompatibel ist, doch aus der Sozialwissenschaft und Erziehungswissenschaft stammt: den Begriff des *Deutungsmusters*. Dieser Begriff hat den Vorteil, dass er auch die Repräsentationsformen, die Medien der Darstellung, sogar auch die literarische Qualität von Weltanschauungen berücksichtigt.

So hat die Literaturforschung darauf hingewiesen, dass bestimmte literarische Schemata in der Politik, in der Wirtschaft, ja auch im Privatleben wirksam sind. Literarische und soziale Symbole konvergieren. Politische Ereignisse werden »inszeniert« oder »theatralisiert«. Sozialwissenschaftler sprechen vom Verschwinden des Sozialen und Politischen. Alltägliche Konflikte laufen nach literarischen Figuren ab. Menschen gewinnen ihre narrative Identität, indem sie ihre Geschichte nach literarischen Vorbildern erzählen. Insgesamt kann man von einer Ästhetisierung der Lebenswelten sprechen. Dabei spielen die modernen Medien eine bestimmende Rolle.

Wenn es zutrifft, dass sich das Alltagsleben – ob wünschenswert oder nicht – zunehmend in die modernen Medien verlagert, erweitert sich die didaktische Aufgabe insofern, als die politischen, historischen, religiösen und literarischen Deutungsmuster auch im Fernsehen, im Internet und in Computerspielen aufzusuchen sind. Weil sich der Erfahrungsraum tendenziell in virtuelle Welten verlagert, die nicht weniger Einfluss auf das wirkliche Denken, Fühlen und Handeln ausüben, werden diese Lebens- und Denkformen immer wichtiger. Ein Unterricht, in dem derartige Transformationen thematisiert werden, zielt auf die Kompetenz, die Deutungsmuster zu reflektieren und alternative Deutungsmuster aufzubauen. Es gilt, die in Bewegung geratenen Deutungsmuster aufzuspüren und produktiv zu verarbeiten.

Die Rekonstruktion von Deutungsmustern ist kein theoretischer Selbstzweck, sondern vermittelt Einsichten, die auch praktisch wirksam werden können. Wer etwa erkennt, dass soziale Konflikte nach bestimmten Schemata verlaufen, kann davor bewahrt werden, auf die interne Logik der Eskalation hereinzufallen. Und wer außerdem erkennt, dass die Handlungs- und Denkmuster zur Konfliktlösung einen alltäglichen Bezug haben und zugleich argumentativ legitimierbar sind, lässt sich von ihrer Gültigkeit und Verbindlichkeit leichter überzeugen. Insofern kann die Deutungskompetenz zur Minderung von Gewalt und zu mehr Demokratie-Kompetenz beitragen. Ähnliches gilt für die interkulturelle Verständigung, wenn Deutungsmuster von Kulturen fixiert, ausgetauscht und analysiert werden. Die Reflexion auf fremde und eigene Leitbilder fördert die gebotene Toleranz.

Ferner dient die Analyse von Modellübertragungen dazu, ungerechtfertigte Totalisierungen zurückzuweisen – wie etwa Technizismen, Szientismen oder Biologismen, die angeblich zur universellen Deutung der Lebenswelt taugen. Das unterstützt die Kritik an dogmatischen Weltanschauungen und eröffnet den Horizont für neue differenzierte Deutungsmuster.

Die Konzeption des Deutungslernens stammt ursprünglich aus dem Bereich der Erwachsenenbildung[11] und ist in jüngster Zeit systematisch ausgearbeitet worden.[12] Dabei wird vorausgesetzt, dass die Lernenden immer schon bestimmte Deutungen der Welt mitbringen, die den Lehr- und Lernprozess maßgebend bestimmen. Unter derartigen Deutungen werden so unterschiedliche Sichtweisen verstanden wie geronnene Erfahrungen, subjektive Einstellungen, Werte und Normen, Weltbilder oder Sinnentwürfe, die im alltäglichen Handeln zur lebensweltlichen Orientierung dienen. Sofern sich in der sozialen Lebenswelt kollektive Sinngehalte herausbilden, auf die Individuen auch unbewusst zurückgreifen können, lässt sich von Deutungsmustern sprechen.

In dieses pädagogische Konzept sind mehrere Leitbilder aus der Soziologie, Psychologie und Philosophie eingegangen. Am Anfang stand wohl die *Theorie der symbolisch vermittelten Interaktion* von Jürgen Habermas, derzufolge sich primär individuelle Subjekte über ihre Handlungen und Erwartungen verständigen. *Hermeneutisch* und semantisch betrachtet, sind Deutungsmuster Interpretations-

---

11 Wilke Thomssen, »Deutungsmuster – eine Kategorie der Analyse gesellschaftlichen Bewußtseins«, in: *Studienbibliothek für Erwachsenenbildung*, Bd. 1, Frankfurt a. M. 1992, S. 51–65; Rolf Arnold, *Deutungsmuster und pädagogisches Handeln in der Erwachsenenbildung*, Bad Heilbrunn 1985; Hans Tietgens, »Die Entdeckung der Deutungen für die Bildung Erwachsener«, in: Erika M. Hoerning, Hans Tietgens (Hg.), *Erwachsenenbildung: Interaktion mit der Wirklichkeit*, Bad Heilbrunn 1989, S. 76–83; Michael Meuser, Reinhold Sackmann, *Analyse sozialer Deutungsmuster. Beiträge zur empirischen Wissenssoziologie*, Pfaffenweiler 1991.
12 Rolf Arnold, Ingeborg Schüßler, »Deutungslernen in der Erwachsenenbildung – Voraussetzung für ein nachhaltiges Lernen«, in: Andrea Cuvry u. a. (Hg.), *Erlebnis Erwachsenenbildung*, Neuwied 2000, S. 314–326; Ingeborg Schüßler, *Deutungslernen. Erwachsenenbildung im Modus der Deutung – Eine explorative Studie zum Deutungslernen in der Erwachsenenbildung*, Hohengehren 2000.

konstrukte.[13] Auch die *konstruktivistische Soziologie* betont, dass Deutungsmuster keine Abbilder von Realität sind, sondern dass die beteiligten Akteure ihre soziale Wirklichkeit eigenständig aufbauen.[14] In diesem Sinn fühlen sich die Vertreter des Deutungslernens dem Konstruktivismus verpflichtet.[15] Andere Ansätze wie die von Pierre Bourdieu stellen eher den habituellen Charakter in den Vordergrund. Deutungsmuster gelten demnach als präreflexive, latente und implizite Orientierungshilfen. In der *Systemtheorie* von Niklas Luhmann dominiert ebenfalls der gesellschaftliche Charakter solcher Sinnkonstrukte. Vergleichbare Ansätze sind die Konstruktion von Basisregeln,[16] das Konzept eines sozialen Rahmens,[17] die Theorie mentaler Modelle als semantischer Netzwerke[18] und die Idee von Bedeutungsperspektiven.[19] Im Anschluss daran lassen sich einige allgemeine Merkmale festhalten,[20] die für das Deutungslernen eine Rolle spielen:

- *Gesellschaftlichkeit:* Deutungsmuster bilden sich durch soziale Interaktion heraus und stellen Interpretationen eines kollektiven Sinns dar.
- *Perspektivität:* Individuen deuten ihre Wirklichkeit aus ihrer spezifischen Sicht mit einem bestimmten Orientierungsbedürfnis.
- *Konsistenz:* Deutungen stehen in einem inneren Zusammenhang, um ein zwar reduziertes, aber »stimmiges« Weltbild zu schaffen.
- *Latenz:* Deutungen sind nicht ständig bewusst, die Muster bleiben häufig implizit.
- *Persistenz:* Deutungen sind lebensgeschichtlich entstanden und weisen eine gewisse Stabilität auf.

13 Günter Abel, *Interpretationswelten. Gegenwartsphilosophie jenseits von Essentialismus und Relativismus*, Frankfurt a. M. 1993; Hans Lenk, *Interpretationskonstrukte. Zur Kritik der interpretatorischen Vernunft*, Frankfurt a. M. 1993.
14 Peter L. Berger, Thomas Luckmann, *Die gesellschaftliche Konstruktion von Wirklichkeit. Eine Theorie der Wissenssoziologie*, Frankfurt a. M. 1980.
15 Hermann Krüssel, *Konstruktivistische Unterrichtsforschung*, Frankfurt a. M. 1993; Rolf Arnold, Horst Siebert, *Konstruktivistische Erwachsenenbildung. Von der Deutung zur Konstruktion von Wirklichkeit*, Baltmannsweiler 1995; Rolf Arnold, »Deutungslernen in der Erwachsenenbildung. Grundlinien und Illustrationen zu einem konstruktivistischen Lernbegriff«, in: *Zeitschrift für Pädagogik* 42, 1996, Nr. 5, S. 719–730.
16 Aaron Cicourel, »Basisregeln und normative Regeln im Prozeß des Aushandelns von Status und Rolle«, in: Arbeitsgruppe Bielefelder Soziologien (Hg.), *Alltagswissen, Interaktion und gesellschaftliche Wirklichkeit*, Bd. 1, Reinbek 1973, S. 147–188.
17 Erving Goffman, *Rahmen-Analyse. Ein Versuch über die Organisation von Alltagserfahrungen*, Frankfurt a. M. 1977.
18 Philip N. Johnson-Laird, *Mental Models. Towards a Cognitive Science of Language, Inference and Consciousness*, Cambridge 1983.
19 Jack Mezirow, *Transformative Erwachsenenbildung*, Baltmannsweiler 1997.
20 Arnold, *Deutungsmuster und pädagogisches Handeln in der Erwachsenenbildung*, a. a. O. (Anm. 11); Horst Siebert, *Didaktisches Handeln in der Erwachsenenbildung. Didaktik aus konstruktivistischer Sicht*, Neuwied 1997, S. 111 f.; Schüßler, *Deutungslernen. Erwachsenenbildung im Modus der Deutung – Eine explorative Studie zum Deutungslernen in der Erwachsenenbildung*, a. a. O. (Anm. 12), S. 67.

- *Flexibilität:* Persistenz und Flexibilität stehen in einem Spannungsverhältnis; flexibel sind Deutungsmuster meist nur innerhalb eines bestimmten Erwartungshorizonts.

Ich lege den Akzent auf die Veränderung von Deutungsmustern, mithin auf den Grenzüberschreitungen und Übergängen zwischen Lebenssphären und Disziplinen. Im Grunde zielt die Entgrenzung darauf ab, den historischen Wandel von Weltbildern in der Gegenwart kategoriell einzufangen.

Die Grundidee des Deutungslernens besteht darin, an die vorhandenen Deutungsmuster der Schülerinnen und Schüler anzuknüpfen, um damit einen Lehr- und Lernprozess in Gang zu setzen. Auf diese Weise erhält der didaktische Grundsatz, von der Lebens- und Erfahrungswelt der Lernenden auszugehen, eine präzisierbare Methode. Leitend sind kulturelle Kristallisationen, die in einem geregelten Verfahren identifiziert und modifiziert werden. Die Frage lautet: Welche Deutungsmuster bringen die Lernenden mit? Und wie können diese Muster in neue Kompetenzen transformiert werden? Daraus ergeben sich mehrere methodische Schritte.

Zunächst gilt es, die impliziten Deutungsmuster in den Lebenswelten der Schülerinnen und Schüler aufzuspüren und zu rekonstruieren. Häufig finden sich diese Muster in Lebensbereichen, wo sie niemand vermutet. Wem fällt schon auf, dass Partnersuche, alltägliche Konflikte oder sprachliche Verständigungen nach literarischen, politischen oder philosophischen Schemata verlaufen? Vermutlich bereitet es sogar weniger Schwierigkeiten, die Struktur einer Tragödie in einem Theaterstück zu erkennen als in alltäglichen Lebenssituationen. Es stellt sich also für die Lehrenden und Lernenden die schwierige Aufgabe, gemeinsam diesen induktiven Weg zu gehen.

Sodann wird die Transformation von Deutungsmustern explizit gemacht, um einen gezielten Lehr- und Lernprozess zu initiieren. Transformiert werden sollen alltägliches Wissen in wissenschaftliche Erkenntnisse, theoretisches in praktisches Wissen, alltägliche in berufliche Kompetenzen sowie individuelle in soziale Kompetenzen. Ebenso dient die Rekonstruktion von Modellübertragungen zwischen verschiedenen Lebensbereichen und Disziplinen dazu, mit Hilfe bekannter Muster unbekannte Gebiete zu erschließen. Dahinter steht die didaktische Überzeugung, dass der Nachvollzug solcher Transformationen von der praktischen Erfahrung bis zur theoretischen Verarbeitung das Verständnis wissenschaftlicher Zusammenhänge erleichtern kann. Derartige Transformationen haben umso größere Chancen, je *kompatibler* die zu übertragenden Deutungen sind.

An dieser Stelle spielt die Wechselseitigkeit der Transformationen eine entscheidende Rolle. Denn es reicht nicht aus, bereits vorhandene Ähnlichkeiten festzustellen. Vielmehr sind durch wechselseitige Übertragungen neue Ähnlichkeiten zu erzeugen. Die doppelte Modellübertragung bereichert das Wissen und schafft etwas Drittes zwischen den Deutungssystemen. Deutungslernen ist in diesem Sinne zirkulär. Wenn etwa ein bestimmtes theoretisches Wissen in praktisches Können transformiert werden soll, unterscheidet sich die neue Kompetenz des Umgangswissens sowohl von der erklärenden Theorie als auch vom pragmatischen Hantieren. Didaktisch folgt daraus eine Vermittlung zwischen den bekannten Extremen. Einerseits wird der deduktive Wissenstransfer von oben nach unten vermieden. Andererseits bleibt der Lernprozess nicht im Erfahrungsaustausch stecken. Transformationslernen eröffnet hingegen die Möglichkeit, beide Seiten zu einem eigenständigen Wissensbereich zu verbinden.

Richard Breun

Zur Überwindung fundamentalistischer und relativistischer Verkürzungen

Didaktische Perspektiven für die wertbezogenen Unterrichtsfächer

1. Weltoffenheit und Umweltgebundenheit

Im Afghanistan der Taliban waren u. a. das Tanzen und Musizieren verboten, ganz zu schweigen von den Reglementierungen für Frauen, was ihre Betätigungen und Kleidung angeht. Ähnliches gilt für andere fundamentalistisch ausgerichtete Regime oder religiöse Gruppen mit Machtausübung nach innen; sie belegen die Bevölkerung bzw. die Gruppenzugehörigen mit strengen Verboten, die die alltäglichen Lebensäußerungen stark einschränken. Es fällt auf, dass der Fundamentalismus zur theoretischen Präferenz und praktischen Verabsolutierung *einer* symbolischen Form neigt, zumal einer solchen, in der die Sinnlichkeit des menschlichen Individuums einer rigiden Kontrolle unterstellt wird. Es ist, als ob die Anschaulichkeit und Vielfarbigkeit der Welt auf eine einzige Tönung reduziert werden müsste, um eine Ordnung zu schaffen, in der es sich leben lässt; man glaubt wohl, dass unter den Voraussetzungen des Gewährenlassens anderer Ausdrucksformen als der *einen* präferierten eine nicht mehr handhabbare Unordnung um sich greift.

Aber nicht bloß die fundamentalistische, sondern jede Weltanschauung und Lebensform hat eine Welt im Blick, die durch verschiedene Beschränkungen ideologischer, gewohnheitsmäßiger, von den Umständen erzwungener und machtpolitischer Art *abgeschattet* ist. Diese sprechende Bezeichnung Husserls verweist auf die Verkürzungen, mit der bei jeder Perspektive zu rechnen ist. Es sind Verkürzungen und Abschattungen dessen, was *als Ganzes* aufgrund der Standpunktgebundenheit oder Zentriertheit des Betrachters nicht ins Auge gefasst werden kann. Gilt das schon für Dinge wie Tisch und Stuhl, die wir nur abgeschattet wahrnehmen können, wieviel mehr für das, was wir Welt nennen. Zumal erschwerend hinzukommt, dass wir nicht bloß die Welt mit unserem Blick zu umfassen suchen, sondern die Welt uns umfasst. Sie schließt uns ein als einen Teil der Welt, umgekehrt ist die Welt, wir eingeschlossen, Teil unseres Bewusstseins und Inhalt unserer Weltanschauung. Das Ich als Teil der

Welt steht ihr zugleich gegenüber und macht sie zum Objekt seiner Betrachtung. In dieser Paradoxie zeigt sich einer der Grundsachverhalte des menschlichen Daseins, der mit großen Schwierigkeiten in der Lebensbewältigung verknüpft ist. Denn *in* etwas zu sein, *von* dem man sich zugleich distanziert, um es anzuschauen, macht die Fernnähe unserer Position aus, von der etwa Nietzsche und Plessner gesprochen haben. So bleibt uns die Welt – und wir darin uns selbst – immer auch unheimlich, so sehr wir sie uns anzuverwandeln oder zu konstruieren versuchen. Jedenfalls verstehen wir es immer wieder, uns in ihr einzurichten. Das schaffen wir, indem wir ihr ein abgegrenztes Stück abtrotzen, in dem wir leben können. Dafür hat sich die Bezeichnung »Umwelt« eingebürgert. Umwelt ist der vertraute Raum, der sich von der in ihrem Gehalt unvertrauten, fremden und zu großen Teilen unheimlichen Welt abhebt, der Raum, in dem wir Tritt finden, Sicherheit gewinnen und den wir, auch zeitlich, überschauen können. Wie sehr sich die Umwelt von der Welt abhebt, obwohl sie ihr ja zugehört, lässt sich z. B. daraus ersehen, dass wir nicht von »Umweltanschauung« sprechen, wohl deshalb, weil wir als Organismen so an sie gebunden sind, dass wir sie nicht auf dieselbe Weise auf Abstand halten können, wie wir es mit der Welt tun. Ich und Welt bilden ein polares Paar, Organismus und Umwelt ein komplementäres.

Wie schaffen wir es, aus der Welt, die für uns keine festen Grenzen hat, eine Umwelt herauszuschneiden, in deren Grenzen wir uns bewegen und wohlfühlen können?

2.   Symbolische Formen und Selbstauffassung

Als nicht festgestellte Tiere halten wir es nicht aus, gleichsam im offenen Raum der Welt zu schweben und keinen festen Boden unter den Füßen zu haben. Wir müssen ein Fundament legen. Dazu haben wir symbolische Formen[1] zur Auswahl. Ihre Vielzahl mag uns verwirren. Sie resultiert aber aus der Vielzahl unserer Sinnesleistungen, ihrer Relationen zur Mannigfaltigkeit der Erscheinungen und aus unseren Interaktionen. Um auch hier Übersicht zu gewinnen und um das Unüberschaubare dieser Erscheinungswelt für unsere doch sehr begrenzte Anschauungsfähigkeit zuzurichten, neigen wir dazu,[2]

(1) eine dieser symbolischen Formen oder gar ein Exemplar dieser Form dominieren zu lassen, oder wir gestehen ihr sogar den Status eines Absoluten zu, neben dem keine andere Form das Recht hat, das Alltagsleben zu bestimmen oder bloß anzureichern. Darin liegt der Kern einer fundamentalistischen Orientierung;

---

1 Zu Begriff und Funktion der symbolischen Form vgl. das dreibändige Werk von Ernst Cassirer, *Philosophie der symbolischen Formen*, 10. Auflage, Darmstadt 1994. Erster Teil: Die Sprache (1923); Zweiter Teil: Das mythische Denken (1925); Dritter Teil: Phänomenologie der Erkenntnis (1929).
2 Im Folgenden sind die Ausführungen zum Fundamentalismus mit (1), die zum Relativismus mit (2) gekennzeichnet.

(2) oder wir ordnen alle Formen oder deren Exemplare in eine Reihe und stufen sie als gleich*wertig* in jeder Hinsicht ein, ohne Ansehen ihrer tatsächlichen praktischen Wirksamkeit und pragmatischen Rolle. Darin liegt der Kern einer relativistischen Orientierung, dessen Hauptmangel in einer fehlenden oder unzureichenden axiologischen Kraft, d. h. in einer defizitären praktischen Urteilskraft, liegt.

Ein zweiter Fehler resultiert aus dem Verhältnis zwischen dem Ganzen und seinen Teilen. Relation heißt in Bezug zueinander stehen, einmal in der Art, wie ein Teil des Ganzen wechselseitig zu einem anderen Teil steht, dann in der Art, wie die Teile zum Ganzen stehen und umgekehrt. In welcher Relation steht aber das Ganze? Der Relativismus verwechselt die zweite Art der Relation mit der ersten. Das Ganze lässt sich nur im Hinblick auf etwas relativieren, was nicht ihm selbst zugehört, nicht sein Teil ist. (1) Der Fundamentalismus nimmt einen Teil für das Ganze, (2) der Relativismus degradiert das Ganze zu einem der Teile und kann von daher die Bedeutung der Teile nicht mehr angemessen werten.

(1) Exemplarisch für den ersten (fundamentalistischen) Orientierungsversuch ist die Zuständigkeit *einer* symbolischen Form für die Lösung aller Fragen und die Bestimmung aller praktischen Angelegenheiten, so z. B. die Allzuständigkeit der Religion und der jeweiligen heiligen Schrift.

(2) Beispielhaft für den zweiten (relativistischen) Orientierungsversuch ist eine gewisse Undifferenziertheit in der wertenden Beurteilung unter der Voraussetzung, alle symbolischen Deutungen seien in jeder Hinsicht gleichberechtigt und gleichwertig; daraus resultiert dann aber auch eine Blindheit für Grenzüberschreitungen von Seiten einer symbolischen Form, deren ungerechtfertigte Dominanz man am Ende gewähren lässt.

Die symbolischen Formen bilden spezifische Wertkreise mit je eigener Bedeutung, Geltung und Funktion. Sie grenzen sich in der soziokulturellen Lebenspraxis, zu der auch die wissenschaftliche Reflexion gehört, gegeneinander ab, stehen in Konkurrenz, bedrohen einander zuweilen oder dauerhaft und verdrängen sich ab und an. Dann kommt es vor, dass eine der Formen, gar ein einziges Exemplar, die Deutungsmacht erlangt und eine Majorität der Menschen dazu bringt, ihre Geltung allgemein zu akzeptieren; eine Minorität wird unterdrückt, zu Ketzern erklärt usw. Das gelingt durch Heilsversprechen und Unheils- bzw. Sanktionsdrohungen.

So konnten und können insbesondere Mythos und Religion andere Formen wie Tanz, Musik und dramatische Inszenierung dominieren, deren angestammten Platz usurpieren und ihre Expressivität regulieren, was positive und negative Seiten hatte, obwohl sie doch alle aus den Ritualen hervorgegangen sind, in welchen sie zunächst integriert waren. Als Versuche, die Selbstauffassung des Menschen und seine Stellung in der Welt insgesamt zu artikulieren, gelten heute aber nicht mehr bloß Mythos und Religion, sondern die Wissenschaft, insbesondere die sogenannten Lebenswissenschaften; und manchmal wird diese Funktion der Technik oder der Kunst zugeschrieben.

Zur Selbstauffassung aber gehören Selbstreflexion und Selbstbegrenzung. Das ist das Merkmal, wodurch sich, recht verstanden, die *Philosophie* gegenüber den anderen symbolischen Formen auszeichnet. Das beinhaltet Kritik im Sinne Kants, d. h. die Zuweisung von Gebieten und die Begrenzung von Ansprüchen, einschließlich und vor allem zunächst der eigenen, so dass eine Haupttätigkeit des Philosophierens die Selbstrelativierung (oder Dezentrierung) ist. Das ist etwas anderes als relativistisch zu denken. Während der Relativist die Gleichwertigkeit aller Deutungen in Geschichte und Kultur behauptet, versucht derjenige, der sich selbst und seinen Standpunkt relativiert, bis zu dem Punkt durchzudringen, von dem aus größtmögliche Transparenz zu erreichen ist, eine Durchsichtigkeit bis auf den Grund, von dem her sich die Vielfalt der Formen erschließen lässt und der Produzent der Formen sich selbst durchsichtig wird.

Dass dies nicht vollständig möglich ist, wissen wir, und dennoch streben wir es an. Sonst gäbe es nicht ständig neue Formen der Artikulation und der damit verbundenen Selbstdarstellung, keine Gedichte, Romane, Kompositionen und philosophischen Versuche. Der völligen Selbsttransparenz stehen die Geschichtlichkeit des menschlichen Lebens entgegen und die Verschränkung des Körpers in den Leib, die seinen Ausdruck immer unzulänglich und unfertig bleiben lässt. Beides hindert den Menschen daran, zu einem Ende zu gelangen und dauerhaft mit sich zufrieden zu sein. Er hat sich nie vollständig in der Hand. Nicht fertig werdend damit, sucht er nach einer Ausflucht. Er findet sie (1) im Rückgang auf die heilige Zeit des Ursprungs (*in illo tempore*) oder (2) in der Flucht vor dem praktischen Urteilen und Bewerten (in einem nicht bloß theoretisch gemeinten *anything goes*).

(1) Entweder gilt ihm ein erster Schöpfungsakt als Urgrund, und zwar dem *Inhalt* des gesetzten Zeichens nach, und alles hat sich nach der Norm zu richten, die er mitliefert;

(2) oder *jede* Hervorbringung gilt ihm als Exempel eines solchen schaffenden Aktes, und es wird kein weiterer Maßstab zugelassen als der, der dem jeweiligen Produkt selbst innewohnt, so dass es keinen wertenden kriteriumsbezogenen Vergleich gibt zwischen unterschiedlichen normativen Setzungen und den impliziten Wertvorstellungen.[3]

(1) Der Fundamentalist muss das Leben einschränken, weil er seinen Fluss nicht akzeptieren kann; denn Transformationen und Veränderungen sind ein ständiger, nicht zu ertragender Widerspruch zur Statik seiner Lehre, die eins zu eins in die Wirklichkeit zu übertragen ist. Gelingt das nicht – und es gelingt nie –, dann ist die Wirklichkeit zu beseitigen. Die Zeit steht für ihn still, aber damit sie zum Urbild als

---

3 Das war im Kern Diltheys Problem, und seine unübertroffene Leistung besteht darin, sich dem Problem in stetiger Arbeit an geschichtlichen Themen gestellt zu haben, um aus der Geschichtlichkeit selbst Maßstäbe gewinnen zu können, statt sie von außen heranzutragen.

Vorbild werden kann, muss es die Urzeit sein, die Zeit des Heiligen (der Schrift, des Propheten etc.), die wiederzuholen ist.

(2) Der Relativist gibt sich der Oberfläche des Fließens anheim, er wird mitgerissen, ohne selbst zu schwimmen und sich dabei eine Linie zu geben. Alles ist vergänglich, es ist mal so und mal anders, dagegen lässt sich eben nichts machen. »Laissez faire« ist sein Wahlspruch.

3. Die Grenzen von Fundamentalismus und Relativismus

(1) Existiert im individuellen und gesellschaftlichen Bewusstsein nur eine Welt, dann ist das Auftauchen einer anderen Welt, sprich Kultur, eine Bedrohung, der man sich entgegenzustellen und die man im äußersten Fall zu beseitigen hat, um die wahre Wirklichkeit der eigenen kulturellen Welt zu sichern. (2) Existieren im individuellen und gesellschaftlichen Bewusstsein unendlich viele mögliche Welten, dann relativiert sich die Wirklichkeit jeder dieser Welten, aber eben auch der eigenen, so weit gar, dass ihre Werte, kulturellen Symbole und Haltungen gleichgültig werden. Damit verzichtet aber die (nicht bis zu Ende gedachte) relativistische Einstellung auf einen Boden, der tragfähig genug ist, um echten Bedrohungen, solchen nämlich, die die selbst gewählte Lebensform in ihrer Existenzberechtigung tangieren, entgegentreten zu können. Der Relativismus müsste nämlich konsequenter sein und so weit gehen, sich selbst zu relativieren, bis er durchdringt zu der Einsicht, dass die Koexistenz unterschiedlicher sozialer Welten bestimmten Voraussetzungen unterliegt, die selbst nicht mehr relativiert werden können. Manche dieser Voraussetzungen sind schon so lange bekannt und anerkannt, dass sie in einen rechtlich verbindlichen Katalog eingegangen sind, der von fast allen Staaten ratifiziert worden ist; bloß drei dieser Voraussetzungen seien genannt: (a) niemandem darf ein Glaube aufgezwungen werden, (b) die unveräußerlichen Rechte des Individuums sind zu respektieren, (c) es darf öffentlich über Fragen des allgemeinen Interesses gestritten werden. Der rigide Kulturalist verkennt die Bedeutung solcher Grundsätze, wenn er glaubt, ihre Geltung relativieren zu können. Denn dann zieht er sich selbst den Boden unter den Füßen weg: wie soll er selbst existieren, (a) wenn ihm ein Glaube aufgezwungen wird, (b) wenn ihm seine Rechte als Individuum entzogen werden, und (c) wenn er sich über solche Fragen gar nicht mehr äußern darf?

Auf der anderen Seite müsste (1) der Fundamentalismus so konsequent sein, das von ihm errichtete Gebäude so weit abzubauen, dass er das tiefste, festen Grund bietende Fundament freilegt, auf dem er wirklich steht: dass die eine Welt, die er als die einzig wahre betrachtet, ja nur sichtbar werden kann vor dem Hintergrund der vielen Welten, die es auch noch gibt und die ihn erst dazu befähigen, sich abheben und seine Identität finden zu können. Beseitigt er diese Weltenvielfalt, dann entstehen, wie bei der Teilung einer omnipotenten Zelle, unter seiner Herrschaft und Regie Teilwelten oder neue Welten, die sich wiederum bekämpfen müssen, weil sie sich den Rang und Alleinvertretungsanspruch streitig machen. Und genauso ist es ja in fundamentalistisch konzipierten Gemeinschaften oder Staaten schon abgelaufen. (Die islamische Umma hat den internen Kampf bis aufs Messer um die »Rechtleitung« schon kurz nach Mohammeds Tod begonnen. Die Wiedertäufer in Münster, die einen christlichen Gottesstaat errichten wollten, zerfleischten sich selbst. Der intellektualistische Atheismus der französischen Revolution mündete in den organisierten Terror.)

Wie also ist die Balance zu wahren? Die *Verschränkung* beider Einstellungen kann überhaupt nur gelingen unter der Bedingung ihrer *Verlebendigung*, einer Art in Bewegung zu haltender Oszillation ähnlich dem Stromkreislauf zwischen Plus- und Minuspol.

4. Unmittelbarkeit und Vermitteltheit

Zu dieser Verlebendigung hat Ernst Cassirer, die Kritik Kants fortsetzend, einen Vorschlag gemacht, und zwar im Anschluss an seine Überlegungen zur Stellung der Philosophie in der Systematik der symbolischen Formen und zu den Relationen zwischen den Formen überhaupt.[4] Der Vorschlag beruht auf der Einsicht in die tiefgehende, bis an die Wurzeln des Menschseins hinabreichende Krisis, die sich aus der symbolischen Organisation des Lebens ergibt. In sie verwickelt sieht sich das Denken selbst, wenn ihm die eigene Zeichengebundenheit zu voller Bewusstheit gelangt. Es ist die Krisis zwischen zwei Perspektiven, die aus dem symbolischen Tun resultieren und zu zwei Aspekten des kulturell überformten Lebens werden, die Spannung und zuweilen der Antagonismus zwischen der »Unmittelbarkeit des Lebens« und den »mittelbaren Darstellungen«.[5] Man kann die Zeichengebundenheit etwa einer Offenbarung (ihre Mittelbarkeit) leugnen, sie zur Norm des Lebens selbst erheben und vergewaltigt damit das Leben. Man kann aber auch die Unmittelbarkeit des Lebens zum Fetisch machen, eine vermeintliche Natürlichkeit normativ auszeichnen und damit die symbolischen Bindungen, die zur zweiten Haut geworden sind, verhöhnen. Beides geschieht heute (a) in den Auseinandersetzungen um den islamischen Fundamentalismus einerseits und (b) andererseits um einen modernistischen Relativismus, der das Medium zum Zweck macht, wobei sich überdies beide Konfliktherde überschneiden oder überlagern können.[6]

4 Vgl. Ernst Cassirer, *Zur Metaphysik der symbolischen Formen. Nachgelassene Manuskripte und Texte*, Bd. 1, John Michael Krois (Hg.), Hamburg 1995.
5 Cassirer, *Philosophie der symbolischen Formen*, a. a. O. (Anm. 1), Erster Teil: Die Sprache, S. 49.
6 Beispiele: a) der sogenannte Karikaturenstreit, b) die weltweite mediale Vernetzung, die für wohl-

Wenn aber die Monopolisierung jeweils einer Seite (sowohl als Aspekt der Lebendigkeit wie auch als reflektierende Perspektive) unzureichend ist, dann kann ein Ausweg nur in ihrer Verschränkung und Aufeinanderbezogenheit liegen. Das ist aber genau das, was wir tagtäglich leisten müssen. Ständig versuchen wir, mittelbar, d. h. unter Nutzung bestimmter Mittel technischer, künstlerischer, eigenleiblicher Art, zu einer Unmittelbarkeit im Umgang mit den Dingen der Welt durchzustoßen, um sie zu vertrauten Gegenständen einer Umwelt zu machen, mit denen wir in einem unproblematisierten Selbstverständnis umgehen, desgleichen mit den Menschen unserer näheren Umgebung. Die Symbole werden uns zur zweiten Natur, und unsere symbolische Welt wird unhinterfragt zur Welt überhaupt. Wir vergessen oder übersehen die Mittel, die wir eigentlich brauchen, um eine Unmittelbarkeit unseres Lebens zu schaffen, in dem eben diese Mittel nicht zu Störenfrieden werden. Dadurch sind wir aber auch unreflektiert an die symbolische Welt und ihre Abgeschattetheit, ihre blinden Flecke und Borniertheiten, gebunden. Das macht ein distanzierendes, Stellung nehmendes Verhalten zur eigenen Symbolwelt erforderlich, wenn man ihren Zwängen nicht unterliegen will.

Cassirer versucht nun zu zeigen, dass ein solches *reflexives* Verhalten nicht bloß das regressive einer kulturgeschichtlichen Betrachtung sein kann, das sich in der Rückschau auf das Gewordene der eigenen Produkte versichert. Denn da löst sich die Bindung an das selbst Produzierte nicht auf, und es geht doch darum, Perspektiven jenseits der eigenen Weltanschauung wahrzunehmen. Um deren Beschränktheit zu überwinden, gelte es, *den Prozess selbst zu erfassen*, der so offensichtlich viele unterschiedliche symbolische Welten generiert, und das geht nur in der *Ausführung*. Die Philosophie wie auch der sich daran Bildende können die »im Wesen des Bewusstseins selbst gegründeten Verfahren«[7] des symbolischen Formens erkunden, *indem sie sie ausführen* und damit zur Selbst-Bewusstheit durchdringen. Denn die Ausführung ist die Voraussetzung dafür, dass das Tun von einem Bewusstsein davon begleitet werden kann, was man da tut, und sich schließlich zurückwenden kann auf die conditio sine qua non, nämlich, wie Cassirer noch sagen darf, den produzierenden »Geist« und die Einheitlichkeit seiner Aktivität.

Eine *Perspektive, die sich ihrer selbst bewusst ist,* heftet sich nicht mehr an die zeichengebundenen Produkte, um sie als endgültige Wahrheit auszuzeichnen, sondern erkennt im Gegensatz dazu, dass das, was alle Modi des symbolischen Formens trägt und verbindet – die »*Einheit* des Wissens«, das »Ganze der Erkenntnis« der »Lebenserfahrung« und der philosophischen »Wahrheit«[8] – in der »Einheit«

überlegte terroristische Attacken zunutze gemacht wird.

7 Ebd., S. 41f.

8 Diese Formulierungen finden sich in der Hamburger Rektoratsrede Cassirers: »Formen und Formwandlungen des philosophischen Wahrheitsbegriffs«, in: ders., *Geist und Leben. Schriften,* Ernst Wolfgang Orth (Hg.), Leipzig 1993, S. 193–217, hier: S. 208 ff.

des »*Produzierens*«[9] selbst liegt. Cassirer hat dafür das Wort von der symbolischen Prägnanz gefunden.[10] Mit *dieser* Einheit wird der Mensch selbst symbolisch prägnant, ohne dass er sich deswegen theoretisch bestimmen ließe. Denn die ihn allererst sichtbar machende Hülle der Symbolformen können wir nicht abwerfen, um das alles fundierende Unbedingte, »Absolute« von Angesicht zu Angesicht zu schauen (das zu glauben, wäre eben fundamentalistisch), sondern der Zwang der Form werde überwunden, indem wir jedes Symbol an seiner *Stelle* begreifen und es durch andere Symbole als begrenzt und bedingt erkennen[11] (das ist selbstrelativierend, aber nicht relativistisch); für Cassirer ist dies eine notwendige Bedingung der »Selbstbefreiung«[12] des Menschen, was durchaus moralisch-praktisch bzw. ethisch gemeint ist,[13] zumal in dieser Freiheitsauffassung die Selbstbegrenzung notwendig mit enthalten ist, so dass es legitim ist, von einer »ethischen Prägnanz«[14] des Menschen zu sprechen. In dieser Hinsicht kann die Philosophie der symbolischen Formen als Transformation der Vernunftkritik verstanden werden. Sie begrenzt Geltungsansprüche, weist ungerechtfertigte Anmaßungen zurück und dringt, sich selbst relativierend, zu einem festen Boden vor – kurz: sie *legt einen Grund.*

5.   Ontogenese und Soziogenese der Lebensform

Eine solche Selbstrelativierung als Selbstbefreiung ist nun aber gerade aus anthropologischen Gründen mit Schwierigkeiten verbunden. Peter Berger und Thomas Luckmann zeigen das in ihrem bekannten Buch über *Die gesellschaftliche Konstruktion der Wirklichkeit*[15]. Die Beschränkung der Welt auf einen Umweltsektor und dessen Auszeichnung als Welt schlechthin konkretisiert sich als historisch und kulturell begrenzte gesellschaftliche Lebensform. »Man kann geradezu sagen, dass

9 Cassirer, *Philosophie der symbolischen Formen*, a. a. O. (Anm. 1), Erster Teil: Die Sprache, S. 52.

10 Ebd., *Dritter Teil: Phänomenologie der Erkenntnis*, S. 235: »Unter ›symbolischer Prägnanz‹ soll also die Art verstanden werden, in der ein Wahrnehmungserlebnis, als ›sinnliches‹ Erlebnis, zugleich einen bestimmten nicht-anschaulichen ›Sinn‹ in sich faßt und ihn zur unmittelbaren konkreten Darstellung bringt.«

11 So Cassirer in seinem Nachlass, *Zur Metaphysik der symbolischen Formen. Nachgelassene Manuskripte und Texte*, a. a. O. (Anm. 4), Hamburg 1995.

12 Ernst Cassirer, *Versuch über den Menschen. Einführung in eine Philosophie der Kultur*, Hamburg 1996, S. 345.

13 Vgl. Martina Plümacher, »Der ethische Impuls in Ernst Cassirers Philosophie der symbolischen Formen«, in: Reto Luzius Fetz, Sebastian Ulrich (Hg.), *Lebendige Form. Zur Metaphysik des Symbolischen in Ernst Cassirers »Nachgelassenen Manuskripten und Texten«*, Hamburg 2008, S. 93–116, hier: S. 93 f.

14 Christian Bermes, »›Das Ausdrucksproblem greift tief in das Gebiet der Ethik ein…‹ Expressivität und Personalität bei Cassirer«, in: Ulrich Fetz (Hg.), *Lebendige Form. Zur Metaphysik des Symbolischen in Ernst Cassirers »Nachgelassenen Manuskripten und Texten«*, a. a. O. (Anm. 13), hier: S. 129 (im Original kursiv).

15 Peter Berger, Thomas Luckmann, *Die gesellschaftliche Konstruktion der Wirklichkeit*, Frankfurt a. M. 1984 (engl. 1966).

die ursprüngliche biologische Weltoffenheit der menschlichen Existenz durch die Gesellschaftsordnung immer in eine relative Weltgeschlossenheit umtransponiert wird, ja, werden muss. Diese nachträgliche Geschlossenheit erreicht zwar niemals die animalischer Existenz – und sei es nur, weil sie vom Menschen hervorgebracht und daher ›künstlicher Natur‹ ist. Aber sie ist doch fähig, der menschlichen Lebensführung [...] Richtung und Bestand zu sichern.«[16] Das geht so weit, dass wir die konkrete gesellschaftlich begrenzte Wirklichkeit als eine objektive erfahren, der wir uns, wie der Natur, anpassen müssen, um überhaupt unser Leben führen zu können. Sie kommt uns als objektive Macht entgegen, der wir uns gar nicht entziehen können. Wir werden in die Gesellschaft durch Identifikations- und Nachahmungsmechanismen eingeführt, in deren Zentrum die signifikanten Anderen stehen und die Symbole, die wir uns zueigen machen.

Andererseits lernen wir uns durch denselben Prozess als Individuen kennen, schon dadurch, dass wir einen eigenen Körper haben, der nicht vollständig jenen Mechanismen unterworfen ist. Das bedeutet, wir grenzen uns von den anderen und von der Gesellschaft ab, wir konstruieren, parallel und gleichzeitig zur objektiven, auch eine subjektive Wirklichkeit, in der wir im Zentrum stehen.[17] Zwischen diesen beiden Perspektiven, die ja nicht bloß intellektueller Art sind, sondern im Leben selbst irgendwie in Einklang gebracht werden müssen, herrscht ein Spannungszustand, der entweder, weil er Chancen anzeigt, positiv aufgefasst und in anregende Reflexion und Tätigkeit umgesetzt wird, oder, weil er Angst auslöst, negativ aufgefasst wird und in eine Art von Fixierung einer Perspektive mündet, so dass selbst noch der Körper, zumindest so, wie er sich zu zeigen bzw. zu verbergen hat, zum gesellschaftlichen Konstrukt werden kann (man denke an die bei Foucault beschriebenen Techniken der Disziplinierung[18] oder auch an die Sammlung solcher Techniken in der »Schwarzen Pädagogik« von Katharina Rutschky[19]).

Aus dieser Konstellation ziehen Berger/Luckmann folgende Konsequenz für die primäre Sozialisation: »Da das Kind sich seine signifikanten Anderen nicht aussuchen kann, ist seine Identifikation mit ihnen quasi-automatisch, und aus demselben Grunde ist seine Identifikation mit ihnen quasi-unvermeidlich. Es internalisiert die Welt seiner signifikanten Anderen nicht als eine unter vielen möglichen Welten, sondern als die Welt schlechthin, die einzige vorhandene und fassbare.«[20] Nachahmung, Identifikation, Symbolaneignung sind die Mittel des Hineinwachsens in eine Lebensform, deren bloß faktische Geltung anfangs als absolut notwendig erscheint. Das

---

16 Ebd., S. 55.
17 Vgl. ebd., S. 144 f.
18 Vgl. Michel Foucault, *Überwachen und Strafen. Die Geburt des Gefängnisses*, 6. Auflage, Frankfurt a. M. 1995.
19 Vgl. Katharina Rutschky (Hg.), *Schwarze Pädagogik. Quellen zur Naturgeschichte der bürgerlichen Erziehung*, Berlin 1997 (Neuausgabe der ersten Auflage von 1977).
20 Berger, Luckmann, a. a. O. (Anm. 15), S. 145.

impliziert die Gefahr einer Verstetigung zum Fundamentalismus (in der normativen Verallgemeinerung des vermeintlich Selbstverständlichen) oder, im Gegenzug, einer Auflösung der Bindung im Relativismus (was Kohlbergs Stufe viereinhalb entspricht). Dann bleibt die Lebenspraxis hinter der philosophisch reflektierten (und Kohlbergs postkonventionellen Stufen entsprechenden) Forderung der Selbstrelativierung zurück. Allerdings ist die »blinde« unreflektierte Zentrierung Voraussetzung für die Möglichkeit der Dezentrierung der Perspektiven und des Weltverständnisses,[21] und fundamentalistische oder relativistische Einstellungen sind wohl unvermeidliche Zwischenschritte auf dem Weg dahin. Dieser Weg bedarf mannigfaltiger Gelegenheiten zur Reflexion und Selbstreflexion, der Distanzierung von der Welt, in der man gerade lebt und die man in der Praxis trotz der zeitweisen Einnahme einer objektivierenden Beobachterposition zugleich nicht verlassen kann. Darin liegt eine der schwierigsten Aufgaben des Ethikunterrichts: Distanz und Thematisierung zu ermöglichen bei gleichzeitiger Wahrung und Stärkung der performativen Einstellung zur eigenen Lebenspraxis. Um diesem steinigen Weg der menschlichen Entwicklung eine Richtung zu geben bzw. aus dieser Entwicklung selbst deren Richtung abzulesen, hat Kohlberg trotz vielfacher Kritik letztlich an der sechsten Stufe festgehalten,[22] die jene Einheit des Menschen impliziert, wie sie in den kategorischen Imperativ Kants, die Idee der unveräußerlichen Rechte des Individuums und in die Kodifizierung der Menschenrechte eingegangen ist. Die theoretische Schwierigkeit, in die auch die entwicklungspsychologische Forschung Kohlbergs geraten war, liegt darin, dass diese Einheit *keine* Hypothese oder gar wissenschaftlich-empirisch verifizierbare Tatsache ist. Sie fällt aus dem Rahmen der üblichen Theoriekonstruktionen heraus. Sie kann nur als ein Postulat im kantischen Sinne aufgefasst werden, als etwas, was wir notwendig annehmen müssen, um uns überhaupt orientieren zu können.

6.   Der ethische Sinn der Erkenntnis- und Symbolkritik

Es ist festzuhalten, dass die Welt und der Mensch selbst ihm nie vollständig durchsichtig werden, dass sie als Einheit nicht anschaulich darstellbar sind und deshalb der Erkenntnis transzendent bleiben, und trotzdem sind sie zugleich Horizonte der Orientierung. Was folgt daraus für das Bedürfnis, sich zu orientieren?

1. Die Vernunft hat heute den Glauben an die Postulate als Bedingungen für die Einheit des Wissens und den Sinn der praktischen Bestimmung (weitgehend) verloren, und sie versucht, sich anders zu orientieren. Wie Kant kritisch aufgewiesen hat, kann die Orientierung aber weder objektiv-theoretisch sein noch sich dem

---

21 Vgl. Jürgen Habermas, *Moralbewußtsein und kommunikatives Handeln*, Frankfurt a. M. 1983, S. 148 ff.
22 Vgl. Lawrence Kohlberg, *Die Psychologie der Moralentwicklung*, Frankfurt a. M., 1995; ders., *Psychologie der Lebensspanne*, Frankfurt a. M. 2000.

Zufall wechselnder Erscheinungen überlassen. Das »subjektive Mittel, das alsdann noch übrig bleibt, ist kein anderes, als das Gefühl des der Vernunft eigenen *Bedürfnisses*«[23] selbst - des Bedürfnisses, sich zu erweitern, dies allerdings bloß in praktischer Absicht zu vermögen,[24] und zwar auf der Grundlage des moralischen Gesetzes und der daraus resultierenden Notwendigkeit, das höchste Gut zum Gegenstand des Willens zu machen und aus ganzer Kraft zu befördern, d. h. sich der Glückseligkeit als würdig zu erweisen.[25] Für Kant führte dies zum Vernunftglauben an die Existenz Gottes, die Unsterblichkeit der Seele und die Freiheit des Willens. Abweichend davon möchte ich dieses Bedürfnis und seine Folgen etwas anders fassen. Es ergibt sich *notwendig* aus demselben Sachverhalt, aus dem fundamentalistische und relativistische Einstellungen resultieren, nämlich daraus, dass wir nicht das absolute Zentrum sind, zugleich aber doch von unserem Zentrum her leben, und dass das Ich sich, paradoxerweise, nur bildet durch Dezentrierung, d. h. in den Worten Piagets, »durch Vergleich und Gegensatz mit einem anderen ›Ich‹ und mit dem externen Milieu«,[26] also durch *Selbstrelativierung* innerhalb des Spielraums von Einheit und Unterschied, von Identifikation und Differenzierung, von Nachahmung und Abgrenzung. In dem Bedürfnis, sich zu erweitern, ist es notwendig, sich mit dem Anderen, Fremden in irgendeiner Form auszutauschen, Identifikations- *und* Distanzierungsmomente zu finden. Nur dann sind wir fähig, aus dem solipsistischen Gefängnis auszubrechen und uns zu überschreiten, zugleich aber auch, den eigenen Standpunkt zu vertiefen, zu erweitern und zu festigen. Dezentrierung heißt also zugleich: eine Mitte finden. Dafür ist der kulturelle Pluralismus der Lebensformen unverzichtbar.

2. Fundamentalismus und Relativismus verkennen den moralisch-praktischen Sinn von Erkenntnis und der damit verbundenen Geltungsansprüche. Erkenntnis - zumal Selbsterkenntnis und Selbstauffassung des Menschen -, ob wissenschaftlich oder religiös verankert, stößt an Grenzen; das ihr Transzendente - die Einheit des Menschen - kann nicht Inhalt eines Dogmas sein, sondern ist das Objekt der Moral, und als solches ist sie nicht theoretisch erkennbar, sondern Aufgabe moralischer Praxis. Unter der Voraussetzung der Erkennbarkeit seiner Einheit würde der Mensch in einen manipulierbaren Gegenstand verwandelt; und unter der Voraussetzung der Leugnung dieser Einheit würde ihm die Orientierungsgrundlage entzogen.

3. Der Vernunftglaube Kants schützt, um der »Selbsterhaltung der Vernunft«[27]

---

23 Immanuel Kant, »Was heißt: sich im Denken orientieren?«, in: ders., *Schriften zur Metaphysik und Logik 1*, Werke, Bd. V, Wilhelm Weischedel (Hg.), Frankfurt a. M. 1968, S. 267–283, hier: A 310, (S. 270).

24 Vgl. Immanuel Kant, *Kritik der praktischen Vernunft*, Werke, Bd. VI, Wilhelm Weischedel (Hg.), Frankfurt a. M. 1974, A 258 (S. 277).

25 Vgl. ebd., A 257 (S. 276).

26 Jean Piaget, *Der Aufbau der Wirklichkeit beim Kinde*, Ges. Werke, Bd. 2, Stuttgart 1975, S. 212.

27 Kant, »Was heißt: sich im Denken orientieren?«, a. a. O. (Anm. 23), A 329 (S. 283); vgl. dazu Manfred Sommer, *Die Selbsterhaltung der Vernunft*, Stuttgart, Bad Cannstatt 1977.

willen, vor theoretischen Anmaßungen und praktischen Fehleinschätzungen (religiös-moralischen Schwärmereien).[28] Ähnlich schützt die kritische Begrenzung des Begriffs der Einheit des Menschen auf den Status eines Postulats vor theoretischen Anmaßungen und praktischen Fehleinschätzungen in der Selbstauffassung des Menschen um seiner Selbsterhaltung willen. Wie die Einheit der Vernunft (die sich in Theorie und Praxis bricht) haben wir die Einheit des Menschen nur gebrochen – in der kulturell-symbolischen Vielfalt der Menschheit. Die wechselseitige Anerkennung der symbolisch vermittelten Lebensformen und ihrer Träger ist die Grundvoraussetzung dafür, allererst eine eigene Position einnehmen – *selbst sein zu können*. Diese Anerkennung schließt die Selbstbegrenzung in den Geltungsansprüchen der jeweils artikulierten symbolischen Form ein, also den Verzicht auf anmaßende Übergriffe auf ihr fremde Gebiete der eigenen Kultur und auf andere kulturspezifische Artikulationen.

4. Das hat auch einen normativen Aspekt. Denn die Dezentrierung hat zur Voraussetzung, dass sich auf der Grundlage der Performanz, in *objektivierender* Einstellung des Beobachters, eine soziale Welt aufbaut, zu der sich der Akteur, wiederum in *performativer* Einstellung, nun aber in Koordination mit dem Beobachterstand-

---

28 Genau darin liegt der Sinn des kritischen Verfahrens in Kants drei Kritiken.

punkt, zunehmend zunächst normenkonform und dann normenprüfend verhalten kann. Die in Richtung auf mögliche universale Geltung begründbare und *beide* Einstellungen vermittelnde Verallgemeinerbarkeit von Normen und Prinzipien, die die Vielfalt in der Einheit und die Einheit in der Vielfalt des Menschen sichern, kann sich dadurch erst von der bloß tradierten Konventionalität inhaltlicher Vorschriften ablösen.[29]

7. Gesichtspunkte und Prinzipien einer performativen Didaktik der symbolischen Formen

1. Der tätige Umgang mit den symbolischen Formen ist die notwendige Bedingung dafür, dass zum einen »die Freiheit des Menschen sich durch die Vielgestaltigkeit der Ausdrucksformen vergrößert«,[30] zum anderen ermöglicht er es, sich von der unreflektierten Bindung an sie lösen zu können. Der wertbezogene Unterricht kann sich dabei des entwicklungspsychologischen und philosophischen Vorgangs der Dezentrierung bedienen. Die Vielfalt in der Einheit der Menschheit in Inhalt, Form und Bedeutung muss *gezeigt* und in der *Ausführung* des symbolischen Formens gleichsam »ausprobiert« werden, um die darin liegende anthropologische Struktur zunächst *anschaulich* kennenlernen zu können. Erst so, durch die Entwicklung der Artikulationsfähigkeit auf möglichst vielen Gebieten des symbolischen Formens, wird die selbstrelativierende Dezentrierung der eigenen Perspektive möglich.[31] – Ein Beispiel für dieses Ausprobieren sei genannt: die Verwendung und Deutung von Masken, um den Zusammenhang zwischen Identität, Darstellung und Rolle, schließlich zwischen moralischem Schein und Moralität (Kant) sichtbar zu

---

29 Vgl. Habermas, a. a. O. (Anm. 21).
30 Arend Klaas Jagersma: »Der Status der Ethik in der Philosophie der symbolischen Formen«, in: Detlev Pätzold, Hans-Jörg Sandkühler (Hg.), *Kultur und Symbol. Ein Handbuch zur Philosophie Ernst Cassirers*, Stuttgart, Weimar 2003, S. 276–296, hier: S. 293. Bermes (*Expressivität und Personalität bei Cassirer*, a. a. O. (Anm. 14), S. 129) spricht im Anschluss an Cassirer gar von einer »expressiven Ethik« und »Ethik der Selbst-Artikulation«.
Inzwischen wurde mehrfach auf die ethische Imprägnierung der Philosophie der symbolischen Formen hingewiesen, wobei nicht übersehen werden darf, dass die »Selbstbefreiung«, die Cassirer (*Versuch über den Menschen. Eine Einführung in eine Philosophie der Kultur*, a. a. O. (Anm. 12), S. 35) selbst als Ziel ausgibt, immer mit der Selbstbegrenzung der Geltungsansprüche, d. h. der »Dezentrierung« (ebd., S. 33), einhergeht.
31 Dieses »Ausprobieren« bzw. Artikulieren bezieht sich auf den tätigen Umgang mit Formen des Mythos, der Kunst, Sprache, Wissenschaft, Religion (soweit dies bekenntnisfrei möglich ist), Technik, Geschichte, schließlich auch Philosophie, obwohl dies keine symbolische Form unter anderen ist. – Das mit den symbolischen Formen aufgegebene metaphysische Rätsel soll hier nicht verschwiegen werden. Denn merkwürdig bleibt es doch, dass wir durch Identifikationsmechanismen in den Sog symbolischer Formen und ihrer Produkte geraten, aus dem wir uns dann nach und nach herauswinden (befreien) sollen – oder eben in ihm untergehen.

machen;[32] die Maske ist, in Verbindung mit der symbolischen Form des Mythos, eine im Bild realisierte Form der Reflexion des Menschen auf seine Stellung in der Welt und in seiner Gesellschaft.

2. Eine in diesem Sinne performative ethische Didaktik[33] integriert themenspezifisch von vornherein die kognitiven, affektiven und moralischen Aspekte der Interaktion und trennt sie nicht zugunsten eines Primats des analytischen Methodisierens und Optimierens von Lernzielen. Eine solche *Didaktik der symbolischen Formen* kann dazu beitragen, die bereits von Walter Benjamin im Jahre 1913 beklagte »intellektuelle Isoliertheit der Schulbildung« zu überwinden, da sie durch das tragende Gerüst des Performativen »des Bildungsstoffes nicht von außen, mit der Tendenz des Moralunterrichtes [zum abfragbaren Wissen; R. B.] Herr zu werden, sondern die Geschichte des Bildungsmaterials, des objektiven Geistes selbst zu erfassen«[34] versucht, mithin das, was Cassirer vorschlägt, um zentristische Beschränkungen aufzuheben.

3. Es zeigt sich auch, und zwar an der Entwicklung der Sozialperspektiven,[35] dass das symbolische Tun des Menschen von Anfang an, und zwar unter Einschluss der kognitiven und affektiven Aspekte,[36] moralisch imprägniert ist. Denn die allmählich sich transformierenden, interaktionistisch grundlegenden Formen der Reversibilität und Reziprozität sind implizit normativ-moralisch ausgerichtet und werden in ihrer fortgeschrittensten Ausprägung rechtlich codiert und diskursiv expliziert; sie heben mit der fürsorglichen Beziehung an, bleiben eine gewisse Zeitspanne lang komplementär, um sich dann zur symmetrischen Wechselseitigkeit zu transformieren, die ihrerseits zunächst negativ (»Auge um Auge, Zahn um Zahn«; die »Goldene Regel« in negativer Formulierung) und dann zunehmend positiv gestaltet werden kann (in Wohlwollen und Anerkennung; die »Goldene Regel« in positiver

---

32 Vgl. Richard Breun, »Mensch, Maske, Moral – Bausteine für eine performative Ethik-Didaktik«, in: *Ethik & Unterricht* 2, 2006, S. 23–38.

33 In folgenden Schriften habe ich einige Schritte zu einer solchen Didaktik vorgeschlagen: *Verkörperung von Moral. Philosophisch-anthropologische Studien zu einem Moralbegriff in didaktischer Absicht* (Hodos – Wege bildungsbezogener Ethikforschung in Philosophie und Theologie, hg. vom Institut für Philosophie, Theologie und Hodegetik der Pädagogischen Hochschule Karlsruhe, Bd. 2), Frankfurt a. M. 2003; »Die Artikulation moralischer Erfahrung. Zu den methodischen Grundlagen des Ethikunterrichts«, in: *Ethik & Unterricht* 1, 2003, S. 4–9; »Auf der Suche nach dem Feld des Ethischen in didaktischer Absicht«, in: *Ethik macht Schule II. Ethik & Unterricht, Jahrespublikation* (edition ethik kontrovers 12) 2004, S. 5–10; »Mensch, Maske, Moral – Bausteine für eine performative Ethik-Didaktik«, a. a. O. (Anm. 32); außerdem in verschiedenen Unterrichtsbeiträgen, z. B.: »Die Macht des Numinosen. Zu einer Didaktik der Religionen im Ethikunterricht«, in: *Ethik & Unterricht* 3, 2002, S. 10–20, sowie zuletzt in *Ethik & Unterricht* 2, 2009 zum Thema Gewalt.

34 Walter Benjamin, »Der Moralunterricht (1913)«, in: ders., *Über Kinder, Jugend und Erziehung*, Frankfurt a. M. 1969, S. 7–14, hier: S. 14; »objektiver Geist« ist hier im Sinne Cassirers zu verstehen als Inbegriff der Produkte der symbolischen Formen.

35 Vgl. Robert L. Selman, *Die Entwicklung des sozialen Verstehens. Entwicklungspsychologische und klinische Untersuchungen*, Frankfurt a. M. 1984.

36 Vgl. Jean Piaget, *Intelligenz und Affektivität in der Entwicklung des Kindes*, Frankfurt a. M. 1995.

Formulierung).[37] Diese Entwicklung hat der wertbezogene Unterricht durch organisierte Angebote zur Reflexion mitzugestalten.

4. Der Unterricht über Ethik, Werte und Normen bzw. Fragen der praktischen
Philosophie sollte dabei nicht ohne weiteres mit dem Philosophieunterricht gleichgesetzt werden. Die einschlägigen Lehrpläne enthalten eine Fülle von Inhalten und
Themen, die sich außer der Philosophie der Psychologie, Religionswissenschaft,
Soziologie, Pädagogik, Geschichte u. a. m. zuordnen lassen; sie lassen sich weder
bloß mit Methoden des Philosophierens noch lediglich mit dem Einüben von Argu-
mentationsformen erschöpfend behandeln. Primat hat die ethikdidaktische Problematik unter dem Gesichtspunkt der moralischen Entwicklung, die unter dem
Aspekt des symbolischen Formens sinnvoll erörtert werden kann.

5. Das Leitziel ist Entwicklung. Die Art der Thematisierung von Inhalten ist entscheidend dafür, ob die moralische Entwicklung der Schüler/innen gefördert, ver-
langsamt oder eher behindert wird. Mangelhafte moralische Entwicklung bedeutet eine defizitäre Persönlichkeitsentwicklung. Das Selbst (die Person) bildet und
erfährt sich nur über seine Tätigkeiten in Interaktion mit Sachen und Personen, es
verkörpert sich in dem, was es tut. Didaktisch und methodisch ist für Gelegenheiten
zur Artikulation zu sorgen, deren Resultate (Produkte) auf echte Resonanz stoßen;
dadurch wird zugleich Aufmerksamkeit erzeugt und die Voraussetzung zum Wis-
senserwerb geschaffen. Weitere Ziele werden gewählt in Absicht auf ein *themenspe-
zifisches* Lernen und Lehren mit Bezug auf die normative, werthaltige, moralische
Dimension der menschlichen Existenz, die kulturell-symbolisch vermittelt ist, aber
gerade deshalb universale Strukturen enthält.

6. Die Auseinandersetzung mit den symbolischen Formen, die im Alltag auf
mimetischer Basis erfolgt, ist didaktisch-methodisch zu organisieren. Dabei werden
performative, verbalisierende und reflexive Vorgänge integriert. Der Leitfaden für
die *didaktisch-methodische Analyse und Planung* ergibt sich daraus, dass sich jede
zu verhandelnde Sache unter dem Blickwinkel einer symbolischen Form in einem
entsprechenden, sinnlich sich manifestierenden Medium (oder auch in mehreren
Medien) zeigt.

6.1. Die in symbolischen Formen verwendeten *Medien* lassen sich für unterrichts-
praktische Zwecke wie folgt unterscheiden.

- *Bild*: was man sieht – in Wirklichkeit, als Gemälde, Zeichnung, Foto, Film, im
  Fernsehen, Kino etc.
- *Ton*: was man hört – Geräusch, Laut, Melodie, Klang (mit Rhythmus, Volu-
  men), Ruf, Schrei etc.

---

37 Vgl. Lawrence Kohlberg, *Die Psychologie der Moralentwicklung*, a. a. O. (Anm. 22); ders., *Psychologie
der Lebensspanne*, a. a. O. (Anm. 22); Habermas, *Moralbewußtsein und kommunikatives Handeln*, a. a. O.
(Anm. 21); zusammenfassend: Detlef Garz, *Sozialpsychologische Entwicklungstheorien. Von Mead,
Piaget und Kohlberg bis zur Gegenwart*, 3., erw. Auflage, Wiesbaden 2006.

- *Wort*: was man vernimmt – Mythos, Märchen, Erzählung, Rede, Satz, philosophischer Satz, Diskussion, Dialog, Antwort, Frage, Entgegnung etc. (mündlich oder schriftlich).
- *Tat*: was man tut – Ritual, Handlung, Drama, theatralisches Spiel, Rollenspiel etc.
- *Zeichen*: alle expressiven Formen, z. B. affektiver/emotionaler Ausdruck, Mimik, Gestik, Körpersprache, Atmosphäre, Stil, Signale und Symbole aller Art.

6.2. Daraus resultieren die *sachbezogenen* Fragen der Unterrichtsplanung:
- Welche Darstellung ist dem Ziel, Thema, Inhalt, der Fragestellung, der Problematik und dem Alter angemessen?
- Worin drückt sich die Thematik, die Frage, das Problem selbst aus?
- Und worin hat es sich historisch und kulturell je verschieden gezeigt?
- Welche Fragen hat sich der/die Lehrer/in selbst zum Thema zu stellen?
- Welche Fragen werden sich die Schüler/innen vermutlich stellen?

6.3. Die *methodischen* Fragen der Unterrichtsplanung lauten:
- Wie lassen sich die Schüler/innen in die Darstellung einbeziehen?
- Wie werden sie selbst darstellend aktiv?
- Was können die Schüler/innen selbsttätig erarbeiten, und wie?
- Welche Bedingungen hat der/die Lehrer/in zu schaffen (Medien, Materialien etc.)?

In der täglichen Praxis des Unterrichtens kann man die Erfahrung machen, dass es für die unter dem sechsten Punkt genannten Planungsaspekte keine verallgemeinerbare Über- und Unterordnung gibt. Sie bleiben dem obersten Ziel der Entwicklung verpflichtet, die Prioritäten ergeben sich dann je verschieden aus den *Bedingungen der Darstellbarkeit der Sache* heraus. So kann es vorkommen, dass manchmal ein Bild genug Aufforderungscharakter hat, um den Unterricht zu gestalten, ein anderes Mal empfiehlt es sich, zunächst die Fragen der Schüler zu sammeln und zu ordnen, um den Gegenstand zur Darstellung bringen zu können, und dann wiederum mag es zwingend notwendig sein, Texte zu einer bestimmten Thematik, etwa zum Mythos, vergleichend zu analysieren, um die Vielfalt von Symbolisierungen gewahren und unter dem Aspekt der gemeinsamen Elemente ordnen zu können.

Renate Schröder-Werle

Kulturelle Heterogenität als Herausforderung an die Philosophie-Didaktik

Am Beispiel des Migrationskontextes Islam

Der Begriff *Heterogenität* ist erst in den letzten fünf Jahren zu einem der Schlüsselbegriffe der pädagogischen Diskussion geworden, möglicherweise ausgelöst durch die radikale Wende zu verbindlichen und vereinheitlichten Leistungsstandards und landesweiten Leistungsmessungen, um hier einen Kontrapunkt zu setzen; benutzt wurde er vor allem zur Beschreibung des Binnenverhältnisses einer Lerngruppe bzw. Arbeitsgruppe in Bezug z. B. auf Leistung, Geschlecht, Schicht, Begabung, bes. Fertigkeiten, Förderbedarf usw. *Kulturelle* Heterogenität wurde eher zur Bezeichnung eines Außenverhältnisses verwandt.[1]

Das, was in der interkulturellen Philosophie seit Jahrzehnten Standard ist, Anerkennung und selbstbewusster Umgang mit kultureller Vielfalt,[2] ist erst seit der verspäteten Wahrnehmung der Folgen der Jahrzehnte anhaltenden Migrationsbewegungen in den Schulen seitens der Bildungspolitik in den Blick gekommen. Dieser Blick musste naturgemäß zunächst einmal ein diagnostisch-kritischer sein, wie ihn einige Analysen im Nachgang zur ersten PISA-Vergleichsstudie auch anlegten. Dieser Blick erwies sich als sehr getrübt im Hinblick auf Handlungskonzepte, wie einer Bildungskatastrophe nationalen Ausmaßes begegnet werden könnte. Eine von den Schulen nicht immer zu verkraftende Reform- und Empfehlungsflut folgte zwar, aber auch heute sind die Förderungsmöglichkeiten und gestarteten Initiativen, die die betreffenden Schülerinnen und Schüler mit Migrationshintergrund

---

1 An einigen Stellen wird zudem Bezug genommen auf die »Sarrazin-Thesen« (im Berlin-Heft von *Lettre International* 2009), die einen angesichts ihrer Substanz unfassbaren Medienrummel ausgelöst haben. In diesem Zusammenhang wäre eine empirische Studie zur Lesekompetenz der maßgeblichen, die mediale Öffentlichkeit beeinflussenden Erregungsträger sicher aufschlussreich.
2 Angesichts der Fülle des Forschungsgebiets sei hier nur stellvertretend auf die *Gesellschaft für Interkulturelle Philosophie* (GIP), die Publikationen ihrer Mitglieder, vor allem des Gründungspräsidenten Prof. Dr. R. Mall verwiesen.

wirksam und nachhaltig erreichen, eher bescheiden zu nennen, vor allem: regional sehr unterschiedlich[3], gemessen am enormen Handlungsbedarf, dieser großen Herausforderung kultureller Heterogenität angemessen begegnen zu können.

Migration hat unser schulisches Alltagsleben völlig verändert, und dies nicht immer konfliktfrei, selbst wenn die eigene Ausbildungsschule nicht in einem von Migranten geprägten Stadtviertel liegt und meilenweit entfernt erscheint von Verhältnissen wie an der Rütli-Schule in Berlin-Neukölln, die zum Symbol für Desintegrationsprozesse geworden ist.[4] Dieser Veränderungsprozess ist auch für uns, für unsere Lehramtsstudierenden und Referendare, und selbstverständlich für unsere Schülerinnen und Schüler unumkehrbar, zumal wir alle zumindest der medialen Verarbeitung von Migration der Gegenwart tagtäglich ausgesetzt sind und dies nicht ganz ohne Wirkung auf unser Urteil bleibt; und zumal wir alle den Konsequenzen gesellschaftlicher und bildungspolitischer (Kurzschluss-)Reaktionen in unseren Schulen ausgesetzt sind, auf die wir entweder auch nur reagieren oder aber sie, endlich gestaltend, verändern können.

Im medialen Bilderregime der »neuen Völkerwanderung« (*Der Spiegel*) fungieren Kopftücher und Tschador, Moscheebauten, Minaretthöhen, Hassprediger, in Familiendramen erschossene junge Frauen, niedergeschlagene Rentner oder gar die brennenden Autos der französischen Vorstädte oder die Bombenattentate der Söhne pakistanischer Migranten in England usw. als Blickfilter, die den Blick auf die kulturellen und gesellschaftlichen Hintergründe von Migrations-Mehrheiten verzerren und aus der Vielzahl der Migranten und ihrer unterschiedlichen Kulturen und Weltanschauungen nur noch diejenigen in den medialen Fokus rücken, die sich auf den Islam als Migrationshintergrund berufen.

Migrationsmehrheiten und schulische Bildung

Um Islam als Migrationshintergrund geht es deshalb in diesem Beitrag, weil, schulisch gesehen, diese Schülergruppe (ich fasse sie an dieser Stelle zunächst einmal statistisch; unten zeige ich, wie differenziert aber auch hier das Erscheinungsbild wirklich ist) in der Tat die größte Problemgruppe an deutschen Schulen darstellt,

---

3 z. B.: *Sprachförderung der Herkunftssprachen*; in Hessen und NRW flächendeckende vorschulische *Sprachförderung Deutsch* in den Kindertagesstätten/-gärten: Projekte in der Lehrerausbildung: z. B. *Migranten für Migranten, Migranten machen Schule*; Patenschafts- und Mentorenprojekte: z. B. *Mentorenprojekt Hamburg*, das von einem Unternehmensberater türkischer Herkunft initiiert und gefördert wird; *Startstipendien* für besonders leistungsstarke Kinder aus Migrantenfamilien; langjährige sehr erfolgreiche Migrantenförderung an der Univ. Essen durch Lehramtsstudierende.
4 Sie ist heute, nur drei Jahre später, auf dem Weg eine »Vorzeigeschule« zu werden; das zeigt, dass über die enorme Förderung, die diese Schule erfahren hat, sogar eine komplette Umkehr der Verhältnisse möglich ist.

gefolgt von Schülern aus den GUS-Staaten, während dies z. B. von polnischen, asiatischen, afrikanischen Schülern nicht zu beobachten ist. Da wir jedoch gerade aus der Gruppe der Migranten mit türkischem oder islamischem Hintergrund geistige Eliten (viele Schriftsteller, Künstler, Wissenschaftler, zunehmend auch Lehrer) kennen, die, aus einfachsten Verhältnissen kommend, über das deutsche Schul- und Universitätssystem der 60er bis 90er Jahre ihren Bildungsweg gemeistert haben,[5] kann man eben nicht in umgekehrter Kausalität davon ausgehen, dass diese Migrantenmehrheit an deutschen Schulen nicht ausgebildet und gefördert werde, wie dies angesichts ihrer katastrophalen Bildungsabschlüsse der letzten zehn Jahre in Deutschland anzunehmen nahe legt. Auch das wäre verzerrend.

Das gegliederte Schulsystem verantwortlich zu machen, wie es in den heute wieder ermüdend undifferenziert geführten Strukturdebatten mantramäßig durch Politik, Medien und Verbände geschieht, führt nicht weiter, wie Anne Overesch in ihrem überzeugenden Vergleich der Schulsysteme und der Bildungspolitik der letzten 20 Jahre zwischen Finnland und Deutschland gezeigt hat.[6] Das ist jetzt zunächst nur eine Feststellung in die eine Richtung der ideologisch verkürzten Erwartungen an eine Abschaffung eines gegliederten Schulsystems und keine Aussage darüber, ob man angesichts der diskriminierenden Termini wie »Restschule«, »Türkenschule« überhaupt eine solche Bildungseinrichtung wie die Hauptschule weiterführen kann, wenn selbst ihren erfolgreichen Absolventen ein solcher gesellschaftlicher Demütigungsparkur bei Lehrstellen- und Arbeitssuche bevorsteht, wie das in unserem Land praktiziert wird. Es handelt sich hierbei um ein gesellschaftlich herbei geredetes Stigma, das diese Schulen und ihre Absolventen zu Unrecht trifft. Dass integrierte Gesamtschulen bisher kein einziges Problem besser gelöst haben, zeigt jede der PISA und PISA-E-Studien;[7] sie entlassen einfach zu viele Schüler und Schülerinnen auf niedrigsten Kompetenzniveaus, unterscheiden sich von den Hauptschulen in diesem Punkt nicht wesentlich; viele Bildungsforscher werten diesen Punkt nicht.

Derzeitige Strukturdebatten befördern eher die Gründung von Privatschulen,[8]

---

5 Stellvertretend für viele hier: Feridun Zaimoglu, der nicht nur seine eigene, sondern allgemein die jüngere Migrationsgeschichte in Deutschland trotz »Zumutung für die Einheimischen wie für die Zugewanderten« letztlich als Erfolgsgeschichte sieht, obwohl auch er die von jungen Bildungsverweigerern verstärkten Probleme deutlich macht (»Mein Deutschland. Warum die Einwanderer auf ihre neue Heimat stolz sein können«, in: *Die Zeit* vom 12. 4. 2006; Wiederabdruck in: Jasmin Cizek, Peter Müller (Hg.), *Migrantenliteratur*, Stuttgart 2007, S. 166–170).

6 Die Autorin zeigt u. a. mit einer Fülle von ausgewertetem Material aus Landtagsdebatten, welchen Hürden sich Bildungspolitik in Deutschland gegenübersieht und wie Partei- Politiker mal für sie kämpfen, mal sie preisgeben an »dringlichere« Investitionen, auch, wie oberflächlich, kurzatmig und opportunistisch bildungspolitische »Beratungen« aussehen können (Anne Overesch, *Wie die Schulpolitik ihre Probleme (nicht) löst. Deutschland und Finnland im Vergleich*, Münster 2007.)

7 PISA 2002 (Bezug: Studie von 2000) und PISA 2006, darin Kap. 6: »Der Blick in die Länder«.

8 Auch auf muslimischer Seite ist das zu beobachten, wie die Schulgründungen der zwiespältigen

als dass sie konstruktive Lösungen aufzeigen, da sie den zu lösenden Problemen nicht mit der Bereitstellung oder wenigstens Ermittlung von Ressourcen begegnen, sondern Heilserwartungen an die statt dessen zu erbringenden Integrations- und Erziehungsleistung seitens der übrigen Schüler (zum Nulltarif) hegen.

Was lief und läuft falsch an deutschen Schulen? Vielleicht ist die Frage völlig fehl am Platz, und deutsche Schulen sind nur der Kristallisationspunkt, an dem gesellschaftliche, politische und rechtliche Missstände zutage treten, die Schulen weder verursachen noch mit den heute gewährten Ressourcen lösen können?

Die empirische Bildungsforschung hat uns genug Material an die Hand gegeben, um zu wissen, dass knapp 14 % der Jugendlichen aus Migrantenfamilien keinen Schulabschluss erreichen, darunter überproportional viele Jungen, statistisch gesehen, und dies scheint sich im weiteren Leben fortzusetzen (unter den 25–30jährigen türkischstämmigen[9] Absolventen verfehlen gut die Hälfte einen berufsbildenden Abschluss). Und sie hat uns genug Material an die Hand gegeben, um die Auswertung Heinz-Elmar Tenorths nachvollziehen zu können, der zu dem dramatischen Schluss kommt, dass wir in unserem Bildungssystem mehr als 20 % einer Alterskohorte die Bildung nicht mehr garantieren, die kulturelle Handlungsfähigkeit bedeutet.[10] Das Fazit Tenorths: »Das ist der wirkliche Skandal, den PISA offen gelegt hat.«[11] Das kann sich unsere Demokratie auf die Dauer nicht leisten.

Die übliche Logik, alleine im Migrationshintergrund selbst die Ursache zu sehen, greift m. E. nicht, denn erstens erreichen die Mädchen derselben Jahrgänge wesentlich bessere Ergebnisse, sind also besser in unsere Schulsysteme integriert; dies bestätigt u. a. Christian Pfeiffer, und zwar für alle ethnischen Gruppen, allerdings sind die Unterschiede bei den eingebürgerten Deutschen türkischer Herkunft am größten.[12] Zweitens steht die Schulform Gymnasium mit 9 % unter den erfolgreichen Abschlüssen von Deutschen türkischer Herkunft vergleichsweise gut da.

Daraus die Behauptung abzuleiten, Migrantenkinder seien chancenlos in deutschen Schulen, halte ich, wenn sie generalisiert wird, für eine unsinnige und von den Problemen, die Bildungspolitik endlich zu lösen hat, ablenkende Schutzbehauptung. Migrantenkinder waren nie chancenlos und sie sind es auch jetzt nicht,

Gülen-Bewegung zeigen, die Anschluss an die deutsche Gymnasialtradition mit hohem Bildungsanspruch suchen, z. B. das Tüdesb-Gymnasium in Berlin-Spandau.

9 Ich benutze die Terminologie der jeweiligen Statistiken, auch wenn sie gewöhnungsbedürftig ist; sie wird verwendet, um innerhalb der Herkunftsländer noch nach anderen Gesichtspunkten differenzieren zu können, z. B. Religionszugehörigkeit, Geschlecht usw.

10 Heinz-Elmar Tenorth, »Kompetenzarmut – Länder, Schularten, das alltägliche Elend«, in: *Seminar* 4, 2008, S. 129–132.

11 Ebd., S. 132.

12 Auszüge aus verschiedenen Studien des Kriminologischen Forschungsinstituts Niedersachsen unter der Leitung von Christian Pfeiffer in Kap. V des Reklambändchens zur Migrantenliteratur, Müller, Cizek (Hg.), a. a. O. (Anm. 5), S. 135–163.

sonst gäbe es die aus unserem Schulsystem hervorgegangene eingangs erwähnte Elite nicht, sonst könnten auch die türkischstämmigen Mädchen nicht so – vergleichsweise – gut abschneiden, sonst gäbe es keine Gymnasialabschlüsse in den Problemgruppen. Und wie sollte man die schulischen Erfolge z. B. asiatischer oder polnischer Schüler erklären?[13]

Noch einmal: Migration alleine reicht also nicht zur Erklärung; wenn man aber nach deren Begleitumständen fragt, so muss man zur Kenntnis nehmen, dass die empirische Bildungsforschung zwar die Defizite deutlich herausstellen kann, aber keine ausreichenden Daten liefert zu sprachlichem Hintergrund, sozialem Status der Migrantenfamilien, Lebens- und Lernsituation der Kinder. Ich beziehe mich hier auf Tenorths Fazit seiner Auswertung der Pisa-E-Studien von 2006 und seine Auswertung der Zahlen und Analysen im Nationalen Bildungsbericht von 2008.[14] Es ist aber anzunehmen, dass genau in diesen nicht erhobenen Parametern einer oder sogar mehrere Gründe liegt/liegen, dass von deutschen Schulen ermöglichtes erfolgreiches Lernen in eben diesen Schulen durch andere Einflüsse von außen be- und sogar verhindert wird.

Ohne diese Parameter hinreichend zu kennen, sind die Lehrenden in der Schule auf ihre jeweiligen bisherigen *Diagnosekompetenzen* verwiesen. Diese sind mit Sicherheit auch bei berufserfahrenen Lehrenden defizitär, wenn man die Komplexität allein des Migrationshintergrundes Islam betrachtet. Sie müssen also weiter befördert und professionalisiert werden, in allen Fächern, vor allem aber in den Sek I-Fächern wie *Ethik, Werte und Normen* und *Praktische Philosophie*, die in den meisten Bundesländern den Hauptteil dieser Schüler-Klientel unterrichten. Denn wie gesagt, die für uns als Lehrende interessanten Daten werden nicht erhoben, eben jene Daten, die uns in die Lage versetzen könnten, uns gezielter die Ressourcen für den eigentlichen Förderbedarf anzumahnen oder zu beschaffen, um die pädagogischen und didaktischen Konzepte, die auf Defizitbehebung und Niveauangleichung nach »oben« bzw. *integrativ in den grundgesetzlich geschützten Handlungsraum und Teilhabe an der Gesellschaft* gerichtet sind, mit Aussicht auf Erfolg flächendeckend, statt selektiv umzusetzen. Wie sieht aber zurzeit das Angebot zur Professionalisierung vor Ort aus? Hierzu zwei aktuelle Beobachtungen:

1. Sieht man also von ausgezeichneten Einzelforschungen zur Sprachförderung[15]

---

13 Auf diesen (es sind seit 7 Jahren der Fachwelt und der Politik sowie den Medien zugängliche Befunde empirischer Leistungsvergleichsstudien!) Sachverhalt stützt auch Sarrazin eine seiner verkürzenden Thesen. Leider erwähnt er die Erfolge der Schülerinnen türkischer Herkunft nicht. Sie deuten nämlich darauf hin, dass hier die einzige noch ungehobene »Bildungsreserve« (hier benutze ich den Ausdruck der 70er Jahre gerne) schlummert, die in unserem Land vorhanden ist.
14 Vgl. Heinz-Elmar Tenorth, a. a. O. (Anm. 10).
15 In diesen Bereich sind auch hauptsächlich die Fördermittel der KMK-Verbundprojekte zur Förderung von Kindern und Jugendlichen mit Migrationshintergrund gegangen (Laufzeit 2004-2009). Der Erfolg der Förderung zeigt sich aber erst vereinzelt im KiTa- und Grundschulbereich.

ab, spielt in der ersten Phase der Lehrerausbildung (Universität) die Anlage einer Diagnosekompetenz nahezu keine Rolle. Erst an drei Universitäten in Deutschland wird dieses Sachgebiet überhaupt systematisch angegangen (Kiel, München, TU Dortmund), darunter erst jüngst mit umfangreichen Fördermitteln nur für die MINT-Fächer (München und TU Dortmund). Die Diagnosekompetenz kann also nach wie vor für unser Fach, die Philosophie, erst vor Ort, in der Praxis, erworben werden.

2. In der zweiten Phase der Lehrerausbildung (Studienseminar und Schule) hat der Bereich in der sinnvollen Kombination *Diagnostizieren und Fördern* in den letzten fünf Jahren einen großen Raum eingenommen, in NRW auch über das Konzept einer Teilmodularisierung, so dass jeder Referendarsjahrgang noch zusätzlich zur Thematisierung in der Fachausbildung Gelegenheit hatte, sich grundlegende Basiskompetenzen in einem Fächer übergreifenden Modul anzueignen.

Soweit die Praxis bezogenen theoretischen Ausbildungsangebote der zweiten Phase; wie aber der Praxistest im Einzelfall tatsächlich aussehen kann, zeigt eine, zwar selektive, aber typische Beobachtung aus NRW angesichts von mehreren Prüfungsdurchgängen in *Philosophie/Praktische Philosophie* im erweiterten Ruhrgebietsraum, die ich hier mitteile, weil es über den angesprochenen Sachverhalt keinerlei empirische Erhebungen gibt: Referendare/innen von Gesamtschulen mussten vermehrt während ihrer Ausbildung für das Lehramt Gymnasium/Gesamtschule für einen begrenzten Zeitraum, wenn denn die beteiligten Schulleiter dem zugestimmt hatten, »fremdgehen« an benachbarte Gymnasien, um überhaupt Unterricht im Fach *Praktische Philosophie* zu erleben und zu erteilen. Während immer mehr Gymnasien das Fach bereits für die 5. Klasse einrichten, schaffen immer mehr Gesamtschulen es ganz ab, weil es als Fach für Religionsabwähler und nahezu ausschließliches Migrantenfach nicht mehr sinnvoll unterrichtbar sei, so eine der Begründungen.[16]

Die guten Ergebnisse junger Lehrender bei Unterrichtsbesuchen an Gymnasien mit ähnlich hohem Migrantenanteil (z. B. in Herne, Bochum-Nord) zeigen aber,

---

16 Das Fach war in NRW mit erheblichen Ressourcen und beispielhafter Anstrengung seitens der Bildungspolitik im Rahmen eines vierjährigen Schulversuchs (1997–2001), der 10 % der Lehrkräfte dieses Flächenlandes weiterbildete, erfolgreich an Schulen für die 9. und 10. Klasse etabliert und anschließend in die grundständige Ausbildung an den Universitäten überführt worden. Die heutigen Universitäts-Absolventen, die also hier aus der ersten Phase eine solide Ausbildung mitbringen, können diese in der zweiten Phase nicht immer weiterführen, da die Kann-Bestimmung zu Philosophie als Ersatzfach für Religionsabwähler im neuen Schulgesetz NRW das oben beschriebene Vorgehen der Schulleiter erlaubt und die Studienseminare kaum Mitspracherecht für die Zuweisung der Referendare haben, obwohl sie (noch) die Ausbildung verantworten müssen. Abgesehen von den Folgen in der Ausbildung der angehenden Lehrer wird so den Gesamtschülern ein für sie im Sinne der oben angesprochenen Demokratiefähigkeit immens wichtiges Fach vorenthalten zugunsten der »Aufbewahrungslösung«. Weder die Existenz von Gymnasien noch die Herkunft der Schüler kann für diesen Unsinn (2 Wochenstunden Beaufsichtigtwerden, statt Fachunterricht vom vorhandenen ausgebildeten Personal) verantwortlich gemacht werden.

dass auch reine Migrantengruppen (auch mit Migrationskontext Islam) unterrichtet werden können, wenn die Gruppen nicht zu groß sind und kommunikative und zu Selbstständigkeit erziehende Unterrichtsmethoden sowie binnendifferenziert vorbereitete Arbeitsmaterialien eingesetzt werden können. Es ist also völlig überflüssig, vor den Problemen zu kapitulieren, auch wenn natürlich zugestanden werden muss, dass weder die Diagnose- noch die Handlungskompetenz von Berufsanfängern ausreichen würden, um in großen und/oder problematischen Gruppen ebenso erfolgreich sein zu können. Also auch hier wieder eine Frage der Entscheidung über Ressourcen, keine Frage der Schulform, die über Ge- oder Misslingen von gutem Unterricht in diesen Gruppen entscheidet.

An eine systematische Weiterbildung der vorhandenen Lehrkräfte, die diesen Namen verdient, wird zudem überhaupt nicht gedacht; diese müsste sich aufgrund der immensen Praxiserfahrung dieser Lehrkräfte auch auf einem ganz anderen Niveau bewegen als die vereinzelten, über die jeweiligen Schulaufsichten angebotenen Veranstaltungen.

Voraussetzende Überlegungen zur Entwicklung von diagnostischen Kompetenzen im Bereich kultureller Heterogenität

Die von jedermann zugestandene Tatsache, dass Migrantenkinder es zunächst entschieden schwerer haben als einheimische Kinder, gilt es nicht nur zu erkennen, sondern so umzusetzen, d. h. in Handlungskonzepte zu überführen, dass eben nicht die Anforderungen gesenkt werden, – wie bei der gerade in NRW angelaufenen Sprachförderung in Kindertagesstätten geschehen ist[17] –, sondern indem man die Bildungsangebote verpflichtend auf ihre spezifischen Defizite abstimmt, um dann auch ihre Stärken zur Geltung bringen zu können. Das ist bisher, sieht man von den Grundschulen ab, weitestgehend unterblieben, was m. E. an vier Punkten liegt, die ich kurz herausstellen möchte, von denen drei – seit Jahrzehnten bekannt – immer noch kontrovers diskutiert, aber nicht durch Ressourcen gestützt umgesetzt werden; der letzte Punkt allerdings, eher tabuisiert in der Pädagogischen Forschung, ist nicht einmal in seiner Tragweite erkannt:

Dass die Folgen von Migration und Mobilität so gravierende Probleme im schulischen Bereich aufwerfen, liegt weniger an den Schulen selbst als an den *Umständen*, unter denen sie besucht werden bzw. besucht werden müssen. In vielen Großstadtschulen bilden SchülerInnen mit Migrationshintergrund die Mehrheiten, das

---

17 Als die Ergebnisse der ersten Evaluation dieses flächendeckend und systematisch durchgeführten Großprojekts »Sprachstandstests« in allen vorschulischen Einrichtungen offenbarten, dass der so ermittelte Förderbedarf sich in vielen Tagesstätten auf über die Hälfte aller Kinder erstreckte, wurden die Bewertungskriterien »entschärft«.

ist seit 30 Jahren so, wird aber bei der Diskussion von Integrationsstrategien immer wieder verdrängt. Der Integrationsbegriff ist hier längst ad absurdum geführt.[18]

Es liegt ferner an den *Voraussetzungen*, die die Kinder mitbringen, und zwar sowohl an den individuellen, als auch denen ihres unmittelbaren Umfeldes;[19] und schließlich an den je spezifischen *Anforderungen*, die sie bewältigen müssen, um in einer anderen Sprache und Kultur erfolgreich lernen zu können. (Diese Probleme haben aber alle, auch deutsche Kinder und Jugendliche, die im Ausland aufwachsen).

In den letzten Jahren ist für Kinder mit islamischem Hintergrund noch eine *zusätzliche erdrückende Last* hinzugekommen: Wenn Sprache und Kultur des Einwanderlandes durch die Elternhäuser/Großfamilien und »Parallelgesellschaften« der Stadtteile, ich benutze den Ausdruck Werner Schiffauers,[20] verunglimpft und abgelehnt werden, stellt dies eine Belastung dar, die weder Schule noch Schüler tragen oder gar in Erfolg verwandeln könnten.

Abgesehen vom dadurch verursachten Begründungsnotstand, warum man nun partout in solch einem Sündenpfuhl wie Deutschland leben will, der die Kinder und Jugendlichen verunsichert, woher sollen diese dann die Motivation nehmen, um ausgerechnet in *der* Gesellschaft erfolgreich sein zu wollen, die von ihrem Werte generierenden Kollektiv abgelehnt wird? Motivation ist aber die Bedingung für erfolgreiche Lernprozesse, für Identifikation mit dem Gelernten. Und auch im schulischen Lernen ist nichts so motivierend wie der Erfolg; dieser wird aber gerade Migrantenkindern mit islamischem Hintergrund oft durch das eigene Umfeld zerstört, während andere Migrantenkinder hier den meisten Zuspruch erfahren und darüber, der Stolz der Familie zu sein, einen ungeheuren Motivationsschub und substantielle Förderung erhalten (z. B. Kinder aus Korea, Vietnam und anderen asiatischen Staaten).

Doch unser Blick ist ausschließlich auf die *Diskriminierung* durch die Mehrheitsgesellschaft gerichtet; die inzwischen ungleich bedrohlichere durch die eigenen Kollektive wird völlig unterschlagen und negiert. Prominente Warnungen hat es von aufgeklärt islamischer Seite genug gegeben, von *Bassam Tibi* bis *Necla Kelek*, um nur diese beiden stellvertretend hervorzuheben. Schon seit den frühen 90er Jahren hat Tibi vor dem politisch populären »Multikulti«-Konzept als standpunkt-

---

18 Die Tabuisierung dieses Sachverhalts zeigt sich auch darin, dass die diesbezüglichen Äußerungen Sarrazins und des Berlin-Neuköllner Bürgermeisters Buschkowski, die im Grunde nur Altbekanntes neu formulieren, bis heute zu provozieren vermögen.

19 Dies kann vieles sehr Unterschiedliche, auch Widersprüchliche, bedeuten, von der Herkunft aus agrarisch geprägter Lebensform Anatoliens oder Iraks bis zu Aufwachsen mit einem analphabetischen Elternteil (meistens ist es die Mutter), was nicht selten vorkommt.

20 Schiffauer untersucht nicht nur die Extreme, die Ehre-Delikte, sondern generell die Parallelgesellschaft islamischer Gemeinden in ihrem Alltag (*Parallelgesellschaften. Wie viel Wertekonsens braucht unsere Gesellschaft? Für eine kluge Politik der Differenz*, Bielefeld 2008).

losem Relativismus und Einfallstor für irrational motivierte Missbräuche gewarnt und ist für eine Art Leitkultur des Primats der Vernunft, die er im europäischen Rationalismus angestrebt sah, eingetreten.[21] Necla Kelek hat sich vor allem den aktuellen Skandalen in Deutschland gewidmet, dem Gewaltproblem gegenüber Kindern (Prügel), der Entwürdigung der Frauen in vielen der Familien mit Migrationshintergrund (Stichworte u. a. »Importbräute« und »Ehrenmorde«) und der dramatischen Repression auf die jungen Männer in ihrer Funktion als Brüder und Söhne, die in der gesellschaftlichen Diskussion bislang ausschließlich im Kontext der Ehre-Delikte angekommen ist.[22] Sie greift zudem ein weiteres Tabuthema auf: Die Folgen eines kollektiven Gefühls des ritualisierten Beleidigtseins/Beleidigtwerdens/Benachteiligtseins, das in übertriebenem Maße kultiviert wird und gerne zur Ablehnung von schulischen Anforderungen herangezogen wird, oft auch zur Rechtfertigung brutalster Gewalt innerfamiliär und außerhalb dient: Ein irrationaler Opferstatus als immerwährendes Legitimationsprinzip. Nur durch die Beharrlichkeit und die Aufklärungsarbeit von sich zum Islam bekennenden Wissenschaftlern wie Bassam Tibi oder Wissenschaftlerinnen wie Necla Kelek, wenn auch manchmal über populärwissenschaftliche Bücher,[23] die ein größeres Publikum erreichen, kann man heute die im Verständnis – und hoffentlich auch Geltungsraum – unseres Grundgesetzes definierten Verbrechen auch so nennen.

Die Kenntnis *beider Perspektiven*, immer noch unter Jugendlichen sich äußernde Diskriminierung durch einen Teil der Mehrheitsgesellschaft und sich verstärkende Diskriminierung durch die eigenen Kollektive der Mehrheitsmigranten gehört m. E. dringend in die Ausbildung künftiger Lehrer aller Schulformen, vor allem aber der Sek. I-Ausbildung in Fächern wie *Praktische Philosophie*, da sie viele kritische Reaktionen und Ereignisse steuern, die junge Lehrer als erste Erfahrungen im Umgang mit kultureller Heterogenität sammeln müssen. Das geht zum Teil mit starker affektiver Betroffenheit einher und deprimierender Defizitwahrnehmung der eigenen Möglichkeiten. Auch die situationsbedingte Übernahme oder schroffe Ablehnung von Deutungspräferenzen der Schüler in Konfliktsituationen

---

21 Tibi, der über 30 Jahre in Deutschland lehrte (u. a. als Prof. an der Univ. Göttingen), seit 1998 Fellow der Harvard- University, gilt als Begründer einer sozialwissenschaftlichen Islamforschung.

22 Necla Kelek, *Die fremde Braut. Ein Bericht aus dem Inneren des türkischen Lebens in Deutschland*, Köln 2005; dies., *Die verlorenen Söhne. Plädoyer für die Befreiung des türkisch-muslimischen Mannes*, Köln 2007; dies., *Himmelsreise. Mein Streit mit den Wächtern des Islam*, Köln 2010.

23 Insbesondere Kelek sieht sich immer wieder ungerechtfertigten Vorwürfen ausgesetzt, sie arbeite mit populistischen Vorurteilen gegenüber dem Islam und sehe über die anderen Ursachen, z. B. soziale-, wirtschaftliche- oder Bildungsprobleme hinweg, so u. a. Schiffauer, a. a. O. (Anm. 20), S. 47, so auch Hamed Abdel-Samad, der seinerseits in seinem authentischen und sehr intimen Bericht über sein Leben vom missbrauchten muslimischen Jungen in Ägypten, über seine Stationen in Deutschland und Japan und seine Ehe mit einer Japanerin, bis zur Lehrtätigkeit in München am Lehrstuhl für jüdische Geschichte und Kultur, sein Buch mit dem Anspruch vermarktet, drei große Tabus der islamischen Welt zu brechen: Religion, Sexualität und Politik (*Mein Abschied vom Himmel*, Köln 2009).

hinterlässt Referendare und junge Lehrer oft desorientiert.[24] Die Vorurteile, z. B. gegenüber erfolgreichen Migranten, wie wir sie nicht nur in rechtsradikalen Milieus antreffen, sollten ebenso gekannt werden wie die Vorurteile, Diskriminierungen, Entwürdigungen und Gewaltanwendungen gegenüber erfolgreichen Schul- und Teilhabe- oder Integrationsleistungen von jungen Menschen mit islamischem Hintergrund seitens ihres eigenen Umfelds.[25] Man könnte dies als einen anachronistischen Baustein in einem möglichen *Modul: Umgang mit kultureller Heterogenität* bezeichnen, denn beide hier skizzierten Perspektiven setzen bei Problemgruppen an, die einem eher kulturdeterministischen Prägungsmodell der jugendlichen Persönlichkeit in der Sozialisation folgen, das in den neueren philosophisch geprägten interkulturellen Debatten als überwundene Vorstellung gilt, das aber in den neueren politisch, soziologisch oder kulturwissenschaftlich geprägten Debatten der letzten Jahren wieder aktualisiert worden ist. Der erste große Baustein eines »Diversity-managements« wäre also dann *Kenntnis und reflektierter Umgang mit dem Gegenteil:*[26] *Kulturdeterministischen Vorurteilen.*

Dieser auf Defizitbeseitigung gerichtete Ausbildungsteil, der natürlich angesichts unserer Zielvorstellungen der modernen deutschen Schule im Europa einer globalisierten Welt anachronistisch erscheint, wird aber bestärkt durch ebensolche rückwärtsgewandten Trends in der Verwendung des Kulturbegriffs in der aktuellen kulturwissenschaftlichen Diskussion. Er gesteht zu, dass alleine schon der gängige Terminus *interkulturell* heute mit der impliziten Annahme der Beziehung zwischen klar abgegrenzten Einheiten die »Problematik eines wieder erstark-

24 So meine eigenen Beobachtungen, vornehmlich in nicht ausdifferenzierten Klassen an Gesamtschulen sowie in Kursen, die hauptsächlich von Religionsabwählern besucht wurden, an Gesamtschulen und Gymnasien. Längsschnittuntersuchungen hierzu bei jungen Lehrern für die Jahre 2000 bis 2006 von Dorothea Bender-Szymanski erheben sehr differenziert die Konflikte aus abweichender Fremd- und Selbstreflexion kulturgebundener Deutungs- und Handlungsmuster. Eine grundlegende Auswertung mit wichtigen Vorschlägen für die Aus- und Fortbildung junger Lehrender gibt die Autorin in ihrem Aufsatz »Zunehmende sprachlich-kulturelle Heterogenität in unseren Schulen und mögliche Antworten des Bildungssystems«, in: *Seminar* 4, 2008, S. 82–105.

25 Zum ersten Punkt vgl.: Sieghard Neckel, *Status und Scham. Zur symbolischen Reproduktion sozialer Ungleichheit*, Frankfurt a. M., New York 1991, S. 252 f. und das Großprojekt von Neckel, Sutterlüty, Walter zur Stärkung von Integrationspotenzialen einer modernen Gesellschaft, hier: *Negative Klassifikation* (Teil eines BMBF- Forschungsverbundes 2002–2005). Zum zweiten Punkt: Die im Alltag zu beobachtende Bildungsfeindlichkeit und Ablehnung der Teilhabe an kulturellen Ereignissen (wie Besuch von Theater, Kunstausstellungen, Konzerten) sowie vieler Sportarten und entsprechenden Veranstaltungen wird ebenfalls in vielen Publikationen thematisiert.

26 Verkürzt und zugespitzt in den Worten eines Referendars, der staunend eine Modulveranstaltung besuchte, während er an den Vorbereitungen seiner Ausbildungsschule auf den Status der Europa-Schule mit bilingualem Unterricht in Englisch und Italienisch beteiligt war: »Umgang mit dem einheitsstiftenden Brauchtum aus der Steinzeit auf der einen Seite und Umgang mit den Überfremdungstraumata aus der Dorfidylle der Biedermeierzeit auf der anderen Seite. Beides sollte im Museum zu besichtigen sein, nicht an deutschen Schulen im 21. Jahrhundert.« Sollte! Das Verdrängen der Problematik aus einer vergleichsweise komfortablen, aber zufälligen Ausbildungs- Situation heraus stellt indessen keine Lösung angesichts des Schulalltags im Fach Philosophie/Praktische Philosophie dar.

ten Denkens von Kulturen als abgegrenzten Kugeln, Monaden oder Containern transportiert«.[27] Damit ist nicht so etwas wie die Zuspitzung durch Huntington gemeint, der zu Recht Widerspruch erfahren hat, weil dieser Kulturbegriff nicht weiter führt: Der Trend, den Antweiler skizziert, verstärkt sich derzeit. Daher ist zu fragen, ob die Teilhabe an einer globalisierten Welt einen so starken Sog nach identitätsstiftenden Einheitsvorstellungen erzeugt, dass selbst eine interkulturelle Kommunikation heute wieder eher Wert auf Herausarbeitung der Unterschiede legt als auf Betonung von Gemeinsamkeit in Vielfalt. Der zweite große Baustein eines »Community-managements« benötigt aber eine andere theoretische Basis für ein tragfähiges Konzept der *Herausarbeitung und Betonung von Universalien über alle unterschiedlichen Weltanschauungen und Weltbilder fremder Kulturen hinweg.*

Kulturtheoretische Ansatzpunkte zur Entwicklung von Handlungsstrategien zum Erwerb interkultureller Kompetenz in der Lehrerausbildung

Zwar möchte ich hier keine Diskussion des Kulturbegriffs eröffnen, aber es sollen doch ein paar kulturbegriffliche Ansatzpunkte beleuchtet werden, die fachdidaktischen Perspektiven zum Umgang mit kultureller Heterogenität zugrunde gelegt werden könnten. Dazu habe ich es als hilfreich empfunden, auch hier, wie schon oben, Nachbardisziplinen einzubeziehen, und zur philosophischen vor allem die sozialwissenschaftliche, aber auch die hier ungleich elaborierte ethnologische Diskussion für das Thema fruchtbar zu machen.

Gibt es einen plausiblen Anhaltspunkt in den unterschiedlichen Kulturtheorien, der erklären könnte, warum der Blick der Disziplinen von der Untersuchung intra- und interkultureller Vielfalt absieht und das kulturdeterministische Beharren bzw. Rückwenden seitens der Einwanderer-Gesellschaften und/oder der Mehrheitsgesellschaften spannender findet? Wenn nicht, sollte die Philosophie-Didaktik sich dem oben genannten Trend verweigern und sich z. B. auf den Philosophen Elmar Holenstein und den Ethnologen Christoph Antweiler stützen.

Vor allem Antweiler verlässt den Forschungstrend der Untersuchung kultureller Differenz und richtet den Blick prüfend auf die Universalien von Kulturen, allerdings mit einer »kulturvergleichend geschulten Brille« (ebd., S. 11), eine natürlich (noch, bzw. wieder) umstrittene Unternehmung, auch wenn ihm ein Grundlagenwerk gelungen ist. Er stützt seine Umkehrung der Blickrichtung vor allem auf

---

27 Christoph Antweiler, *Was ist den Menschen gemeinsam? Über Kultur und Kulturen*, Darmstadt 2007, S. 12.

ethnologische Forschung, aber zu einem erheblichen Teil auch auf Holenstein, der seit Jahrzehnten diesen Bereich erforscht, zunächst ausgehend vom Vergleich mit asiatischen, aber auch mit orientalischen Kulturen, und der als einer der Begründer der interkulturellen Forschung gelten kann.

Nach Antweiler und Holenstein sind Kulturen »nicht diskret voneinander abgehoben, geschlossen und voneinander unabhängig, sondern ineinander übergreifende Gebilde«.[28] »Kulturen sind nicht in sich logisch konsistente bzw. kohärente Gebilde, wie das ein überzogen holistisches Kulturverständnis unterstellt. In Kulturen ist keineswegs jedes Element immer nur aus seinem gesamten Kontext zu verstehen (Systeme ›où tout se tient‹), wie es der hermeneutische Grundsatz von Zusammenhang von Teilen und Ganzem und der Holismus besagt und die Metapher von ›Kultur als Text‹ nahelegt. Kulturen entsprechen eher dem metaphorischen Modell der Bastelei (bricolage), das Lévi-Strauss für ›einfache‹ Kulturen vorschlug, die sich in spezifischen Umwelten mit begrenzten Mitteln ›durchwursteln‹ (Lévi-Strauss).«[29]

Nach Antweiler spreche gegen eine geschlossene Kultursicht schon die »auseinanderstrebenden Tendenzen in Individuen selbst und ex negativo, dass Handeln anders kaum möglich wäre« (ebd, S. 135). Allerdings seien Kulturen intern divers; für die Behauptung intrakultureller Vielfalt, ›intracultural diversity‹ stützt er sich auf die Theorie von James S. Boster (ebd.), die er folgendermaßen begründet: »Außer positiven Rechtssetzungen lässt sich kaum etwas finden, was (a) nur in einer Kultur, (b) bei allen ihren Mitgliedern und (c) bei keinem Angehörigen einer anderen Kultur vorkommt. Zwei Kulturen unterscheiden sich nicht derart, dass Kultur A ein Bündel von Merkmalen hat, die einer Kultur B sämtlich fehlen, und umgekehrt Kultur B ein exklusives Merkmalsbündel in sich vereint. Eigenschaften, die eine Kultur A hat, finden sich (mindestens ansatzweise) auch in (nahezu allen) den meisten anderen Kulturen« (ebd., S. 136).

Hier und im folgenden Zitat folgt Antweiler vor allem Holenstein: »Kulturen unterscheiden sich also nicht durch spezifische Eigenschaften oder Merkmalsbündel, die ausschließlich ihnen eigen sind. Kulturen unterscheiden sich stattdessen durch den *Rang* bzw. Stellenwert, der bestimmten Eigenschaften in ihnen zukommt. Es ist eher die unterschiedliche Stärke bzw. *Hierarchie* von weitgehend geteilten Eigenschaften, die Kulturen voneinander unterscheiden« (ebd. S. 136; Hervorhebungen von mir).

---

28 Holenstein, Elmar, »›Europa und die Menschheit‹ Zu Husserls kulturphilosophischen Meditationen«, in: ders., *Kulturphilosophische Perspektiven*, Frankfurt a. M. 1998, S. 239; vgl. auch die Erklärungen zu den Karten im ungemein spannenden Philosophie-Atlas. Orte und Wege des Denkens, Zürich 2004 und ders., *China ist nicht ganz anders*, Zürich 2009, S. 9 zu Unterschieden innerhalb einer Kultur und Gemeinsamkeiten mit anderen/fremden Kulturen.
29 Zit nach Antweiler, a. a. O. (Anm. 27), S. 135.

Stärke, Rang, Hierarchie oder Dominanz[30] wie es bei Holenstein heißt, haben die größere Bedeutung für das Verstehen von Universalien im Kulturvergleich und zugleich für die methodische Anlage des Vergleichs, d. h. erst einmal die intrakulturelle Unterschiedlichkeit und die davon abhängige Wert- bzw. Dominanzzuschreibung von Eigenschaften zu erforschen. Vielleicht käme man auch in den Menschenrechtsdebatten weiter, wenn man zunächst einmal von den Eigenschaften absähe und den jeweiligen Rang, der ihnen zugemessen wird, untersuchte, das heißt, die Ergebnisse Holensteins und der sich auf ihn berufenden Ethnologen stärker einbezöge.

Noch einmal Antweiler: »Die Variationen innerhalb ein und derselben Kultur (z. B. nach Alter, Beruf, Schichtung, Region und Epoche) sind ähnlich stark wie die zwischen Kulturen (interkulturelle Vielfalt, intercultural diversity), oft sogar größer (...). Subkulturen und Nonkonformität sind etwas Normales; dazu sind die interindividuellen Unterschiede in der Regel erheblich, schon wegen der Altersunterschiede der Personen.«[31]

Hierin unterscheidet er sich von Holenstein, der die intrakulturelle Vielfalt der interkulturellen Variabilität der Menschheit analog setzt, und von Wolfgang Welsch, der in seinem Verständnis mit dem Konzept der Transkulturalität den Kulturbegriff funktionslos mache. »Kulturen lösen sich nicht auf. Kulturen haben Außenbeziehungen und sind dynamisch, aber dennoch sind sie in begrenzter Weise integriert. Kulturen sind systemisch organisiert, aber nicht uniform. Einzelne Subsysteme können eine relative Autonomie haben, etwa im Sinne von Modulen (...) Die relative Autonomie von Strukturen in Kulturen ist eine Voraussetzung für die Vergleichbarkeit von Kulturen über Raum und Zeit. Universalismus und Pluralismus sind nicht nur verträglich, sondern einander förderlich«.[32]

Sowohl Antweilers Abgrenzungen als auch sein Synthesekonzept erscheinen mir plausibel, zumal sich mit ihm auch erklären lässt, warum eine Gemeinsamkeit, z. B. die Wertschätzung von »ehrbarem Verhalten« oder »ehrenhaft«, inmitten kultureller Vielfalt der einen Kultur die Rolle eines Kompliments erhält, in der anderen dagegen inmitten ebensolcher kulturellen Vielfalt aber zum monolithischen Block mutiert, dem alles Leben untergeordnet oder durch einen Gewaltakt beendet werden muss.

Zur Entwicklung didaktischer Perspektiven eignen sich die Auffassungen von Kulturen als geschlossener Systeme nicht, sie bieten zu wenig Anhaltspunkte, Gemeinsamkeiten zu Identifikationsmöglichkeiten aufzubauen. Dagegen könnte eine Sichtweise weiterführen, die Rang, Hierarchie oder Dominanz von weitgehend geteilten Eigenschaften in verschiedenen Kulturen transparent und so ver-

---

30 Ebd., S. 240.
31 Ebd., S. 136.
32 Ebd., S. 137.

stehbar macht. Und man hat eher die Chance, angehende Lehrer zu motivieren, sich eingehender mit fremden, archaisch anmutenden kulturellen Verhaltensweisen zu befassen, die sich auf den Islam berufen, wenn sie Anhaltspunkte für Gestaltungsspielräume sehen.

Um sie in Handlungskonzepte umsetzen zu können, müssen sie aber auch auf diesen Gebieten Kenntnisse haben, z. B. zur Diversität islamisch geprägter Jugendlicher, die in ihren Herkunftsländern wesentlich häufiger Gewaltakte gegeneinander ausführen als gegenüber Andersgläubigen, wohingegen sie in Migrationssituationen verstärkt (obwohl dritte Generation) bei vielfach geteilten Eigenschaften mit den »Einheimischen« sich zur Ausübung von Gewalt gegen diese berechtigt sehen und sich dafür auf den Islam berufen, von dem sie nicht allzu viel wissen: In den Augen angehender Lehrender oftmals eine Zusammenballung von Widersprüchen, die sich jeder angehenden Diagnosekompetenz entzieht.

Ein Modul *Umgang mit kultureller Heterogenität* muss also sowohl *Modelle* ausarbeiten, die *für Unterschiede sensibilisieren* (unten wird ein solches interkulturelles Trainingsprogramm für angehende Lehrende zur Verbesserung ihrer Diagnosekompetenz exemplarisch vorgestellt), als auch *Modelle*, die, zwar *gemeinsam geteilte, aber unterschiedlich bewertete Eigenschaften* transparent und verstehbar machen und geeignet sind, Identifikationspotential für ein gemeinsames Ziel, Diskursfähigkeit und demokratische Teilhabe in einem modernen Rechtsstaat bei ihren Schülerinnen und Schülern zu mobilisieren.

Exkurs zur Frage, wo die Unterstützung durch die innerislamische Aufklärung bleibt.
Kann Mann/Frau in der Lehrerausbildung darauf warten?

Es ist abzusehen, dass sich islamische Vordenker eines laizistischen Staatsverständnisses des Staates als eines neutralen Garanten freier Glaubensentfaltung im Rahmen von Menschen- und Grundrechten, also im Rahmen der gesetzlichen Grenzen moderner Rechtsstaaten, in der nächsten Zeit in Europa nicht durchsetzen werden.[33] Ich meine jetzt Persönlichkeiten wie etwa Soheib Bencheigkh, Mufti von Marseille, oder die in Istanbul geborene sehr prominente jüdisch-türkische Philosophin Seyla Benhabib, oder für Deutschland den Theologen Ömer Öszay, der in Frankfurt eine Stiftungsprofessur für islamische Religion besetzt und als Theologe auch textkritisch arbeitet.

---

33 Die *Kairoer Erklärung der Menschenrechte* zeigt deutlich, dass die Defizite bezüglich der uneingeschränkten Geltung aller Menschenrechte für Frauen noch erheblich sind; auch zur Geltung von Rechtsstaatsprinzipien in pluralistisch organisierten Demokratien besteht erheblicher Nachholbedarf, um z. B. in Deutschland verfassungsgemäß politisch handeln zu können.

Stattdessen ist zu erwarten, dass innerislamische Modernisierung in europäischen Ländern höchstens in der Art des konservativen »Modernisierers« Tariq Ramadan vonstatten geht, der den derzeit größten Einfluss auf junge Muslime hat, aber selbst vielen Moschee-Vereinen in Deutschland schon zu weit geht.[34] Er setzt bei den Begründungen der Rechtsschulen an und hat unter Verwendung traditioneller Dispute von Rechtsgelehrten z. B. Begründungen dafür geliefert, dass Frauen der Besuch der Moschee erlaubt sein solle, sie einer Heirat zustimmen können sollten oder dass Musik zu hören in bestimmten Formen erlaubt sei.

Eine solche »Modernisierung« zwänge Lehrenden mit Migrationshintergrund Islam, von denen in erster Linie Sensibilität für die diesbezüglichen Konflikte Jugendlicher erwartet würde, einen Bruch mit ihrer religiösen Umgebung zugunsten des Rechtsstaats auf. Damit hätten sie ihren im Migrationshintergrund wurzelnden Authentizitätsvorsprung vor den anderen Lehrkräften wieder verloren. So ist die Frage zu stellen, welche kulturdeterministischen Hinderungsgründe eigentlich aus der islamischen Religion selbst kommen.

Nach Gudrun Krämer sind es im Wesentlichen die Gleichsetzung von Glauben und Lebensführung und die Grenzziehung des Glaubens, eigentlich Konfliktpunkte, die andere Religionen auch bergen. Warum werden sie heute, 800 Jahre nach der Zeit des Hochislam, an die Bassam Tibi immer wieder erinnert, zu unüberwindlichen Hürden?

Zum ersten Punkt: Jeder Muslim ist auf den Koran und das normative Vorbild des Propheten verpflichtet, sie bilden den verbindlichen Rechts-Rahmen für jede seiner Handlungen, und das wiederum ist nach dem schlichten Prinzip geregelt: Erlaubt oder Verboten. Verbotenes für erlaubt zu erklären oder Erlaubtes für verboten, wäre die schlimmste Sünde: »Keine Idee, Handlung, Tugend oder Institution kann als islamisch (und damit als legitim und authentisch) gelten, wenn sie sich nicht auf den Koran, gegebenenfalls ergänzt durch die Sunna, zurückführen lässt.«[35]

Da Islam mehr ist als ein Bekenntnis zu Gott und seinem Gesandten Mohammed, sondern eben auch die vor der Welt bezeugten Taten darstellt, verlangt er, die religiösen Werte in eine Lebensführung zu übersetzen. Nun müsste das nicht zu einer Quelle der Probleme werden, die wir mit der Bezeichnung »islamistisch« verbinden, wenn nicht diese Ge- und Verbote der Lebensführung, die in den ersten drei Jahrhunderten des Islam in einer bestimmten und für eine bestimmte Region in der Scharia entwickelt worden sind, heute nicht nur von dem wahabitisch beein-

---

34 Bezug hier: München. Es gibt in Deutschland ca. 2.500 Moscheevereine; nur die größten zusammengeschlossenen wie die dem *Zentralrat* angehörenden oder die von der Religionsaufsichtsbehörde der Türkei kontrollierten wie *Ditib* gelangen in die öffentliche Wahrnehmung.

35 Gudrun Krämer, »Wettstreit der Werte: Anmerkungen zum zeitgenössischen islamischen Diskurs«, in: Hans Joas, Klaus Wiegandt (Hg.), *Die kulturellen Werte Europas*, Frankfurt a. M. 2005, S. 469–493, hier: S. 474 f.

flussten Teil des Islam wörtlich genommen würden, so als lägen nicht mehr als
1000 Jahre dazwischen und so als habe die Rechtsauslegung nicht ihre eigene
Genese, also z. B. gesellschaftliche Lebensformen einer bestimmten Wüstenregion
im Mittelalter aufgenommen.

Ginge man vom Bekenntnis aus, wäre Islam »Hingabe« wie das Christentum
»Liebe«. Die Mystik beider Religionen verkörpert das am deutlichsten. In den
meisten islamischen Staaten werden Sufis aber verfolgt und das Christentum ist
mit seinen Mystikern auch nicht immer freundlich verfahren. Da die jeweiligen
Bekenntnisse auf das Verhältnis des Einzelnen zu Gott zielen, können sie schlecht
als Machtinstrument missbraucht werden, die Regeln zur Lebensführung allerdings sind bestens für Auslegungen aller Art geeignet und daher das umkämpfte
Feld der Islamisten. Wenn religiöse Werte in weltliches Handeln übersetzet werden müssen, ist Religion auch eine gesellschaftliche Lebensform. Privates Leben
kann es dann gar nicht geben, es ist immer schon gesellschaftlich. »In diesem
Sinn ist Islam, wie die klassische Formel lautet, ›Religion und Welt‹ (al-islām din
wa-dunyā).«[36]

Zum zweiten Punkt: Islamisten erkennen keinen Fundus gemeinsamer menschlicher Werte an. »Das beleuchtet das Radikale und zugleich Utopische ihres Ansatzes, der angesichts von Globalisierung und Massenmigration eine Grenze zwischen
den Religionen (Kulturen, Zivilisationen) aufrechterhalten, wenn nicht überhaupt
neu ziehen will, die ursprünglich territorial definiert war: die Grenze zwischen
dem »Gebiet des Islam« (dār al-islām), in dem die Scharia von Staats wegen durch-
gesetzt wird, und dem »Gebiet des Krieges« (dār al-harb), in dem dies nicht der
Fall ist, weil die Herrschenden entweder keine Muslime sind oder, obgleich dem
Namen nach Muslime, die Scharia nicht exklusiv und »integral« anwenden. Das dar
āl-islām (Gebiet des Islam) soll nach harter islamistischer Doktrin von allen nicht-
islamischen Vorstellungen und Praktiken gereinigt und das dār al-harb (Gebiet des
Krieges) qua Jihad bekämpft werden; die dort lebenden Muslime sollen sich gegen
jegliche nichtislamische Denk- und Lebensweise immunisieren.«[37]

Diese beiden Punkte im politischen Machtkampf um die Deutungshoheit sind
nach Krämer die Hauptquellen des Konflikts, denen gläubige Muslime in Europa
mit erheblichem Druck ausgesetzt sind.

Eine weitere Quelle betrifft die Authentizität der Lebensführungsregeln selbst,
die nicht nur aus dem Koran, sondern vor allem aus den Hadithen-Sammlungen
kommend, das Fundament der Rechtsauslegungen bilden. Es sind Erzähltexte, die
man hermeneutisch auslegen müsste. Nach Malise Ruthven, einem ausgewiesenen
Islamwissenschaftler, sind sie eine eigenständige Anekdotensammlung, zu der

36 Ebd., S. 475.
37 Ebd., S. 476.

jeder Hadithe-Sammler seine eigenen Angaben machte, um seine Glaubwürdigkeit zu beweisen. So ist zu erklären, dass Textkritik sich vornehmlich auf die Authentizität der Überlieferer richtete, weniger auf die Texte.

»Je nach Verlässlichkeitsgrad wurden die Hadithe eingestuft in ›einwandfrei‹ (sahih), ›gut‹ (hasan) oder ›schwach‹ (da'if). Sechs Sammlungen erlangten schließlich kanonischen Status, wobei zwei davon – die sahihain oder ›zwei einwandfreien‹ des al-Bukhari (gest. 870) und des Muslim ibn al-Hajjaj (gest. 875) – als die wichtigsten Schriften nach dem Koran gelten.«[38] Ruthven macht auf textkritisch arbeitende Forscher im Indien des 19. Jahrhundert aufmerksam, die nicht rezipiert werden, und auf die These von Ignaz Goldziher und Joseph Schacht, die evtl. in der Argumentation um die grundsätzliche Akzeptanz von hermeneutischer Herangehensweise eine Rolle spielen könnten, daher möchte ich sie wiedergeben:

Goldziher und Schacht vertreten die These, »die isnads – die Ketten der Überlieferer einzelner Geschichten – hätten die Tendenz, ›zurückzuwachsen‹. Das heißt, Anekdoten oder Berichte, die zu einem späteren Zeitpunkt entstanden sind und deren Ursprung auf einen Gefährten des Propheten oder einen seiner Nachfolger in der Zeit nach der arabischen Eroberung des Fruchtbaren Halbmonds zurückgeht, werden mit isnads versehen, die eine Spur bis zurück zum Propheten legen, um ihnen dadurch eine ansonsten unerreichbare Autorität zu verleihen. Entsprechend wurde der Inhalt einiger Hadithe (auch als matn bekannt) als anachronistisch nachgewiesen: Besonders Schacht wies darauf hin, dass viele von ihnen in den fortlaufenden rechtlichen Debatten der Zeit gerade dann nicht begegnen, wenn die Bezugnahme auf sie zwingend geboten gewesen wäre. Das deutet auf nachträgliche Legitimation hin.

Heutzutage wird Textkritik dieser Art von muslimischen Traditionalisten nicht selten ignoriert oder als typisch ›westlicher‹ Angriff auf den Islam aufgefasst, hinter dem eine religiös oder kulturell motivierte Feindseligkeit stehen soll. Frühere Generationen von Muslimen waren allerdings um einiges skeptischer, was den Charakter und die Qualität der Überlieferer anging, als es ihre Nachfahren sind.«[39]

Der Islam-Gelehrte Ramadan versucht an diese Tradition der Rechtsauslegungen anzuknüpfen. Wenn seine Position von Muslimen in Deutschland bereits als modernistisch angesehen wird, kann man sich vorstellen, was von einfachen Hodschas ausgeht, denen die Deutungshoheit über die Lebensführung in unseren Demokratien überlassen wird, indem sie die Kinder und Jugendlichen ungetrübt von Kenntnissen und Verpflichtungen aus unserem Grundgesetz beeinflussen können.[40]

---

38 Malise Ruthven, *Der Islam. Eine kurze Einführung*, Stuttgart 2005, S. 62.
39 Ebd., S. 64.
40 Zur Scharia-Problematik: Rainer Brunner, »Zwischen Laizismus und Scharia: Muslime in Europa«, in: *Aus Politik und Zeitgeschichte* 20, 2005, S. 8–15; Tilman Nagel, »Zum schariatischen Hintergrund

Nun soll nicht unterstellt werden, dass der Begriff der Ehre einer Straßengang von Duisburg-Nord unmittelbar auf intensiven Kontakt mit einem islamischen Hodscha zurückgeht, aber die Phänomene, die Necla Kelek mit dem Terminus »das Dorf schlägt zurück« bedacht hat, werden stabilisiert. Insbesondere im Verhalten der männlichen Jugendlichen schlägt sich das nieder und begründet hier auch noch einmal die eingangs zitierte These Tenorths, dass 20 % der Jugendlichen einer Alterskohorte nicht demokratisch handlungsfähig sind.

Damit ist die Frage des Exkurses beantwortet: Nein, wir können nicht auf die innerislamische Aufklärung warten, nur weil die meisten dieser Jugendlichen nicht straffällig und damit gesellschaftlich auffällig werden.

Ein *dritter großer Baustein* folgt daraus: Auch Philosophiedidaktik muss sich an der Entwicklung von *Standards* zu Diskursfähigkeit und Identifikation mit Menschenrechtsvorstellungen, die allen ein würdiges Leben in unseren Demokratien garantieren, beteiligen. Auf diesem Gebiet Standards zu formulieren, ist natürlich eine umstrittene Vorstellung, zumal die philosophische Diskussion um eine Universalisierbarkeit von Menschenrechten offen geblieben ist und auch der Dialog zwischen Joseph Ratzinger und Jürgen Habermas, mit dem auch für Habermas die Religion wieder einen unverzichtbaren Stellenwert für die Wertediskussion erhält, zwar Anhaltspunkte, aber keine Lösung bietet.[41] Doch Lehrende stehen im täglichen Handlungsvollzug, in der Regel als Beamte, und müssen sich klar positionieren können.

---

der Charta des Zentralrats der Muslime in Deutschland«, in: Hartmut Lehmann (Hg), *Koexistenz und Konflikt von Religionen im vereinten Europa*, Göttingen 2004, S. 114–129; Peter Scholz, »Scharia in Tradition und Moderne – eine Einführung in das islamische Recht«, in: *Jura. Juristische Ausbildung* 23, 2001, Nr. 8, S. 525–534.

41 »Was folgt aus alledem? Zunächst einmal, so scheint mir, die faktische Nichtuniversalität der beiden großen Kulturen des Westens, der Kultur des christlichen Glaubens wie derjenigen der säkularen Rationalität, so sehr sie beide in der ganzen Welt und in allen Kulturen auf je ihre Weise mitprägend sind. Insofern scheint mir die Frage des Teheraner Kollegen, die Jürgen Habermas erwähnt hat, doch von einigem Gewicht zu sein, die Frage nämlich, ob nicht aus kulturvergleichender und religionssoziologischer Sicht die europäische Säkularisierung ein Sonderweg sei, der einer Korrektur bedürfe. Ich würde diese Frage nicht unbedingt, jedenfalls nicht notwendig, auf die Stimmungslage von Carl Schmitt, Martin Heidegger und Lévi-Strauss, sozusagen einer rationalitätsmüden europäischen Situation, reduzieren.

Tatsache ist jedenfalls, dass unsere säkulare Rationalität, so sehr sie unserer westlich geformten Vernunft einleuchtet, nicht jeder Ratio einsichtig ist, dass sie als Rationalität, in ihrem Versuch, sich evident zu machen, auf Grenzen stößt. Ihre Evidenz ist faktisch an bestimmte kulturelle Kontexte gebunden, und sie muss anerkennen, dass sie als solche nicht in der ganzen Menschheit nachvollziehbar und daher in ihr auch nicht im Ganzen operativ sein kann. Mit anderen Worten, die rationale oder die ethische oder die religiöse Weltformel, auf die alle sich einigen, und die dann das Ganze tragen könnte, gibt es nicht. Jedenfalls ist sie gegenwärtig unerreichbar. Deswegen bleibt auch das sogenannte Weltethos eine Abstraktion.« (Joseph Kardinal Ratzinger, *Werte in Zeiten des Umbruchs.* Freiburg 2005, S. 37 f.)

Philosophiedidaktik und Lehrerhandeln im Umgang mit kultureller Heterogenität

Anhand der oben dargelegten Entwicklung und Begründung der drei großen Bausteine ist klar geworden, dass es zwar auch um eine Verbesserung der Diagnosekompetenz der Lehrenden geht, bei der individuelle Information, Kommunikation von eigenen Erfahrungen und Beratung ermöglicht werden mit dem Ziel, sich eigene Grundpositionen in den Lehrerfunktionen *Beratung* und *Erziehung* erarbeiten zu können. Im Wesentlichen geht es aber um das Unterrichten im Fach *Philosophie/ Praktische Philosophie*, das nur zu einem geringen Teil inhaltlich, als Stoff, den Islam zum Unterrichtsgegenstand hat. (Religionskundlich ausgerichtete Unterrichtseinheiten waren schon immer, zumindest in *Praktische Philosophie* oder *Ethik*, Teil des Unterrichts und müssen hier nicht eigens begründet werden.) Das Unterrichten im Fachunterricht muss sich auf die extrem heterogene Schülerschaft hin verändern.

Oben wurde gezeigt, dass philosophische Fachdidaktik als Vermittlungswissenschaft eine zusätzliche Aufgabe bekommen hat: Sie muss praktisch werden und die Praxis organisieren. Didaktische Analysen und Reflexionen zielen auf Verbesserung der Praxis und damit Kompetenzerwerb für Handlungssituationen. Unter Einbezug fachmethodischer und unterrichtsmethodischer Verfahren könnten für die drei Bausteine benannt werden:

- »*Diversity-management*« (oder besser: Kenntnis und reflektierter Umgang mit kulturdeterministischen Vorurteilen),
- »*Community-management*« (Transparent machen und verstärken von Universalien über unterschiedliche/fremde Weltanschauungen und Weltbilder hinweg);
- *reflektierte Standard-Setzung* (zu Diskursfähigkeit und demokratischer Teilhabe-Kompetenz).

Daraus folgen bestimmte Ziele und Kompetenzen, die zwar nicht die Komplexität des gesamten Lehrerhandelns abbilden können (hier werden nur fünf mit jeweils drei konkreten Vorschlägen genannt), aber schon ein Anfang wäre, wenn sie kontinuierlich über einen längeren Zeitraum hinweg mit eingesetzt würden:

- *Teilhabe organisieren können*
    - Verantwortungsübernahme (z. B. durch Hilfe oder Schutz für Schwächere)
    - Anknüpfend an das »Abi-System«[42] älteren Brüdern neue Rollen anbieten;

---

42 Feststehende Rollenerwartung an ältere Brüder, die diese in der Regel physisch und charakterlich überfordert (gut beschrieben bei Necla Kelek, *Die verlorenen Söhne*, 2. Auflage, Köln 2007).

- Einbezug bei Gestaltungsaufgaben und Schulfesten

- *Identifikationsanlässe/-möglichkeiten entdecken und organisieren können*
  - Gegenseitiges Begrüßen zu Stundenbeginn in allen Muttersprachen der Schüler, um diese mit aufzuwerten;
  - Einbezug von Texten aus der Zeit des Hochislam[43] (Sek. II); (z. B.: Berücksichtigung bei Themenvergabe bei Facharbeiten);
  - Einbezug außerschulischer Lernorte: Von Moschee und Kirche bis zu Rathaus und Landesparlament

- *Diskursive Kompetenzen anlegen und Übungsszenarien finden*
  - Monologische K. (z. B. Ausdruck eigener Empfindungen/Gefühle in Portfolios, Lerntagebüchern);
  - Dialogische K. (z. B. zunächst zusammenfassen lassen, was man wie aus dem Beitrag eines anderen verstanden hat, bevor man sich kritisch darauf bezieht);
  - Diskursive K. (z. B. Kritischen Rückfragen und Kritik allgemein sachlich begegnen, z. B. nach Präsentationen; Diskussionen leiten; Einbezug in Streitschlichterprogramme als Schlichter).

- *Perspektivität organisieren können*
  - Rollentausch bei Rollen- und Plan-Spielen oder beim Einsatz des Szenischen Interpretierens (z. B. Opfer-Täter/Beteiligter-Unbeteiligter;
  - Ankläger – Verteidiger, Wechsel bei jeweils konstrastiven Figuren/Personen);
  - Anschauliche Situationen erfinden, die Empathie ermöglichen;
  - Blickwinkel verändern (z. B. »Aylin erklärt Markus das Christentum«[44]; Markus erklärt Aylin die Pilgerfahrt nach Mekka)

- *Standards setzen und durchsetzen können*
  - Herabwürdigendes Verhalten und Sprechen transparent machen, korrigieren, zurückweisen;
  - Antisemitismus angemessen begegnen über aufklären[45], korrigieren, zurückweisen; Höflichkeit einfordern und durchsetzen.

---

43 Ibn Tufail Abu Bakr, *Der Philosoph als Autodidakt*, übers., mit e. Einl. u. Anm. hg. v. Patric O. Schaerer, Hamburg 2009. Die Einleitung bietet nicht nur eine Übersicht über den kleinen ›Bildungsroman‹, sondern auch kompakte Darstellungen zu Leben und Werk anderer islamischer Philosophen des MA wie Avicenna und Al Gazali.

44 Beispiel im Heft: Heterogenität. Unterschiede nutzen – Gemeinsamkeiten stärken (Friedrichs-Verl), Seelze 2004.

45 Eine aktuelle Umfrage in der Wochenzeitung »Die Zeit« zeigt signifikante Unterschiede in der

Die folgenden zwei Beispiele aus der Lehrerausbildung habe ich nach dem Kriterium ausgesucht, geforderte Kompetenzen aller drei oben entwickelten großen Bausteine zu fördern. Beide Beispiele stellen komplexe Szenarien dar, sie sind für den Einsatz in ganztägigen Modulveranstaltungen vorgesehen.

1.   Arbeit mit Fallbeispielen

Das erste Beispiel, die Arbeit mit Fallbeispielen, um (ohne große Bildungsreise) interkulturelle Praxiserfahrung zu machen, richtet den Fokus zunächst auf das Erkennen und Sensibilisiertwerden für Konfliktsituationen durch fremde Verhaltensweisen, in seinen Zielvorstellungen ist es aber am selbstständigen Aufbau einer reflektierten, individuellen Deutungs- und Handlungskompetenz ausgerichtet, die die Kompetenz, Standards zu setzen und durchzusetzen vorbereitet. Es ist eine an A. Thomas, benutzt in der Interkulturellen Kommunikation von Hans-Jürgen Heringer[46], orientierte Adaption, wie ich sie für unsere Lehrerausbildung (Ruhrgebietsraum) verändert habe, siehe die folgende tabellarische Übersicht. Die Vorbereitung ist bei beiden Beispielen aufwändig.

    Die verwendeten Fallbeispiele müssen authentisch sein und so komplex, dass nicht nur eine einzige Erklärung plausibel erscheint: Heringer zeigt dies am Beispiel einer kleinen Fotogeschichte, bei der eine Studentin aus Deutschland, die in Indonesien ein Praktikum am Goethe-Institut macht, von ihrer Freundin in deren streng gläubige muslimische Familie zum Essen eingeladen wird. Die Studentin ist sehr erkältet und muss sich mehrmals diskret die Nase putzen. Sie bemerkt zwar, dass die Gastgeber tuscheln und die Freundin fragt, ob sie das Bad benutzen möchte. Sie versteht das Verhalten der Gastgeber nicht, empfindet die bedrückende Atmosphäre und kann dafür keine andere Erklärung finden, als dass die muslimischen Gastgeber Vorurteile ihr gegenüber hätten. Eine Fundgrube, nach der man komplexe Fallbeispiele konstruieren kann, stellen auch die wunderbaren Comics von Marjane Satrapi dar[47].

    Zu jedem Fallbeispiel muss ein Multiple Choice bereitgestellt werden, das vier glaubwürdige Erklärungsalternativen enthält, die aus Teilnehmerperspektive plausibel erscheinen, von denen aber drei falsch sind. Wie aus der Übersicht nachvollziehbar, wird mit den individuellen Erklärungen der gewählten Antwortalternativen

---

Einschätzung der Übernahme von Verantwortung für das deutsch-jüdische Verhältnis heute und die Einstellung zur Selbstverpflichtung als Deutscher, die Erinnerung an den Holocaust weiterzugeben, bei Jugendlichen türkischer Herkunft zu Jugendlichen deutscher Herkunft. Für erste Aufklärung geeignet: Markus Tiedemann, »*In Auschwitz wurde niemand vergast*«. *60 rechtsradikale Lügen und wie man sie widerlegt*, Mülheim, Ruhr 2005 (durchges. Neuaufl.); empfehlenswert ist aber in jedem Fall hier fachübergreifend zu arbeiten.

46 Hans-Jürgen Heringer, *Interkulturelle Kommunikation*, Tübingen 2007.

47 Marjane Satrapi, *Persepolis, Bd 2: Jugendjahre*, Wien 2006.

sowohl das Bewusstwerden eigenkultureller (Vorurteils-)Muster als auch das kritische Reflektieren der evt. ebenfalls unzutreffenden Muster der anderen Teilnehmer
erreicht. Erst wenn diese hinreichend transparent sind, wird über die zutreffende
Erklärung und entsprechendes Informationsmaterial an der Entwicklung einer
eigenen Handlungsstrategie sowie deren vertiefender Begründung mit der Sichtbar-
machung kulturhistorischer Wurzeln gearbeitet. In Heringers Indonesienbeispiel
liegt die zutreffende Erklärung überhaupt nicht im Bereich der Religion, sondern
darin, dass man sich nicht vor anderen Menschen die Nase putzt.

Interkulturelle Trainingspraxis
(stark verändert nach Heringer und Thomas)

Element	Aufgabe	Funktion/Lernziel
Fallbeispiel	Lesen	Kennenlernen von Konflikt-situationen und fremden Verhaltensweisen
Suche nach Erklärungen des Verhaltens	Sich in die Situation ver-setzen, eigene Erklärung finden, Erklärungsmuster reflektieren	Kulturelle Sensibilisierung, Bewusstwerden eigenkultu-reller Standards
Multiple Choice: Vier reali-stische Antwortalternativen	Antworten lesen und auf kulturadäquate Erklärungs-muster gegeneinander abwägen	Erkennen der Orientie-rungslosigkeit im fremdkul-turellen Umfeld
Antwortalternativen	Antwortalternativen im Ple-num vorstellen, beurteilen, statt eine zu favorisieren	Kennenlernen neuer Deu-tungsmuster, Erkennen der Ambiguität von Verhalten
Reale Erklärung zu jeder Antwortalternative (nur eine zutreffend)	Lesen, vergleichen mit Selbsteinschätzung	Kennenlernen fremder Verhaltensmuster
Aufforderung, aufgrund der realen Erklärung eigene Handlungsstrategie zu ent-wickeln	Eigene Handlungsstrategie entwickeln	Selbstständige Auseinan-dersetzung zur Förderung der Lernwirksamkeit, Erkennen, dass deutliche Positionierung eine Voraus-setzung für die Übernahme der Lehrerrolle darstellt
Arbeit mit verschiedenen Handlungsstrategien	Lesen, vorstellen, mit eige-ner Strategie vergleichen	Erkennen kulturtypischer Handlungsbarrieren und Lösungswege sowie indi-vidueller Handelnsadap-tionen

Kulturstandard, kulturhistorische Verankerung	Lesen, Problematisierung der verschiedenen Interpretationen	Kennenlernen des Kulturstandards und seiner kulturhistorischen Wurzeln
Diskussion	Beispiele aus eigener Erfahrung vorstellen	Aufbau einer individuellen Deutungs- und Handlungskompetenz

2. Lehr-Lernsequenz zu einem religiös-weltanschaulichen Konflikt

Für den Einsatz des zweiten Beispiels kann ich hier nur werben, da es mit einem Materialteil von 48 Seiten verbunden ist, der nicht adaptiert werden kann/sollte. Es handelt sich um eine von Dorothea Bender-Szymanski entwickelte Lehr-Lernsequenz zu einem religiös-weltanschaulichen Konflikt, der dem Diskurs als demokratischem Prinzip verpflichtet ist: »Ein islamisches Kulturzentrum in unserer Stadt?«[48]

Ausgehend von einem Brief an die Bauaufsicht einer Stadt, in dem eine Anfrage zur Nutzung einer Liegenschaft als Islamisches Kulturzentrum gestellt wird, entwickelt die Autorin ein spannendes Planspiel für sechs beteiligte Personen, vom Bürgermeister über den Direktor einer Schule, einer Schulsprecherin, einem muslimischen Mitglied der antragstellenden Gemeinde, der zugleich Vater ist, usw.. Das Planspiel wird mit Rollenkarten und dem Szenario einer öffentlichen Podiumsdiskussion vor einer Bürgerversammlung sehr authentisch und sorgfältig vorbereitet. Den kritischen Auswertungen der dabei entstandenen Diskurse werden wiederum Bedingungen und Merkmale fairen und integren Argumentierens unterlegt.

Bei meiner Durchführung dieses ersten Teils der Lehr-Lernsequenz an der Universität Dortmund zeigte sich wieder die alte Erkenntnis, dass der motivationale Schub eines solchen sehr schlüssig konzipierten Planspiels auch noch über einen folgenden Nachmittag harter Analyse-Arbeit, die im zweiten Teil der Sequenz anstand, trägt. In diesem zweiten Teil erfolgte die diskursive Schulung über Auffinden und Analyse der Regelverletzungen fairen Argumentierens nach den Wertperspektiven Rationalität (fehlerhafte oder unaufrichtige Beiträge durch z. B. Begründungsverweigerung, Wahrheitsvorspiegelung, Verantwortlichkeitsverschiebung, Konsistenzvorspiegelung) und Kooperativität (inhaltlich

---

48 Dorothea Bender-Szymanski, *Ein islamisches Kulturzentrum in unserer Stadt? Eine Lehr-Lernsequenz zu einem religiös-weltanschaulichen Konflikt, der auch unsere Schule herausfordert, Material des Deutschen Instituts für Internationale Pädagogische Forschung*, Frankfurt a.M. 2004. Den Hinweis auf dieses Material verdanke ich Rainer Kokenbrink.

ungerechte Argumente wie sinnentstellende oder unerfüllbare, oder ungerechte Verfahrensweisen wie Feindlichkeit oder Abbruch durch Übergehen oder Ausschließen).

Die hier nur ansatzweise vorgestellte Sequenz zielt vor allem auf die Förderung der im zweiten Baustein angesprochenen Kompetenzen und bereitet im Sprachhandeln ganz konsequent auf die im dritten Baustein geforderte Kompetenz, Standards zu setzen und durchzusetzen, vor.

Einbettung in das Gesamtmodul Heterogenität und seine Zielsetzungen, Beispiel aus dem Seminar Gy/Ge am Studienseminar Bochum:

1	Thema des Moduls	Heterogenität macht Schule – Herausforderungen an ein gemeinsames Lernen in Vielfalt
2	Anbieter/Kooperations-partner	externer Referent für ein Grundlagenreferat Hauptseminar- und Fachleitungen als Moderatoren in Schwerpunkt-Workshops
3	Adressat	Referendare und Referendarinnen (2. Ausb.-Hj.) mit ersten Unterrichtserfahrungen im selbstständigen Unterricht
4	Art des Moduls	Pflichtmodul
5	Ziel/Zentrale Leistung des Moduls	Soziale und kulturelle Heterogenität und Divergenzen im Hinblick auf (diffizile) Persönlichkeitsmerkmale und Lernausgangslagen sind konstitutive Merkmale von Schule heute. Sie erfordern in der traditionell immer noch eher homogenisierenden Schul- und Unterrichtskultur, die (insbesondere an Gymnasien) weitgehend mit vielfältigen Selektionsmechanismen reagiert, neue Aufgaben und ein erweitertes Selbstverständnis der Lehrerinnen und Lehrer und Veränderungen struktureller Merkmale und inhaltlicher Orientierungen. Lehrerinnen und Lehrer sollen für einen diesbezüglichen Reformbedarf sensibilisiert werden, damit sie sich der besonderen Förderung in heterogenen Lerngruppen verpflichtet fühlen, und ihnen sollen Instrumente für einen produktiven Umgang mit Heterogenität im konkreten Unterricht angeboten werden.

6	angestrebte Kompetenzen	Formen von Heterogenität kennen, erkennen und berücksichtigen Probleme in besonderen Beratungssituationen kennen und mit ihnen angemessen umgehen mit kriterienorientierten Förderkonzepten agieren und reagieren können Aufbau unterschiedlicher Lernumgebungen und fachübergreifende Methoden und Techniken der Differenzierung erlernen Lernarrangements und Lehrmaterial binnendifferenzierend gestalten
7	Inhalte/Themen	Die Schule als Spiegelung kultureller und sozialer gesellschaftlicher Vielfalt in den Ansprüchen nach PISA schulstrukturelle Möglichkeiten von Inklusion Differenzierungskonzepte in Unterrichts- und Lernprozessen Von der Grobwahrnehmung über Diagnoseinstrumente zur Schüler- und Aufgabenbezogenen Detailanalyse
8	Methodisches Vorgehen	Einführungsreferat Ausdifferenzierung einzelner Schwerpunktprobleme in Kleingruppen
9	Medien/Materialien	Tischvorlagen zur Vorbereitung, Verwendung in den Arbeitsgruppen und zur selbstorganisierten Weiterbildung
10	Organisation	Blockveranstaltung von 9.00 bis 16.00 Uhr
11	Evaluation	Nachweis über einen reflektierten Umgang mit Heterogenität in der Unterrichtspraxis anlässlich eines Unterrichtsbesuchs
12	angestrebte berufsprakt. Wirksamkeit	systematisierender Aufbau individualisierter Lernumgebungen in Verbindung mit entsprechenden Kompetenzen aus den vorausgegangenen und folgenden Modulen; Engagement zur Schulentwicklung im ausgewiesenen Komplex.

Michael Domsgen

Die didaktische Herausforderung
der Konfessionslosen

Auf dem Feld der Didaktik der Religion wird das Phänomen der Konfessionslosigkeit erst seit wenigen Jahren als didaktische Herausforderung angenommen.[1] In der Ethikdidaktik wurde es bisher nur am Rande thematisiert. Zwar spielt das Phänomen Konfessionslosigkeit implizit schon länger eine Rolle, nicht zuletzt bei der Profilierung eines ordentlichen Unterrichtsfaches Ethik bzw. Philosophie, doch wurde es lange Zeit nicht explizit didaktisch in den Blick genommen. Dies mag zum einen daran liegen, dass Konfessionslosigkeit erst nach der friedlichen Revolution 1989 gesamtgesellschaftlich virulent wurde. Zum anderen wirkt sich hier aus, dass dieses Phänomen inhaltlich schwer zu beschreiben ist. Schließlich bezeichnet »konfessionslos« eine nicht (mehr) vorhandene Bindung an die organisierte Religion. Die weltanschauliche Position wird also über die »Abwesenheit von etwas«[2] beschrieben. Über Orientierungen und Lebensentwürfe wird erst einmal nichts ausgesagt.

Allerdings zeigen religionssoziologische Untersuchungen, dass die fehlende Bindung an eine Konfession eine neue Qualität von Religiosität darstellt, über die nicht einfach hinweggesehen werden kann. So besteht zwischen der Verbundenheit mit der Kirche und dem persönlichen Glauben an Gott ein Zusammenhang. Deshalb sollte ein Indikator zur Kirchenverbundenheit wie der Austritt aus bzw. die Nichtmitgliedschaft in der Kirche sehr genau bedacht sein.[3]

Die Herausforderung der Konfessionslosigkeit stellt sich in ganz Deutschland, ist aber in Ost und West unterschiedlich zu beschreiben. Konfessionslos ist nicht gleich konfessionslos.

In Ostdeutschland liegt der Anteil der Konfessionslosen – je nach Region – zwi-

1 Vgl. Michael Domsgen (Hg.), *Konfessionslos – eine religionspädagogische Herausforderung. Studien am Beispiel Ostdeutschlands*, Leipzig 2005.
2 Andreas Fincke, »Die plurale Welt der Konfessionslosen«, in: ders., *Woran glaubt, wer nicht glaubt? Lebens- und Weltbilder von Freidenkern, Konfessionslosen und Atheisten in Selbstzeugnissen*, EZW-Texte 176, Berlin 2004, S. 5–12, hier: S. 5.
3 Vgl. genauer Michael Domsgen, *Familie und Religion. Grundlagen einer religionspädagogischen Theorie der Familie*, Leipzig 2006, S. 192–197.

schen 70–80 % der Bevölkerung. Damit liegen die neuen Bundesländer in ganz Europa an der Spitze. Gleichzeitig ist die Konfessionslosigkeit keine ostdeutsche Erscheinung. So sind beispielsweise in Hamburg nur noch 43 % der Bevölkerung Mitglied der evangelischen und katholischen Kirche. Aber auch in Bundesländern, in denen die Kirchenmitgliedschaft der Regelfall ist – wie dem Saarland oder Bayern mit über 80 % der Bevölkerung –, gibt es die Tendenz, die Kirchenmitgliedschaft hinter sich zu lassen, wenn verschiedene Faktoren zusammenkommen.[4]

Im Folgenden beziehe ich mich vorrangig auf Ostdeutschland, weil hier Konfessionslosigkeit sozusagen der Normalfall und bei der Mehrheit der Konfessionslosen in der Lebensgeschichte bereits länger verankert ist. Hier hat sich eine eigene »Kultur der Konfessionslosigkeit« herausgebildet, die sich deutlich von einer »Kultur der Kirchenmitgliedschaft« unterscheidet, wie sie mehrheitlich in Westdeutschland anzutreffen ist.[5] Zwischen beiden Kulturen gibt es zwar Tendenzen der Angleichung, ihre Verschiedenheit ist jedoch in rebus religionis zur Zeit noch so deutlich, dass sich eine genauere Untersuchung lohnt.

Ich werde deshalb zuerst den ostdeutschen Kontext kurz charakterisieren, sodann nach weltanschaulichen Prägungen Konfessionsloser fragen und abschließend auf didaktische Herausforderungen verweisen, die sich daraus für den Ethikunterricht ergeben.

1.   Erste Annäherung: Konfessionslosigkeit als gesellschaftliches Milieu

In Ostdeutschland haben wir es mit der Situation einer weitgehenden kulturellen Verdrängung der christlichen Religion zu tun. An dieser Stelle liegt der entscheidende Unterschied zu Westdeutschland. Das bedeutet jedoch nicht, dass das Christentum für das Gros der westdeutschen Bevölkerung Gegenstand gelebter religiöser Praxis wäre. Dies trifft nur auf einen kleineren Teil zu. Allerdings ist das Christentum dort Teil der Kultur geworden. Dies ist in Ostdeutschland anders.[6]

---

4 Zu den Gründen für einen Kirchenaustritt vgl. Jan Hermelink, *Praktische Theologie der Kirchenmitgliedschaft. Interdisziplinäre Untersuchungen zur Gestaltung kirchlicher Beteiligung*, Gütersloh 2000, S. 287–304.
5 Vgl. Gert Pickel, »Konfessionslose in Ost- und Westdeutschland – ähnlich oder anders?«, in: Gert Pickel, Detlef Pollack (Hg.), *Religiöser und kirchlicher Wandel in Ostdeutschland 1989–1999*, Opladen 2000, S. 206–235.
6 Die Gründe dafür sind vielfältig: staatliche Repressionen im Dritten Reich und in der DDR, die Installation staatlich verordneter Ideologien als Konkurrenz zum Christentum sowie ein längerer historischer Prozess der Entkirchlichung.

1.1　Weder Atheisten noch Christen, sondern »normal halt«

Die Situation in Ostdeutschland darf nicht polarisierend beschrieben werden. So gibt es Kirchenmitgliedschaft ohne Glauben, aber auch Glauben ohne Kirchenmitgliedschaft.

Unter den ostdeutschen Evangelischen verstehen sich ca. 10 % als Atheisten. Damit stimmen sie mit der übergroßen Mehrheit der ostdeutschen Konfessionslosen überein, die den Gottesglauben negieren. Zugleich finden sich auch unter den Konfessionslosen Menschen, die als religiös bezeichnet werden können. So glauben 7 % der ostdeutschen Konfessionslosen (wenn auch zweifelnd) an Gott (in Westdeutschland sind es 16,4 %).[7] Auffällig ist jedoch, dass ungefähr drei Viertel (76,3 %) der ostdeutschen Konfessionslosen von sich sagen, weder an Gott noch an eine höhere Macht zu glauben bzw. davon überzeugt zu sein, dass es keinen Gott gibt.[8] Da Konfessionslose in Ostdeutschland die übergroße Mehrheit der Bevölkerung stellen, lässt sich festhalten, dass über die Hälfte aller Ostdeutschen den Aussagen zustimmt, weder an Gott noch an eine höhere Macht zu glauben.

Bei der Interpretation dieses Befundes sind zwei Punkte wichtig. Zum einen ist in Ostdeutschland von einem Bedeutungsverlust von Kirche und Religion auszugehen. »Das Schwinden der christlichen Gläubigkeit wird auch nicht durch die Hinwendung zu anderen, außerchristlichen religiösen Formen kompensiert. Religion spielt für die meisten Ostdeutschen schlicht keine Rolle mehr.«[9] Zum anderen ist man in Ostdeutschland gewohnheitsmäßig konfessionslos. Es handelt sich also um eine ererbte Konfessionslosigkeit, ohne eigene Entscheidungsfindung.[10]

Letztlich ist es so, dass auch eine dezidiert atheistische Einstellung in Ostdeutschland eine Sonderstellung einnimmt. Deshalb sollte die »simplifizierende These …, Atheismus sei die vorherrschende Religionsform«[11] in Ostdeutschland, revidiert werden. Vielmehr ist von einer verbreiteten Areligiosität auszugehen, »da

7　Vgl. Wolfgang Pittkowski, »Konfessionslose in Deutschland«, in: Johannes Friedrich, Wolfgang Huber, Peter Steinacker (Hg.), *Kirche in der Vielfalt der Lebensbezüge. Die vierte EKD-Erhebung über Kirchenmitgliedschaft*, Gütersloh 2006, S. 89–110, hier: S. 101.

8　In Westdeutschland sind es lediglich 40,5 %. Vgl. ebd., S. 101.

9　Olaf Müller, Gerd Pickel, Detlef Pollack, »Kirchlichkeit und Religiosität in Ostdeutschland: Muster, Trends, Bestimmungsgründe«, in: Michael Domsgen (Hg.), *Konfessionslos – eine religionspädagogische Herausforderung. Studien am Beispiel Ostdeutschlands*, a. a. O. (Anm. 1), S. 61.

10　Eberhard Tiefensee konstatiert zu Recht: Es sind Menschen, »die an der Abstimmung, ob es zum Beispiel Gott gibt oder nicht, schlicht nicht teilnehmen, weil sie zumeist gar nicht verstehen können, worum es bei dieser Frage überhaupt gehen könnte.« (»Ökumene der ›dritten Art‹. Christliche Botschaft in areligiöser Umgebung«, in: Engelbert Groß, Klaus König (Hg.), *Pastoral und Religionspädagogik in Säkularisierung und Globalisierung*, Berlin 2006, S. 17–38, hier: S. 25.) – »Die meisten haben inzwischen vergessen, dass sie Gott vergessen haben.« (»Auf der Suche nach den Suchenden. Areligiosität in den neuen Bundesländern als Herausforderung und Chance«, in: *Theologie der Gegenwart* 49, 2006, S. 224–233, hier: S. 227).

11　Tabea Sporer, *Tradierung religiöser Einstellungen in der Familie*. Diss. Uni Jena 2005, S. 165.

Atheismus als religiöse Einstellungsqualität ebenfalls eher abgelehnt und somit auch nicht als dem Christentum konträre Weltanschauung empfunden wird.«[12] Bezeichnend für diesen Befund ist die Äußerung von Jugendlichen vor dem Leipziger Hauptbahnhof. Auf die Frage, ob sie sich »eher christlich oder atheistisch« verstünden, antworteten sie: »Weder noch, normal halt.«[13]

Generelle (durchschnittliche) Einstufung der Religiosität in West- und Ostdeutschland

	Konfl. Ost	Konfl. West	Ev. Ost	Ev. West
Würden Sie von sich sagen, dass Sie eher religiös oder eher nicht religiös sind?	1,98	3,26	5,57	5,63
(Skala von 1 = nicht religiös bis 10 = religiös)				

Die Mehrheit der Konfessionslosen in Ostdeutschland sagt von sich selbst, dass sie nicht religiös sei.[14] Dem korrespondiert, dass auch die bewusste Ablehnung eines Gottesglaubens (Atheismus) bzw. von Religion insgesamt gering ausgeprägt ist. Vielmehr handelt es sich um eine ausgeprägte Indifferenz allem Religiösen gegenüber. Die religiöse Dimension liegt schlichtweg außerhalb des Denk- und Erlebnishorizontes. Diese Einstellung kann mit dem Atheismus-Begriff nicht angemessen eingefangen werden. Der Begriff der A-Religiosität ist *ein* Versuch zur Beschreibung der Situation. Wolf Krötke spricht von der »Gottesvergessenheit« und dem »in ihr wabernden Atheismus«.[15] Das Leben ohne Gott ist zur Selbstverständlichkeit geworden.

1.2   Nicht die Konfessionslosen, sondern die Konfessionslosen

Der eben dargestellte Befund darf nicht darüber hinwegtäuschen, dass die Konfessionslosen keine homogene Gruppe sind. Eine erste wichtige Differenzierung ist diejenige zwischen den schon immer Konfessionslosen und den aus der Kir-

---

12 Ebd.

13 Vgl. Roland Degen, »»Normal halt«. Beobachtungen zu Religion und Gesellschaft in Ostdeutschland«, in: *ZeitZeichen* 9, 2006, S. 8–11, hier: S. 10.

14 Maren Rinn, »Die religiöse und kirchliche Ansprechbarkeit von Konfessionslosen in Ostdeutschland«, in: *epdD* 52, 12. Dezember 2006, S. 13.

15 Wolf Krötke, »Gottesrede inmitten von Gottesvergessenheit. Zur bleibenden Herausforderung der christlichen Verkündigung Gottes durch den Atheismus«, in: Peter Walter (Hg.), *Gottesrede in postsäkularer Kultur*, Freiburg, Basel, Wien 2007, S. 54–71, hier: S. 55.

che Ausgetretenen. Die Situation in Ost- und Westdeutschland verhält sich hier geradezu spiegelbildlich. Sind in Westdeutschland die große Mehrzahl der Konfessionslosen vorher Kirchenmitglieder gewesen, so trifft das in Ostdeutschland nur auf ein Drittel zu. Von diesen 33 % ehemals Evangelischen haben zwei Drittel bereits vor 1980 die Kirche verlassen, d. h. ihre Konfessionslosigkeit ist biografisch bereits fest verankert.

Dieser Befund ist wichtig, da sich deutliche Unterschiede hinsichtlich ihres Verhältnisses zu Religion, Glaube und Kirche aufzeigen lassen zwischen Leuten, die ausgetreten sind, und solchen, die schon immer konfessionslos waren. Die Ausgetretenen können auf Berührungspunkte zur Kirche in ihrer eigenen Biografie verweisen. Das prägt ihre Einstellung zum Thema Religion.

Für die Begründung des eigenen Kirchenaustritts wird dabei »zumeist eine religionskritische Sprache und Argumentation verwendet«.[16] Dementsprechend erhält das Item »weil ich in meinem Leben keine Religion brauche«[17] die stärkste Zustimmung. So konstatiert Pittkowski: »Im Westen begründet sich der Kirchenaustritt gern durch eine quasi-theologische Semantik als Christentum ohne Kirche, also eine Art ›Protestantismus zweiten Grades‹. In Ostdeutschland dienen die gesellschaftliche Normalität und das Vokabular der Religionskritik zur Legitimation.«[18]

Die Bedeutung dieses Kontextes ist kaum zu überschätzen. Es heißt nicht, dass religiöse Fragen im weitesten Sinne nicht auftauchen würden. Es bedeutet aber, dass die explizit-religiöse Thematisierung dieser Fragen kaum anzutreffen ist. Dies liegt zum einen daran, dass die schon immer Konfessionslosen zum überwiegenden Teil in ihren Familien keinerlei Berührungspunkte zur organisierten Religion hatten.[19] Zum anderen wirkt sich hier aus, dass der Ausländeranteil in Ostdeutschland deutlich niedriger ist als im Westen und somit auch die Begegnung mit fremden Religionen eher selten ist.

Allerdings muss hier durchaus differenziert werden: So sagen 7 % der ostdeutschen Konfessionslosen von sich, an einen christlich bestimmten Gott zu glauben (im Westen 16,4 %). 16,8 % sagen, sie glaubten an eine höhere Macht, aber nicht an einen Gott, wie ihn die Kirche beschreibt (im Westen 42,7 %). Auch Formen religiöser Praxis sind anzutreffen. 25 % der Konfessionslosen in Ostdeutschland (und 31 % in Westdeutschland) geben an, zumindest einmal im Jahr oder auch

---

16 Wolf-Jürgen Grabner, »Konfessionslosigkeit: Einstellungen und Erwartungen an das kirchliche Handeln«, in: Jan Hermelink, Thorsten Latzel (Hg.), *Kirche empirisch. Ein Werkbuch zur vierten EKD-Erhebung über Kirchenmitgliedschaft und zu anderen empirischen Studien*, Gütersloh 2008, S. 133–150, hier: S. 139.
17 Vgl. Pittkowski, a. a. O. (Anm. 7), S. 94.
18 Ebd.
19 Typisch dafür ist die Äußerung eines jungen Konfessionslosen aus Dessau: »Wenn man einfach in der ganzen Erziehung gar nicht damit konfrontiert worden ist und man sich damit nicht beschäftigt und man die einzelnen Religionen nicht kennt.« Zit. n. M. Rinn 2006, S. 24.

seltener zum Gottesdienst zu gehen. Fast eben so viele sagen, dass sie sich für die
Taufe ihrer Kinder entscheiden würden (51,4 % im Westen). 10 % der ostdeutschen
Konfessionslosen geben von sich an, zumindest gelegentlich zu beten (bei den
westdeutschen Konfessionslosen sind es 23 %).

Dabei sind Gottesglaube und Gebetspraxis eng aneinander gekoppelt. Allerdings muss das nicht immer so sein. Es gibt Menschen, die beten und gleichzeitig
von sich sagen, nicht an Gott zu glauben.[20] Hinsichtlich alternativer Spiritualität
fällt auf, dass es kaum Indizien für deren besondere Verbreitung unter ostdeutschen Konfessionslosen gibt.[21]

Dass die Konfessionslosen keine homogene Gruppe sind, unterstreicht auch ein
Blick auf die jüngere Generation. So zeigt sich bei nicht mehr in der DDR soziali-
sierten Jugendlichen eine vorsichtige Öffnung religiösen Fragen gegenüber. Das
schlägt sich noch nicht in der Einstellung zum Glauben an Gott nieder. Aber in der
Frage eines Lebens nach dem Tod sowie der Vorstellung eines Himmels zeigen
sich leichte Unterschiede im Vergleich zu den DDR-Generationen. »Die jüngeren
Generationen scheinen für Fragen von Immanenz und Transzendenz etwas offener zu sein, ohne daß sich dies bereits zu einem spezifischen religiösen Glauben
verdichtet hätte.«[22]

Insgesamt bleibt festzuhalten, dass zwar eine Mehrheit der ostdeutschen Konfessionslosen explizit religiös nicht ansprechbar zu sein scheint, weil ihnen ent-
sprechende Deutungsmuster nicht zur Verfügung stehen und ihnen diese Art der
Wirklichkeitserschließung schlichtweg nichts sagt. Auf der anderen Seite gibt es
auch unter den ostdeutschen Konfessionslosen eine Minderheit, die an Gott bzw.
an eine höhere Macht glaubt, die betet und bisweilen auch Kontakte zu kirchlicher
religiöser Praxis hat. Insofern ist es wichtig, sich vor einer unzulässigen »Homo-
genisierung« der Konfessionslosen zu hüten. *Die* Konfessionslosen gibt es ebenso
wenig wie *die* Evangelischen oder *die* Katholiken.

---

20 Dies lässt sich empirisch auch für einen kleinen Teil der Schülerschaft im evangelischen Religionsunterricht in Sachsen-Anhalt erheben. Vgl. Michael Domsgen, Frank M. Lütze, *Schülerperspektiven zum
Religionsunterricht. Eine empirische Untersuchung in Sachsen-Anhalt*, Leipzig 2010.
21 Bei Astrologie und Horoskopen sowie in der Körpererfahrung (Reiki, Yoga, Aikido) liegt der Anteil
der ostdeutschen Konfessionslosen, die damit eigene Erfahrungen haben bei 18,4 % bzw. 9,1 %. Allerdings ist hier die Frage, ob beispielsweise Horoskope überhaupt als Formen religiöser Praxis wahrgenommen und nicht vielmehr im Zuge medialer Unterhaltung interpretiert werden. Evangelische nennen eigene Erfahrungen genauso häufig oder noch häufiger als Konfessionslose. »Einzig in dem Bereich
fernöstlicher Spiritualität (Yoga, Reiki, Aikido, Zen, Buddhismus, Reinkarnation) sowie in der kleinen
spiritistisch-okkultistischen Szene rangieren die Werte von Konfessionslosen höher« (Pittkowski, a. a. O.
(Anm. 7), S. 103.) als die der Evangelischen. Sie liegen allerdings bei den Ostdeutschen unter 10 %.
22 Wolfgang Jagodzinski, »Religiöse Stagnation in den neuen Bundesländern: Fehlt das Angebot oder
fehlt die Nachfrage?«, in: Pickel, Pollack (Hg.), a. a. O. (Anm. 5), S. 48–69, hier: S. 64.

2. Zweiter Durchgang durch die Thematik: Weltanschauliche Prägungen Konfessionsloser

Nach dieser ersten Kartographierung der Thematik soll ein zweiter Durchgang sich mit den weltanschaulichen Prägungen Konfessionsloser befassen. Dabei ist jedoch gleich einleitend darauf zu verweisen, dass wir darüber momentan noch viel zu wenig wissen. Hier tut sich ein Forschungsdesiderat auf, das dringend bearbeitet werden muss.

2.1 Kein Vakuum, sondern säkularreligiöse Substitute

Die Vermutung eines religiösen bzw. weltanschaulichen Vakuums in Ostdeutschland hat sich als Trugschluss erwiesen. Vielmehr ist es so, dass an die Stelle explizitreligiöser Orientierungen Substitute getreten sind. Darüber ist bisher noch wenig bekannt. Deutlich ist allerdings schon jetzt, dass es auf der Einstellungsebene eine Art säkularreligiöses Substitut gibt, das viele Konfessionslose verbindet. Heiner Meulemann hat darauf hingewiesen, dass man in Ostdeutschland sehr viel stärker eine Art »wissenschaftliches Weltbild« findet.[23] Dahinter verbirgt sich eine Haltung, die von vornherein alles ausschließt, was verstandesmäßig nicht erfasst werden kann. Auch die Ergebnisse der EKD-Mitgliedsumfragen lassen diese Tendenz erkennen. Ostdeutsche Konfessionslose weisen hohe Zustimmungswerte bei Antwortvorgaben auf, die die Eigenverantwortung für das Leben und die Erfüllung von Aufgaben betreffen. Auffällig ist, dass sie von allen Gruppen am stärksten darauf beharren, sich auf das zu verlassen, was mit dem Verstand zu erfassen ist. Es handelt sich also bei den ostdeutschen Konfessionslosen »um eine Gruppe, die einer Semantik der ›großen Transzendenzen‹ und allem, was damit zu tun hat, ausgesprochen kritisch gegenübersteht, die den Verstand, die eigene Leistung, Anstrengung und Pflichterfüllung ins Zentrum rückt, die auch um die Vergeblichkeit mancher dieser Anstrengungen weiß, die allerdings mit der grundlegenden Infragestellung einer solchen verstandesorientierten Leistungs- und Verantwortungsethik nichts anfangen kann«[24].

Mit Blick auf die Schülerinnen und Schüler im Ethik- und Religionsunterricht ist an dieser Stelle auch auf die Jugendweihe zu verweisen. Sie kann geradezu als Paradebeispiel dafür gelten, dass Konfessionslosigkeit nicht zwangsläufig mit einer

---

23 Vgl. Heiner Meulemann, *Werte und Wertewandel. Zur Identität einer geteilten und wieder vereinten Nation*, Weinheim 1996, S. 340.
24 Kirchenamt der EKD (Hg.), *Kirche, Horizont und Lebensrahmen. Weltsichten, Kirchenbindung, Lebensstile, Vierte EKD-Erhebung über Kirchenmitgliedschaft*, Hannover 2003, S. 48.

rituellen Verarmung einhergeht. Vielmehr haben sich eigene Riten herausgebildet, die an die Stelle traditionell kirchlicher getreten sind.

2.2 Spezifische Prägungen in der Entwicklung des Gottesbildes

Der Leipziger Religionspädagoge Helmut Hanisch hat die Zeit nach der friedlichen Revolution, also die Zeit eines beginnenden weltanschaulich-kulturellen Umbruchs, genutzt, um die Entwicklung von Gottesvorstellungen von Kindern und Jugendlichen zu untersuchen, die in extrem unterschiedlichen religiösen Umwelten aufgewachsen sind und aufwachsen. Dabei nimmt er die These von Ana-Maria Rizzuto zum Ausgangspunkt, wonach jedes Kind in der westlichen Kultur eine unbewusste Gottesvorstellung ausbildet.[25] Um dies zu überprüfen, führte er 1992 eine empirische Untersuchung zur zeichnerischen Entwicklung des Gottesbildes durch, deren wichtigste Ergebnisse im Folgenden näher vorgestellt werden sollen.[26]

Hanisch ließ 1472 christlich erzogene Kinder und Jugendliche aus dem Kirchenbezirk Heidenheim (der traditionell kirchlich geprägt ist) im Alter von 7–16 Jahren ihre Vorstellungen von Gott zeichnen. Zugleich bat er 1187 Probanden der gleichen Altersstufen, die ohne jegliche christliche Erziehung aufgewachsen sind, ihre Vorstellungen von Gott zeichnerisch zu Papier zu bringen. Beide Stichproben wertete er sowohl unabhängig voneinander wie im Vergleich miteinander aus.[27]

Im Rahmen der Religionspsychologie ist es üblich, *anthropomorphe* von *nicht-anthropomorphen* bzw. *symbolischen* Gottesbildern zu unterscheiden. Unter den anthropomorphen Bildern sind solche zu verstehen, auf denen Gott als menschliche oder menschenähnliche Gestalt dargestellt wird. Im Gegensatz dazu werden alle Bilder als nicht-anthropomorph oder symbolisch bezeichnet, auf denen Gott z. B. als Auge, Licht, Burg oder Hand repräsentiert wird.[28]

Hanischs Untersuchung bringt einen deutlichen Unterschied im Hinblick auf die anthropomorphen Repräsentationen Gottes bei religiös und nicht religiös Erzogenen zu Tage. So zeigt sich ein starker Überhang anthropomorpher Gottes-

25 Vgl. Ana-Maria Rizzuto, *The Birth of the Living God. A Psychoanalytic Study*, Chicago, London 1979.
26 Vgl. Helmut Hanisch, *Die zeichnerische Entwicklung des Gottesbildes. Eine empirische Vergleichsuntersuchung mit religiös und nicht-religiös erzogenen Kindern und Jugendlichen im Alter von 7–16 Jahren*, Stuttgart, Leipzig 1996.
27 Zwar stammen die Zeichnungen der ersten Stichprobe von Kindern und Jugendlichen aus dem Westen Deutschlands, die Ergebnisse lassen sich jedoch auf christlich erzogene Kinder und Jugendliche in den neuen Bundesländern vorbehaltlos übertragen. Die Bilder der zweiten Stichprobe fertigten nicht-religiös erzogene Kinder und Jugendliche aus Leipzig, Dresden und Zwickau an.
28 Dazu werden von Hanisch auch alle die Bilder gezählt, auf denen die Schülerinnen und Schüler Gott als biblische Geschichte darstellen: z. B. als Geburtsgeschichte Jesu, Gott als Hirte in Anlehnung an Ps 23 oder als Gleichnis vom verlorenen Schaf oder als Wolkensäule.

bilder bei den nicht-religiös Erzogenen. Erst nach dem 12. Lebensjahr geht die Zahl derer leicht zurück, die Gott in menschlicher oder menschenähnlicher Gestalt darstellen. Danach hält sich die Zahl anthropomorpher Darstellungen auf hohem Niveau. Im Gegensatz dazu ist bei den christlich-erzogenen Probanden ein stetiger Rückgang feststellbar, so dass die Schere zwischen den christlich erzogenen und den nicht-christlich erzogenen Heranwachsenden mit wachsendem Lebensalter weiter auseinandergeht.

Im Hinblick auf die symbolischen Bilder zeigt sich die spiegelverkehrte Entwicklung im Vergleich zu den anthropomorphen Darstellungen. Dadurch, dass die nicht-anthropomorphen Gottesbilder stark individuell geprägt sind, ist davon auszugehen, dass durch die christlich-religiöse Erziehung nicht bestimmte Sinnbilder erzieherisch vermittelt werden, sondern mit zunehmendem Alter die Einsicht, dass Gott nicht mehr anthropomorph angemessen dargestellt werden kann. Diese Erkenntnis lässt offenbar individuelle Interpretationsspielräume offen. Dabei ist unverkennbar, dass manche Schülerinnen und Schüler auf das Symbolangebot zurückgreifen, das ihnen in erzieherischen Kontexten in Form von Bildern, biblischen Texten, Liedern und Gesprächen begegnet. Da bei der zweiten Stichprobe keine erzieherische Korrektur des ursprünglich kindlichen Gottesbildes stattfindet, nimmt es nicht wunder, dass das Gottesbild weitgehend unverändert bleibt.

Zusammenfassend kann festgehalten werden, dass das Gottesbild der nicht religiös Erzogenen auch im höheren Alter deutlich stärker anthropomorph bestimmt ist. Eine Wandlung zu symbolischen Attribuierungen findet kaum statt. Zugespitzt ließe sich sagen: Der konfessionslose Kontext fördert die Entwicklung eines Gottesbildes, das sich mit zunehmenden Alter selbst ad absurdum führt. Vor allem bei Schülerinnen und Schülern im Ethikunterricht, die mehrheitlich konfessionslos sind, ist mit einem solchermaßen geprägten Gottesbild zu rechnen.

2.3 Weltsichten Konfessionsloser jenseits expliziter Religiosität

Die vierte EKD-Mitgliedschaftsumfrage aus dem Jahre 2002 hat zum ersten Mal Weltsichten von Kirchenmitgliedern und Konfessionslosen miteinander verglichen. Hinter diesem Ansinnen steht die Frage, wie sich Religiosität heute noch in Formen der Weltdeutung niederschlägt sowie daraus resultierend, wo es Verständigungsbarrieren oder auch Möglichkeiten des Anknüpfens gibt zwischen Menschen innerhalb und außerhalb der Kirche, aber vielleicht auch zwischen Religiösen und Nichtreligiösen auf beiden Seiten.[29]

---

29 Dabei kommen drei Dimensionen in den Blick, die für Weltsichten konstitutiv sind: 1. Die Dimension der Ordnung, 2. Die Dimension der Grenze und 3. Die Dimension der Zurechnung. Vgl. Kirchenamt der EKD, a. a. O. (Anm. 24), S. 39.

Ohne an dieser Stelle ins Detail gehen zu können, sei auf einige grundlegende Ergebnisse verwiesen. »Die ostdeutschen Konfessionslosen teilen mit den ostdeutschen Evangelischen eine Weltsicht, in der persönliche Anstrengung, Aufgabenerfüllung, Selbstverantwortung, die hohe Relevanz von Arbeit für das Leben, die Bedeutung des Maßhaltens und die Notwendigkeit äußerer Grenzen für menschliche Entscheidungsfreiheit relativ hoch bewertet werden. Man könnte sagen: Man trifft hier auf eine ›klassische‹ Variante der protestantischen Ethik, die Evangelische und Konfessionslose verbindet.«[30]

So finden in der Frage der Sterbehilfe absolute Positionierungen deutlich weniger Zustimmung als Positionen, die spezifische Kontexte und Umstände in Rechnung stellen. Gleichzeitig wird deutlich, dass Selbstbestimmung und persönliche Würde höchste Wertschätzung genießen. »Insgesamt votieren in dieser Frage die Konfessionslosen entschiedener für Selbstbestimmung und ein Leben in Würde als letztem Maßstab. Die Tendenz der Antworten in Richtung Selbstbestimmung ist aber auch unter den Evangelischen dieselbe.«[31]

Ähnliches zeigt sich bei den Aussagen, die sich direkt auf den Sinn des Lebens beziehen. Über die Gruppen hinweg ist es nur eine Minderheit, die von sich sagt, sich keine Gedanken über den Sinn des Lebens zu machen (19,5 % unter den ostdeutschen Konfessionslosen [west 22,9 %], 8 % unter den ostdeutschen Evangelischen [west 19,2 %]. Ostdeutsche – Evangelische wie Konfessionslose – heben die Selbstverantwortung für das, was im Leben geschieht, stärker hervor als Westdeutsche.[32] Das hat sicherlich mit den Problemen und Erfahrungen im Zuge der Wiedervereinigung zu tun. Allerdings gibt es Bereiche, in denen anders votiert wird. So wird Arbeitslosigkeit insgesamt stärker als Bereich wahrgenommen, in dem Steuerung von außen erwartet wird. Der Staat sollte eingreifen. Deshalb werden die eigenen Möglichkeiten in dieser Hinsicht auch eher gering eingeschätzt. In aller Vorsicht könnte man auf eine die Ostdeutschen verbindende Haltung schließen, »die prinzipiell in hohem Maße auf Selbstverantwortung und eigene Anstrengung setzt, die aber etwas sensibler gegenüber der Erkenntnis ist, dass im Konkreten dieser Anstrengung der Erfolg oft versagt bleibt«.[33]

Neigen westdeutsche Konfessionslose dazu, das Leben tendenziell als weniger geordnet oder in sich sinnvoll zu beschreiben, lässt sich dies für die ostdeutschen

---

30 Ebd., S. 53.
31 Ebd., S. 293.
32 Für das, was aus dem eigenen Leben wird, ist man vor allem selbst verantwortlich: Zustimmung unter den Ev. Ost 63 %, Ev. West 54,7 %, Konf. Ost 70 % und Konfl. West 55,7 %.
33 Kirchenamt der EKD, a. a. O. (Anm. 24), S. 46. »Dass letztendlich dem Individuum die Verantwortung für das eigene Leben zugerechnet wird, bedeutet offenbar nicht, per se vom Erfolg solcher Bemühungen auszugehen. Gerade die ostdeutschen Erfahrungen lassen hier offenbar vorsichtiger werden.« Friederike Benthaus-Apel, Monika Wohlrab-Wahr, »Weltsichten«, in: Huber, Steinacker (Hg.), a. a. O. (Anm. 7), S. 294 f.

Konfessionslosen nicht sagen. Sie weisen hohe Zustimmungswerte bei Antwortvorgaben auf, die die Eigenverantwortung für das Leben und die Erfüllung von Aufgaben angeht.

Auffällig bei den Untersuchungsergebnissen ist, dass die Situation einer multikulturellen Gesellschaft im Osten Deutschlands »in etwas höherem Maße als chaotisch wahrgenommen wird«[34]. Dabei differieren Evangelische und Konfessionslose nur gering. Dem entspricht, dass die Rede von einer christlichen Leitkultur im Osten eine stärkere Zustimmung erfährt.

»In den letzten Jahren hat es häufig Konflikte um ausländische Zuwanderer, insbesondere um Muslime in Deutschland gegeben. Auch hierzu gibt es verschiedene Meinungen, die auf dieser Liste stehen. Sagen Sie mir bitte zu jeder Meinung anhand der Skala mit 7 Abstufungen, inwieweit sie ihr zustimmen oder nicht zustimmen« *Zustimmung (6 + 7) in %*

	Westdeutschland		Ostdeutschland	
	Ev.	Konfl.	Ev.	Konfl.
Es gibt so etwas wie eine Leitkultur, zu der auch das Christentum gehört. Die Muslime in Deutschland müssen sich darauf einstellen (C)	46,7	37,2	61,5	50,9

Mehr als die Hälfte der Konfessionslosen im Osten unterstützt die Vorstellung einer christlichen geprägten Leitkultur (ca. 20 % von ihnen lehnen dies explizit ab). Das Christentum als kultureller Ordnungsfaktor findet also bei einer deutlichen Mehrheit der Ostdeutschen starke Zustimmung. In dieser Hinsicht scheint das Christentum also »deutlich anschlussfähiger zu sein als in einer explizit religiösen Fassung«[35]. Allerdings gewinnt dieser Befund in Verbindung mit einer anderen Frage zusätzlich Prägnanz. In dieser Frage wurde den Interviewten ein Konflikt um den Bau einer Moschee vorgelegt, zu dem sie sich positionieren sollten. Dabei fällt auf, dass die Ablehnung in Ostdeutschland größer ist als im Westen, und unter den Konfessionslosen wiederum größer als unter den Evangelischen.

»Ich werde Ihnen jetzt eine Situation beschreiben, bei der eine Entscheidung zu fällen ist. Im Vorort einer deutschen Großstadt soll nach Wunsch der türkischen Minderheit eine Moschee gebaut werden. Der Stadtrat will die Moschee genehmigen, macht aber zur Auflage, dass kein Minarett, d. h. kein Turm für das Gebetshaus gebaut

---

34 Ebd., S. 50.
35 Ebd., S. 51.

wird und kein Muezzin mehrmals am Tage die Gläubigen ruft. Einige Mitarbeiter
des evangelischen Kirchenvorstandes haben eine Eingabe an den Stadtrat gemacht,
auch das Minarett als Zeichen der Toleranz und der Verbundenheit der Religionen
zu genehmigen. Andere lehnen sogar den Bau der Moschee insgesamt als religiöse
Überfremdung ab. Was ist ihre Meinung?« Angaben in %

	Westdeutschland		Ostdeutschland	
	Ev.	Konfl.	Ev.	Konfl.
Die Moschee sollte nicht gebaut werden. (A)	31,4	35,6	43,1	48,1
Die Moschee sollte ohne Minarett gebaut werden. (B)	19,6	16,0	13,8	10,5
Die Moschee sollte mit Minarett gebaut werden, aber der Muezzin soll nicht rufen. (C)	24,4	19,0	14,8	13,1
Weiß nicht, kenn mich nicht aus.	13,2	12,2	20,0	19,3

Deutlich ist auch, dass die Ablehnung im Osten größer ist als die Zustimmung zu
einem Bau der Moschee unter Auflagen. Die Norm der Unauffälligkeit religiöser
Praxis, die im Prinzip auch auf die christliche Religion ausgedehnt werden kann,
wird im Osten deutlich weniger verfolgt als die offene Ablehnung. (In Westdeutschland ist das anders. Da hält sich das ungefähr die Waage.)

Latent wird damit die Frage gestellt, wie viel Religion eine säkulare Gesellschaft
im öffentlichen Raum duldet. Das Christentum wird in Ostdeutschland als Teil
der eigenen Kultur akzeptiert, während der Islam als fremde Kultur betrachtet
wird. Dies zeigt, auch in der weitgehend säkularen Kultur scheint das Christentum
als kultureller Faktor in Anspruch genommen zu werden, allerdings eher in der
abwehrenden Haltung einer »Gegenkultur« gegen multikulturelle Verunsicherungen.[36]

3. Didaktische Herausforderungen

Welche Folgen ergeben sich aus dem bisher Skizzierten für eine Theorie des Ethik-
unterrichts? Ohne den Anspruch auf Vollständigkeit zu erheben, möchte ich auf
drei Aspekte verweisen, die sich mir – als nicht Ethikdidaktiker – aufdrängen. Dabei
betreffen die nun zu bedenkenden Fragen vom Grundsatz her die Fächergruppe
insgesamt, also auch den Religionsunterricht. Allerdings stellt sich die Ausgangs-

---

36 Vgl. ebd., S. 53.

lage im Ethikunterricht noch einmal gesondert dar. Deutlich wird das vor allem (aber nicht ausschließlich) in den Bereichen, in denen explizit »Sinnangebote und Lebensorientierungen aus Religion und Philosophie thematisiert«[37] werden. Die Herausforderungen stellen sich vor allem dann, wenn man für einen »Unterricht in Religion« plädiert, »der diesseits eines konfessionellen Religionsunterrichts liegt, aber auch jenseits einer neutral informierenden Religionskunde«.[38]

3.1 Weitung der Wahrnehmungsperspektive – Philosophieren lernen

Das in Ostdeutschland sehr viel stärker verbreitete sog. »wissenschaftliche Weltbild«,[39] also die Haltung, von vornherein alles auszuschließen, was verstandesmäßig nicht erfasst werden kann, stellt eine erste grundlegende didaktische Herausforderung dar. Die höhere Zustimmung zu den Aussagen »Leben wird bestimmt durch Gesetze der Natur« sowie »Leben ist nur Teil der Entwicklung in der Natur« markiert die Gefahr einer verengten Wahrnehmungsperspektive. Nicht selten insistieren Schülerinnen und Schüler darauf, dass nur das wahr sein könne, was »wissenschaftlich« und dies heißt in aller Regel mathematisch-naturwissenschaftlich bewiesen werden kann. Auf dieser Grundlage haben es »der offene Diskurs, das dialogische Lernen und das kritische philosophische Gespräch«[40] schwer. Oft ist mit dem Pragmatismus in der Lebensführung auch ein Lernverständnis verbunden, das »tendenziell auf autoritäre Muster des Lehrens und Lernens«[41] setzt.

Renate Valtin und Heidrun Rosenfeld konstatieren auf der Basis ihrer Untersuchungen von Eltern in Ost- und Westberlin, dass ostdeutsche Eltern »eher das Konzept der klassischen Lernschule (Disziplin, Leistungsorientierung, Wissensvermittlung)« vertreten. Sie beziehen in ihren Leitvorstellungen über Schule und Bildung bzw. Familie und Erziehung »stärker konventionelle Erziehungsziele (Ehrlichkeit, Gehorsam, Fleiß) ein als individualistische Werte wie Urteilsfähigkeit und gesunden Menschenverstand«.[42]

Insgesamt ist die Befürchtung, nach der Schule keine passende Lehrstelle für die

---

37 *Rahmenrichtlinien des Landes Sachsen-Anhalt*. Ethikunterricht Gymnasium 2007, S. 13.

38 Hans-Bernhard Petermann, »Religion erkunden. Das Element des Religiösen im Ethikunterricht in religionsphilosophischer Perspektive«, in: Michael Domsgen, Matthias Hahn, Gisela Raupach-Strey (Hg.), *Religions- und Ethikunterricht in der Schule mit Zukunft*, Bad Heilbrunn 2003, S. 257–277, hier: S. 258.

39 Vgl. Meulemann, a. a. O. (Anm. 23), S. 340.

40 »Ethik- und Religionsunterricht in der Schule mit Zukunft. Eine Expertise der Arbeitsgruppe zur Zukunft ethischer und religiöser Bildung an den Schulen des Landes Sachsen-Anhalt«, in: Michael Domsgen u. a., a. a. O. (Anm. 38), hier: S. 46.

41 Ebd.

42 Heidrun Rosenfeld, Renate Valtin, »Zehn Jahre nach der Wende: Elterliche Einstellungen zur Schule im Ost/West-Vergleich«, in: *ZfPäd* 47, 2001, Nr. 6, S. 837–845, hier: S. 838.

Kinder zu finden, bei ostdeutschen Eltern viel weiter verbreitet als bei westdeutschen.[43] Auch deshalb steht ethisch-religiöse Bildung nicht so hoch in der Gunst, weil sie keine Vorteile auf dem Arbeitsmarkt zu versprechen scheint.

Auf diesem Hintergrund wird es in allen Klassenstufen darum gehen müssen, den weit verbreiteten Pragmatismus zu durchbrechen. Ganz auf der Linie des Philosophierens mit Kindern geht es dabei darum, »das Staunenkönnen der Kinder zu bewahren, eine Kultur der Nachdenklichkeit zu schaffen, die Kommunikationsfähigkeit zu verbessern, die Denkfähigkeit der Kinder zu fördern und sie zu einem wissenschaftskritischen Bewusstsein zu erziehen«.[44] Im Feld der Religionsdidaktik hat Hubertus Halbfas dafür plädiert, der Reduktion des Wirklichkeitsspektrums auf einen pragmatischen Wissensbestand symboldidaktisch zu begegnen. Er will die symbolische Sehfähigkeit mit dem mystischen dritten Auge schulen. »Mit dem dritten Auge ist jener Blick gemeint, der hinter die Alltagsgestalten dieser Welt sieht, der den geistigen Sinn der Dinge erfasst, das Licht der Finsternis.«[45]

Auch der Ethikunterricht, der das Philosophieren-Lernen zum Zielpunkt hat, steht vor der Herausforderung, eine gedankliche Flexibilität anzubahnen. Auch hier gilt es »durch einen spekulativen Umgang mit vorgegebenen Themen und Texten dem gefühlvollen, phantastischen, lebendigen und numinosen Erschließen Raum zu geben«.[46] Denn das sog. wissenschaftliche Weltbild ist *eine* Möglichkeit der Weltdeutung, bei weitem nicht die einzige und vor allem nicht die letztgültige.

3.2 Dem Gegenstand Religion gerecht werden und den Schülern Impulse zur Weiterentwicklung geben

Die größten didaktischen Herausforderungen ergeben sich im Feld der Religion. Wie die vorherigen Befunde zeigen, liegen hier spezifische Prägungen bei den konfessionslosen Schülerinnen und Schülern vor. Diese stellen im Ethikunterricht die überwiegende Mehrheit. Wie Gisela Raupach-Strey ausführt, braucht ein Ethikunterricht, der sich dem Sokratischen Paradigma verpflichtet weiß, methodisch neben der theoretischen Reflexion immer die zu reflektierenden Erfahrungen. Theorie und Erfahrung sind miteinander zu verknüpfen, weil Erfahrung ohne begriffliche Fassung zu unpräzise ist und Theorie ohne Erfahrung zu abstrakt. Das Sokratische Gespräch beansprucht eine Schülerorientierung, die die Kinder und

43 Harald Uhlendorff, Andreas Seidel, »Schule in Ostdeutschland aus elterlicher Sicht«, in: *ZfPäd* 47, 2001, Nr. 4, S. 501–516, hier: S. 514 f.
44 Helmut Hanisch, »Kinder als Philosophen und Theologen«, in: Rüdiger Lux (Hg.), *Schau auf die Kleinen ... Das Kind in Religion, Kirche und Gesellschaft*, Leipzig 2002, S. 156–177, hier: S. 161.
45 Hubertus Halbfas, *Das dritte Auge*, Düsseldorf 1982 (Umschlagseite).
46 Hanisch, a. a. O. (Anm. 44), S. 174.

Jugendlichen von ihrer lebensweltlichen Ausgangslange inhaltlich und sprachlich abholt. Von dieser Erfahrungsbasis aus kann sich dann induktiv zu höheren Erkenntnisebenen hochgearbeitet werden.

Die Frage, die sich im Ethikunterricht in Ostdeutschland in besonderem Maße stellt, ist nun, wie Religion im Sokratischen Gespräch geprüft und kritisiert werden soll, wenn die Schüler keine unmittelbare Erfahrungsgrundlage für diese Untersuchung besitzen, wenn sie letztlich nicht wissen, wovon die Rede ist.[47] Zumindest ist mit hoher Wahrscheinlichkeit damit zu rechnen, dass ihnen die Dimension des Religiösen aus eigener Erfahrung nicht bekannt, sondern lediglich medial vermittelt und zudem höchst fragmentarisch ist. Dazu kommt, dass der Kontext, in dem die Kinder aufwachsen, kaum Impulse gibt, die die religiöse Entwicklung fördern. Da jedoch die Konstruktion von Begriffen maßgeblich durch affektive Gestimmtheiten beeinflusst wird, fehlt den Schülerinnen und Schülern in aller Regel bei der Bildung religiöser Begriffe »die Motivation als entscheidende Voraussetzung der Konstruktion von Begriffen überhaupt«[48], wie Helmut Hanisch aufgrund seiner empirischen Untersuchungen betont. »Die Unfähigkeit, idiosynkratische Begriffe mit neuen Informationen in Verbindung zu bringen, kann dazu führen, dass intuitive religiöse Theorien, die ein Kind in frühem Alter entwickelt haben mag, verkrusten und bis in das Erwachsenenalter hinein unverändert weiter bestehen können.«[49] Die Untersuchungen zum Gottesbild belegen das eindrucksvoll.

Die große Herausforderung im Ethikunterricht besteht nun darin, mit Lehrkräften,[50] Schülerinnen und Schülern, die mehrheitlich ein fehlender Zugang zur religiösen Dimension verbindet, Religion angemessen unterrichtlich zu bearbeiten und dabei gleichzeitig Impulse zur religiösen Entwicklung zu geben. Karl Ernst Nipkow betont in seinem Kommentar zur Expertise in Sachsen-Anhalt zu Recht, dass das Proprium von Religion »an einem charakteristischen empirisch-hermeneutischen Umstand« hänge, nämlich »der umfassenden Gesamtanschauung und

---

47 Rauprach-Strey formuliert allgemein zum Sokratischen Gespräch: »Damit ist der Bezug zur Erfahrung und Lebenswelt der Beteiligten gesichert und muss nicht durch methodische Vorkehrungen erst hergestellt werden – ›man weiß, wovon die Rede‹«. Gisela Raupach-Strey, »Philosophieren lernen als Ziel des Ethikunterrichts«, in: Domsgen u. a., a. a. O. (Anm. 38), S. 291.

48 Hanisch, a. a. O. (Anm. 44), S. 170.

49 Ebd.

50 Vgl. dazu die Beobachtungen von Birgit Marchlowitz aufgrund ihrer Erfahrungen in der Ausbildung von Ethiklehrkräften. Sie konstatierte »einen moralischen Umgang mit Religion«, »eine Tendenz zur Verkitschung von religiösen Inhalten« und »den Irrtum einer scheinbaren Objektivität religiösen Dingen gegenüber«. Dies., »Ein Plädoyer für eine spezifische Religionspädagogik des Ethikunterrichts«, in: *Zeitschrift für Pädagogik und Theologie* 50, 1998, S. 66–69, hier: S. 67 f. Zu beachten ist, dass Marchlowitz sich hier auf die erste Generation der Ethiklehrkräfte bezieht. Allerdings kommt Heide Liebold in ihrer Untersuchung sechs Jahre später auch zu dem Schluss, dass es »aus Sicht einiger Ethiklehrkräfte ... schwierig (ist; M. D.), über religiöse Themen kompetent zu informieren, wenn der Lehrkraft hierzu eigene Erfahrungen fehlen«. Dies., *Religions- und Ethiklehrkräfte in Ostdeutschland. Eine empirische Studie zum beruflichen Selbstverständnis*, Münster 2004, S. 263 f.

-deutung der Wirklichkeit auf Grund einer umgreifenden religiösen Erfahrung«[51]. Religion erfordert eine Sensibilität für die Dimension des Unverfügbaren.

Klar wird dies auch herausgearbeitet in den Ausführungen von Herbert Schnädelbach zum »frommen Atheisten«. Darin schreibt er: »Der religiöse Glaube hingegen besteht aus Gewissheiten, die kein Wissen bereitzustellen vermag. Wissen allein kann den Glauben nicht begründen, denn noch nie ist jemand durch Argumente fromm geworden ... Dieses spezifische Medium der Religion, in dem das Geglaubte überhaupt erst zu etwas Religiösem wird, hat Schleiermacher mit dem heute missverständlichen Terminus ›Gefühl‹ bezeichnet. Damit war in Übereinstimmung mit der Begrifflichkeit um 1800 nicht einfach Emotionalität oder gar Gefühligkeit gemeint, sondern ein Zustand des Bewusstseins, der die ganze Person betrifft und damit auch alles, was die Person zu wissen glaubt. ... Diesen Glauben verstand das Christentum seit eh und je als Werk des Heiligen Geistes, also als göttliches Geschenk. Der fromme Atheist gibt zu, dass er ihn nicht hat. ... Ihm fehlt offenbar die alles verändernde Erfahrung, die die Gläubigen ›Offenbarung‹ nennen und als die unabweisbare Evidenz von etwas Göttlichem verstehen.«[52]

Religiosität erschöpft sich nicht im Diskurs oder im Handeln. Schleiermacher beschreibt sie als »schlechthiniges Abhängigkeitsgefühl«[53] vom Universum. Der kommunikative Vollzugssinn, nicht eine kognitive Orientierung stehen im Mittelpunkt. Deshalb betont Bernhard Dressler im Anschluss an Schleiermacher, dass »christliche Religion nicht mitgeteilt werden kann, ohne immer auch zugleich dargestellt zu werden«.[54]

Eine solche Perspektive stellt an die Behandlung von Religion im Ethikunterricht spezielle Herausforderungen. Dass eine neutral informierende Religionskunde nicht geeignet ist, eine »Auseinandersetzung auch mit der Tiefendimension«[55] von Religion zu initiieren, wird auf dem Hintergrund des ostdeutschen Kontextes eher einleuchten als in einer explizit religiös geprägten Gesellschaft.

Allerdings reicht die Problembeschreibung nicht aus. Wenn Gisela Raupach-Strey betont, dass die »positive Unterstellung von Wahrheit ... der Motor für gedankliche Auseinandersetzungsprozesse« sei (»auch wenn wir mit der anderen Behauptung, dass wir sie endgültig gefunden hätten, sicher sehr vorsichtig sein sollten«[56]),

51 Karl Ernst Nipkow, »Religionsunterricht und Ethikunterricht – »›Dialogpartnerschaft‹ in einer zerstrittenen Welt«, in: Domsgen u. a., a. a. O. (Anm. 38), S. 85–105, hier: S. 91 (im Original teilweise kursiv).

52 Herbert Schnädelbach, »Der fromme Atheist«, in: ders., *Religionen in der modernen Welt. Vorträge, Abhandlungen, Streitschriften*, Frankfurt a. M. 22009, S. 78–85, hier: S. 84 f.

53 Rolf Schäfer (Hg.), *Friedrich Schleiermacher, Der christliche Glaube nach den Grundsätzen der evangelischen Kirche im Zusammenhange dargestellt*, Bd. 1, Berlin 22003, S. 39.

54 Bernhard Dressler, »Darstellung und Mitteilung. Religionsdidaktik nach dem Traditionsabbruch«, in: *rhs* 45, 2002, Nr.1, S. 11–19, hier: S. 13.

55 Petermann, a. a. O. (Anm. 38), S. 258.

56 Raupach-Strey, a. a. O. (Anm. 47), S. 289.

so findet sich hier die Grundlage für eine sowohl der Sache wie den Schülern angemessene Behandlung von Religion. Notwendig ist neben der Außenperspektive auch die Innenperspektive von Religion. Christliche Religion ist nicht als Lehre zu lernen, sondern im Wesentlichen nur als Vorgang und vermittels von Vorgängen.[57]

Das staatliche Neutralitätsgebot würde damit nicht überschritten. Der schulische Unterricht wird nicht zum Glaubensunterricht im Sinne einer Einweisung. Vielmehr werden die Grundlagen zur Reflexion über Religion in begründet angebahnten Erfahrungen gelegt, weil die unmittelbar lebensweltlichen Erfahrungen fehlen.

Um hier jedoch folkloristischen Inszenierungen vorzubeugen, scheint mir das Modell der authentischen Begegnungen in der Summe am besten geeignet zu sein, Religion angemessen unterrichtlich zu behandeln. Dabei läge der Akzent im schulischen Rahmen auf der teilnehmenden Beobachtung im Unterschied zum Lernort Gemeinde, bei dem es stärker um eine beobachtende Teilnahme ginge.[58] An dieser Stelle läge dann auch ein wichtiger – wenn auch nicht der einzige Anknüpfungspunkt für eine Kooperation innerhalb der Fächergruppe. Dabei wird der Auseinandersetzung mit der christlichen Religion ein besonderer Stellenwert beizumessen sein, weil die Kultur des Abendlandes ohne die christliche Tradition nicht zu verstehen ist.[59] Allerdings muss die Schule aus lebensweltlicher Notwendigkeit heraus die »elementare religiöse Alphabetisierung nicht nur im Blick auf die christliche Religion, sondern im Blick auf Religion überhaupt«[60] übernehmen.

3.3 Mit der Vielfalt (der Religionen) umgehen lernen

Dass Religion nicht nur in der Außenperspektive wahrzunehmen ist, sondern auch von innen heraus kennen gelernt werden muss, ist nicht nur im Blick auf die christliche Religion in Anschlag zu bringen, sondern auch im Blick auf die anderen nichtchristlichen Religionen.

---

57 Hier liegt der Ansatzpunkt der sog. performativen Religionsdidaktik. Vgl. als Überblick dazu: Michael Domsgen, »Der performative Religionsunterricht – eine neue religionsdidaktische Konzeption?«, in: *Religionspädagogische Beiträge* 54, 2005, S. 31–79.

58 Vgl. Bernhard Dressler, »Schule und Gemeinde: Religionsdidaktische Optionen. Eine topographische Lageskizze zum Unterschied zwischen Religionsunterricht und Konfirmandenunterricht«, in: ders., Thomas Klie, Carsten Mork (Hg.), *Konfirmandenunterricht. Didaktik und Inszenierung*, Hannover 2001, S. 133–151, hier: S. 148.

59 So können »Begriffe wie z. B. ›Freiheit‹, ›Achtung der Person‹, ›Menschenwürde‹, ›Gleichwertigkeit aller Menschen‹ … nicht ohne diese Kenntnis hinreichend verstanden werden…« Ethik- und Religionsunterricht in der Schule mit Zukunft. Expertise, M. Domsgen u. a., a. a. O. (Anm. 38), S. 37.

60 Eckart Liebau, »Teilhabe an Religion«, in: Volker Elsenbast, Friedrich Schweitzer, Gerhard Ziener (Hg.), *Werte – Erziehung – Religion, Beiträge von Religion und Religionspädagogik zu Werterziehung und wertorientierter Bildung*, Münster 2008, S. 18–27, hier: S. 26.

Dabei zeigt sich in Ostdeutschland jedoch eine besondere Schwierigkeit. Der Ausländeranteil liegt mit durchschnittlich 2–3 % weit unter demjenigen in Westdeutschland. Schon dadurch stößt das Modell der authentischen Begegnungen an deutliche Grenzen. Selbst dem hoch engagierten und an der Sache interessierten Ethiklehrer wird es kaum möglich sein, einen authentischen Vertreter jeder behandelten Religion in seinen Unterricht einzuladen.

Verschärft wird diese Ausgangslage noch durch die eingangs beschriebene abwehrende Haltung, also der vorherrschenden »Gegenkultur« gegen multikulturelle Verunsicherungen. In diese Richtung gehen auch die Ausführungen im Zehnten Kinder-Jugendbericht der Bundesregierung, wenn es heißt: »Erziehung leistet es bei einem unerheblichen Teil der Kinder zur Zeit nicht, auf das Zusammenleben mit Zugewanderten ... vorzubereiten sowie Empathie in der Wahrnehmung der Situation von Kindern mit einem anderen kulturellen Hintergrund zu entwickeln. Tief beunruhigend ist die Abwehr gegenüber Fremden.«[61]

Wie nun soll dieser Tendenz entgegen gearbeitet werden? Informationen sind notwendig, aber nicht ausreichend. Ausgangspunkt der Veränderung von Einstellungen sind viel stärker eigene Erfahrungen und Begegnungen mit anderen Menschen als Informationen *über* Situationen, religiöse Haltungen oder Inhalte. Wie aber können die angebahnt werden, wenn der gesellschaftliche Kontext hier wenig Anregungspotenzial gibt? Ich sehe die entscheidende Herausforderung in der Fähigkeit, Differenzen im eigenen Umfeld wahrzunehmen und bearbeiten zu lernen. Vielfalt und Verschiedenartigkeiten sind nicht als Bedrohung oder Hemmnis zu sehen, sondern als Bereicherung.

Im Bereich der Unternehmensführung und Personalpolitik hat sich dafür der Begriff des Diversity Managements eingebürgert. Er bezeichnet ein Konzept der Unternehmensführung, das die Verschiedenheit der Beschäftigten bewusst zum Bestandteil der Personalstrategie und Organisationsentwicklung macht. Dabei geht es um Vielfalt in mehrfachem Sinn – zum einen um äußerlich wahrnehmbare Unterschiede wie ethnische Herkunft, Geschlecht, Alter und körperliche Behinderung, zum anderen um subjektive Unterschiede wie die sexuelle, weltanschauliche beziehungsweise religiöse Orientierung und Lebensstil.[62]

Dazu ist es wichtig, die bestehenden Diversitäten überhaupt erst einmal zu erkennen und benennen zu können. Die eben angemahnte Kooperation in der Fächergruppe wäre ein erster Schritt in diese Richtung. Wichtig ist hier allerdings, dass dabei nicht zu schnell polarisiert werden darf. Dafür ist der ostdeutsche Kontext allerdings nicht förderlich, da die verschiedenen Dimensionen von Religiosität

61 *Unterrichtung durch die Bundesregierung. Bericht über die Lebenssituation von Kindern und die Leistungen der Kinderhilfen in Deutschland.* Zehnter Kinder- und Jugendbericht, S. 105.
62 Vgl. z. B. Petra Köppel, Jörg Lüdicke, Junchen Yan, *Cultural Diversity Management in Deutschland hinkt hinterher*, Gütersloh 2007.

viel enger beieinander liegen als in Westdeutschland. Eine verstärkte Pluralisierung des religiösen Angebots stößt nur dort noch auf eine gewisse Resonanz, »wo ein religiöser Rahmen überhaupt noch gegeben ist: nämlich in den Kirchen«[63].

Dessen muss man sich bewusst sein. Das gilt nicht nur hinsichtlich des unterrichtlichen Handelns, sondern auch hinsichtlich des mir gestellten Themas. Die Rede von der didaktischen Herausforderung *der* Konfessionslosen kann nämlich mehr zudecken, als eröffnen, wenn sie nicht differenziert wird. Gleichzeitig ist sie als Schlagwort durchaus notwendig, um – im Sinne einer didaktisch notwendigen und sinnvollen Schülerorientierung – die Ausgangslage erfassen zu können.

---

63 Monika Wohlrab-Sahr, »Kommentar«, in: Pickel, Pollack, a. a. O. (Anm. 5), S. 371–376, hier: S. 374. Auch wenn Religiosität und Kirchlichkeit nicht identisch sind, so hängen sie doch sehr eng miteinander zusammen.

Didaktische Werkstatt

Julia Dietrich

»Alles ganz neutral?!«

Didaktische Werkstatt zum Verhältnis von Weltanschauung
und schulischer Bildung

Sowohl Stärke als auch Schwäche des Begriffs der Weltanschauung liegen darin,
dass er scheinbar Widersprüchliches verbindet: Er konzediert die Perspektivität
jeder Erkenntnis, ohne den Anspruch auf eine umfassende Synthese des Einzelnen
aufzugeben. Er gesellt sich zu Religion und Philosophie hinzu, um sich von ihnen
abzugrenzen und sie zugleich aufeinander zu beziehen. Er verbindet Lebenswelt
und Wissenschaft und zugleich auch Sinnlichkeit und Reflexivität. Das Thema
»Weltanschauung« mono-methodisch zu thematisieren, wäre insofern performativ
widersprüchlich.

Zugleich ist das Thema »Weltanschauung« besonders gut dazu geeignet, den
aktuellen Stand der Didaktik der Philosophie und Ethik widerzuspiegeln: Seit den
70er Jahren haben sich die Lernorte der Philosophie in Schule, Hochschule und
Gesellschaft vervielfältigt und zunehmend institutionalisiert. Die Didaktik der
Philosophie und Ethik folgt dieser Ausdifferenzierung und Konsolidierung: Wurde
sie zunächst von der Grundsatzdebatte zwischen dialogisch-pragmatischen und
identitätstheoretisch-hermeneutischen Ansätzen dominiert, so ist sie nun von
einem differenzierten Methodenpluralismus und dem Versuch seiner Systematisierung durch Modelle der philosophischen Bildung bzw. Kulturtechnik geprägt.
Um sowohl die Grundlagen didaktischer Begründungen als auch das methodische
Repertoire noch zu erweitern, wird der interdisziplinäre Austausch mit anderen
Fachdidaktiken gesucht und die klassischen Methoden des Dialogs und der Textin-
terpretation werden durch theatrale, literarisch-produktionsorientierte und rheto-
rische Ansätze ergänzt. Neben dieser im engeren Sinne didaktisch-methodischen
Diskussionslinie ruft das Thema »Weltanschauung« aber auch grundlegende Fra-
gen der Aufgaben und Grenzen philosophischer und ethischer Bildung auf, wie
sie z. B. bei der Einführung des Ethikunterrichts in Bezug auf die weltanschauliche
Neutralität des Staates diskutiert wurden.

Das Ziel dieser Werkstatt auf der Tagung des *Forums für Didaktik der Philosophie und Ethik* bestand daher darin, das Verhältnis von Weltanschauung, Philosophie und Ethik zu erkunden und dabei die Vielfalt der Perspektiven der ReferentInnen und TagungsteilnehmerInnen selbst für die Entfaltung des theoretischen Potentials des Begriffs nutzbar zu machen. Die leitende These war hierbei, dass eine Bestimmung des Verhältnisses von Weltanschauung und schulischer Bildung von der Frage auszugehen hat, von welcher weltanschaulichen Position die Lehrenden selbst ausgehen – jede Reflexion auf Weltanschauung setzt eine Selbstreflexion voraus. In einem weiteren Schritt sollte dann die praktische Umsetzung in der Schule nicht nur theoretisch antizipiert, sondern auch praktisch erarbeitet werden. Den Teilnehmenden der Tagung wurden daher in zwei Durchläufen jeweils fünf parallele Workshops geboten, so dass alle Teilnehmenden die Gelegenheit hatten, sich mit zwei Fragen ihrer Wahl auseinanderzusetzen:

- Wie können metaethische Ansätze zur didaktischen »Selbstdiagnostik« eingesetzt werden (Julia Dietrich)?
- Wie können religiöse und kulturelle Erfahrungen im Medium des Theaters vermittelt werden (Christian Gefert)?
- Kann eine Weltanschauung nicht nur »be-«, sondern auch »erschrieben« werden (Christa Runtenberg)?
- Stellen Weltanschauungen Vorurteile dar und welchen Beitrag leisten beide zu angemessener ethischer Urteilsbildung (Donat Schmidt)?
- Welche Bedeutung haben Weltanschauungen für den Philosophieunterricht (Markus Tiedemann)?

Julia Dietrich

Ethische Theorie als Instrument didaktischer Selbstreflexion:

Ein Fragebogen zur Analyse von ethischen Lehr-Lern-Projekten

Welchen Beitrag kann ethische Theorie zur Steigerung ethischer Kompetenzen leisten? In der Didaktik der Philosophie, aber insbesondere auch in der Ethik wurde neben der Lebenshilfe, der Werteerziehung und der ethischen Urteilsbildungskompetenz auch die Vermittlung ethischer Theorie als ein mögliches Ziel des Unterrichts genannt.[1] Dabei blieb jedoch weitgehend offen, in welchem Verhältnis diese Unterrichtsziele zueinander stehen, und insbesondere, welchen Beitrag die ethische Theorie zur Förderung der anderen Unterrichtsziele leisten kann. Als eine besondere Herausforderung ist hierbei der ethische Pluralismus in Metaethik, Allgemeiner Ethik und Angewandter Ethik sowie Wissenschaftsethik zu berücksichtigen, da es weder Einigkeit über den legitimen Erkenntnisanspruch der Ethik und über die Fundamente ethischer Begründung noch über den Zuschnitt Angewandter Ethik und über die angemessenen Formen der Integration ethischer Fragen in die Wissenschaften gibt.

Der vorliegende Artikel vertritt die These, dass ein Beitrag ethischer Theorie speziell zur Steigerung ethischer Kompetenzen darin liegen kann, die Explikation moralischer und ethischer Vorannahmen zu initiieren (1.).

Methodisch kann dies mit Hilfe von theoriegeleiteten Arbeitsfragen und Checklisten umgesetzt werden und zwar sowohl in der Lehre selbst als auch bei ihrer Analyse und Planung. Wie letzteres mit Hilfe eines »Fragebogens zur Analyse und Planung ethischer Lehr-Lern-Projekte« im Rahmen einer hochschuldidaktischen Fortbildung erprobt wurde, wird eingehender dargestellt. Es wird deutlich, dass Vorverständnisse über Anspruch, Begründung und disziplinäre Verankerung der Ethik als Teil eines weltanschaulichen Grundverständnisses von Lehrenden ver-

---

1 Alfred K. Treml, »Ethik als Unterrichtsfach in den verschiedenen Bundesländern. Eine Zwischenbilanz«, in: Alfred K. Treml (Hg.), *Ethik macht Schule! Moralische Kommunikation in Schule und Unterricht*, Frankfurt a. M. 1998, S. 18–29.

standen werden können, deren vorgängige Reflexion einen wichtigen Bestandteil didaktischer Selbstreflexion darstellt (2.).

1. Die Explikation moralischer und ethischer Vorannahmen – ein Beitrag ethischer Theorie zur Steigerung ethischer Kompetenzen

Ich gehe davon aus, dass ethische Urteilsbildung Kompetenzen der Wahrnehmung, des Bewertens und des Urteilens einschließt[2] und dabei an zwei Zielen zugleich ausgerichtet ist, nämlich an der Handlungsorientierung und der Kritik bzw. Problemerschließung. Dementsprechend können die ethischen Kompetenzen des Wahrnehmens, Bewertens und Urteilens in zwei Richtungen gesteigert werden: Sie können einerseits zu einer handlungsorientierenden Könnerschaft im Sinne Neuwegs führen, in der ethisches Wissen zunehmend implizit und praktisch wirksam wird,[3] und andererseits im Sinne Bybees zu einem kritischen ExpertInnentum, im dem ethisches Wissen zunehmend explizit und wissenschaftlich reflektiert wird.[4] So kann zum Beispiel die Vermittlung ethischer Kompetenzen an FachlehrerInnen zum einen das Ziel verfolgen, dass die LehrerInnen es möglichst schnell und gezielt erkennen, wenn sich in ihrem Unterricht ethische Fragen stellen, und dass sie sich zu diesen möglichst geläufig verhalten können, das heißt, sie begründet außer Acht lassen oder aber ansprechen und nutzbar machen können. Eine solche im didaktischen Kontext entwickelte ethische Könnerschaft zeigt sich dann darin, dass die LehrerInnen die ethische Konstellation geradezu intuitiv erfassen und nutzen können, ohne anscheinend hierfür noch einen gezielten Erschließungsprozess zu benötigen.

Die Vermittlung ethischer Kompetenzen kann aber zum anderen auch das Ziel verfolgen, dass die LehrerInnen den Handlungsvollzug anlässlich der aufgeworfenen ethischen Fragen gerade »entschleunigen« und kritisch hinterfragen können. Ein entsprechendes ExpertInnentum ist dann daran abzulesen, dass die LehrerInnen die ethischen Fragen systematisch explizieren, theoriegeleitet erschließen und an den wissenschaftlichen Forschungsstand rückbinden können.

Da aber die handlungsorientierende Könnerschaft ihren ethischen, nämlich kri-

---

2 Julia Dietrich, »Was ist ethische Kompetenz? Ein Philosophischer Versuch einer Systematisierung und Konkretion«, in: Gisela Badura-Lotter, Margarete Knödler-Pasch, Georg Mildenberger, Regina Ammicht Quinn, Benjamin Rampp (Hg.), *Wertloses Wissen? Fachunterricht als Ort ethischer Reflexion*, Bad Heilbrunn 2007, S. 31–51; Julia Dietrich, *Ethische Urteilsbildung. Zu Methode und Vermittlung Angewandter Ethik* (in Vorbereitung).

3 Georg Hans Neuweg, *Könnerschaft und implizites Wissen. Zur lehr-lerntheoretischen Bedeutung der Erkenntnis- und Wissenstheorie Michael Polanyis*, Münster 1998.

4 Rodger W. Bybee, »Scientific Literacy – Mythos oder Realität?«, in: Robert Evans, Wolfgang Gräber, Thomas Koballa, Peter Nentwig (Hg.), *Scientific Literacy. Der Beitrag der Naturwissenschaften zur Allgemeinen Bildung*, Opladen 2002, S. 21–43.

tischen Charakter verlieren und sozusagen »blind« werden würde, wenn sie nicht idealiter explizierbar wäre, und da das problemerschließende ExpertInnentum lebenspraktisch irrelevant würde, wenn es seinen Beitrag zur Handlungsorientierung nicht mehr ausweisen könnte, sind beide Formen der Steigerung ethischer Kompetenzen aneinander gebunden und aufeinander verwiesen. Dies bedeutet, dass sowohl bei der Ausbildung der LehrerInnen als auch bei deren Planung ihres Unterrichts stets eine neu zu begründende Balance zwischen Handlungsorientierung und Problemerschließung gefunden und begründet werden muss.

Die Wahrnehmung und Explikation ethischer Fragen spielt für die Balance zwischen Handlungsorientierung und Problemerschließung eine zentrale Rolle, da sie sowohl den Zugang zur Handlungsorientierung als auch zur Problemerschließung eröffnet. Genau für sie nun kann die ethische Theorie eine Hilfestellung bieten, da sie dazu einsetzbar ist, moralische und ethische Vorannahmen als solche zu identifizieren.

Man stelle sich vor, man habe als LehrerIn im Kollegium in besorgtem Ton darauf hingewiesen, dass viele SchülerInnen zuhause stundenlang vor dem Computer säßen, und man werde nun abstrakt gebeten, dasjenige, was einem selbstverständlich erscheine, zu explizieren. Wonach soll man nun »in sich« suchen? Man hätte es ja hinzugefügt, wenn man es gewusst oder wichtig gefunden hätte. Einfacher wäre es, wenn das Gegenüber eine andere Position verträte und behauptete, dass ihm oder ihr egal sei, dass die SchülerInnen dies täten: »Na und?!«. Man würde dann die nicht nur beschreibende, sondern wertende These hinzufügen, dass dies nicht egal sei, weil man der Meinung sei, dass dies nicht sein *solle*, weil es der Entwicklung der SchülerInnen *schade* – und hätte damit genau diejenige moralische Vorannahme explizit ergänzt, die einem vorab selbstverständlich erschien.

Eine weitere Diskussion mit der Kollegin kann dann zeigen, dass man es ernsthaft diskutieren kann, ob, inwiefern und unter welchen Bedingungen eine ausgiebige Nutzung des Computers wünschenswert ist oder nicht. Die Explikation des Selbstverständlichen wird hier durch eine Gegenposition ausgelöst, welche zusammen mit der eigenen Aussage einen Diskussionskontext entstehen lässt, innerhalb dessen sie überhaupt als Position im Kontrast zu möglichen Gegenpositionen deutlich werden kann.

Einen vergleichbaren Referenzrahmen kann die ethische Theorie bieten, im vorliegenden Fall die Kenntnis über die Struktur ethischer Urteilsbildung. Sie würde hier den Blick darauf lenken, dass eine beschreibende Aussage allein noch keine Argumentation darstellt. Statt eine Gegenposition zu äußern, könnte die Kollegin auch fragen, *warum* mir denn die Beobachtung, dass die SchülerInnen so viel vor dem Computer säßen, wichtig sei. Sie würde damit im Grunde genommen fragen, vor dem Hintergrund welcher normativer Hintergrundannahmen die Aussage relevant ist – und somit ebenfalls dazu auffordern, meine moralische Vorannahme auszuführen. Der Vorteil an einer solchen theoriegeleiteten Explikation liegt darin, dass sie nicht zufällig und inhaltlich beliebig ist, sondern systematisch und domänenspezifisch eingesetzt werden kann. Wie dies methodisch umgesetzt werden kann, werde ich im nächsten Abschnitt zeigen.

2. Ein Fragebogen zur Analyse ethischer Lehr-Lern-Projekte

Warum fällt jemandem etwas als ethisch relevant auf? Wie kann man die ethische Sensibilität steigern? Würde man z. B. einen Passanten in der Fußgängerzone interviewen und bitten, er möge beschreiben, was ihm auffalle, würde dieser vermutlich stutzen und nachfragen, worum es denn gehe. »Etwas auffallen« kann einem leichter, wenn man weiß, wonach man suchen soll. Die Perspektivität ethischer Theorien mit ihren z. B. sollens- oder strebens-, individual- oder sozialethischen Schwerpunkten kann dazu eingesetzt werden, die Dinge unter einem bestimmen Blickwinkel zu betrachten: Halten die PassantInnen die Verkehrsregeln ein? Sehen sie glücklich aus? Sind sie einzeln unterwegs oder bewegen sie sich in Gruppen?

Ethische Theorien bieten einen Referenzrahmen, innerhalb dessen mir etwas als etwas auffallen kann – und dieser Referenzrahmen kann z. B. in Arbeitsfragen übersetzt werden: Sind in der vorliegenden Situation sollensethische Fragen der Rechte und Pflichten angesprochen? Sind in der vorliegenden Situation strebensethische Fragen des Glücks angesprochen? Welche individual- und welche sozialethischen Dimensionen hat die Situation? Dieselben Gesichtspunkte lassen sich auch zu einer abschließenden Checkliste zusammenstellen: Habe ich geprüft, ob in der vorliegenden Situation sollensethische Fragen der Rechte und Pflichten angesprochen sind etc.?

Solche theoriegeleiteten Arbeitsfragen und Checklisten können auch auf den Theorien der Bereichsethiken beruhen und somit praxis- und fachnah gestaltet werden: Was wird im Straßenbild deutlich, wenn man es mit einem spezifisch tierethischen Blick betrachtet? Wie ist das Verhältnis der Passanten zu den ihnen begegnenden oder sie begleitenden Tiere gestaltet – welches Mensch-Tier Verhältnis drückt sich im Straßenbild aus? Was fällt mir auf, wenn ich die PassantInnen mit einem medizinethischen Blick betrachte – welche gesundheitlichen Fragen werfen z. B. das Schuhwerk, die Körperformen und die Schnelligkeit der PassantInnen auf?

Eine solche ethische Analyse wird als ethische Analyse nicht bei einem rein soziologischen Befund stehen bleiben, sondern eigens ausweisen müssen, mit welchen Gründen und vor dem Hintergrund welcher Normen und Werte die Situationsbeschreibung durchgeführt wurde und welche weiterführende ethische Relevanz sie hat. An dieser Stelle ging es mir allein darum zu zeigen, dass ethische

Theorie die Wahrnehmung von Situationen gezielt anleiten kann – und dieses Potential kann sowohl für Unterricht und Lehre als auch für die didaktische Reflexion genutzt werden.

Das Instrument der Arbeitsfragen wurde vor allem im Rahmen von Lehrveranstaltungen des Ethisch-Philosophischen Grundlagenstudiums (EPG) für Lehramtsstudierende in Baden-Württemberg sowie auf einer Vielzahl von LehrerInnenfortbildungen erprobt und hier für die Erschließung der ethischen Fragen von Fallberichten und anderen Texten eingesetzt.[5] Die Form von Checklisten wurde für die stärker handlungsorientierte Vermittlung umweltethischer Urteilsbildung gewählt.[6] Die Idee, ethische Theorie als Instrument der Analyse und Planung von Lehr-Lernprojekten einzusetzen, wurde bereits mehrfach im Rahmen von Fortbildungen für Ethik-Lehrende in Medizin und Pflege am Züricher Institut Dialog Ethik, Schweiz, umgesetzt, zuletzt aber insbesondere im Rahmen der Hochschuldidaktik weiter verfolgt. Dieses Projekt soll nun eingehender dargestellt werden.

Das Interfakultäre Zentrum für Ethik in den Wissenschaften (IZEW) der Universität Tübingen (Arbeitsbereich Ethik und Bildung/EPG Koordinationsstelle) und das HochschulDidaktikZentrum der Universitäten Baden-Württemberg/Lokale Arbeitsstelle Tübingen erprobten 2009 ein neuartiges Konzept für die Hochschuldidaktische Fortbildung, welche die Vermittlung hochschuldidaktischer Grundlagen mit der Vermittlung von Grundlagen der Ethik verband: »Fit für die Lehre – Schwerpunkt Ethik. Hochschuldidaktische Grundlagen 1 + 2 für EthikdozentInnen aller Fächer«. Die Kooperationsveranstaltung nahm ihren Ausgang unter anderem von dem Projekt »Verantwortung wahrnehmen«, in dem Ethik-Kurse im Bereich der Schlüsselqualifikationen in BA/BSc Studiengängen konzipiert, erprobt und etabliert wurden.[7] Die Veranstaltung umfasste zwei Wochenenden (2 x 2 Tage; 30./31.1.09 und 3./4.4.09) und hatte die Aufgabe, die Grundlagen des didaktischen Handelns in der universitären Lehre am Beispiel von Ethik-Veranstaltungen zu vermitteln. Sie richtete sich landesweit insbesondere an DozentInnen der Ethik als Schlüsselqualifikation in den BSc Studiengängen (»Verantwortung wahrneh-

5 Julia Dietrich, »Ethisch-Philosophische Grundlagenkompetenzen – ein Modell für Studierende und Lehrende«, in: Mathias Maring (Hg.), *Ethisch-Philosophisches Grundlagenstudium. Ein Studienbuch*, 2. Auflage, Münster 2005, S. 15–32. Informationen zum EPG finden sich unter: http://www.izew.uni-tuebingen.de/epg/ [Abruf am 03.09.09].
6 Julia Dietrich, »Zur Methode ethischer Urteilsbildung in der Umweltethik«, in: Uta Eser, Albrecht Müller (Hg.), *Umweltkonflikte verstehen und bewerten: Ethische Urteilsbildung im Natur- und Umweltschutz*, München 2006, S. 177–193; Julia Dietrich, »Was ist ein ›gutes‹ Argument? Eine Checkliste für die Praxis«, in Albrecht Müller, Markus Röhl, Susanne Röhl (Hg.), *Bilden Sie ein Urteil! Konkrete Diskurse in der Erwachsenenbildung*, München 2010.
7 Jochen Berendes, Georg Mildenberger, Maria Trübswetter, Magdalena Steiner, »Ethik als Schlüsselqualifikation. Das Projekt ›Verantwortung wahrnehmen‹ an den Universitäten Tübingen und Freiburg«, in: Johannes Rohbeck (Hg.), *Hochschuldidaktik Philosophie*, Dresden 2007, S. 137–163; Jochen Fehling (Hg.), *Ethik als Schlüsselkompetenz. Konzeptionen, Literatur, Materialien*, Tübingen 2009.

men«) und an DozentInnen des EPG, aber auch an weitere DozentInnen z. B. in Philosophie und Theologie oder anderen Disziplinen. Es nahmen insgesamt 14 Personen teil, davon vier aus Philosophie und Theologien, sieben aus den Geistes- und Sozialwissenschaften sowie drei aus den Naturwissenschaften; fünf von ihnen hatten bereits Erfahrung mit der EPG Lehre.

Das ReferentInnen- und ModeratorInnenteam[8] stand vor der nicht ganz einfachen Aufgabe, einem fachlich heterogenen TeilnehmerInnenkreis sowohl Grundkenntnisse in der Ethik als auch Grundlagen der Hochschuldidaktik zu vermitteln – und zwar so, dass die gewählten Methoden performativ stimmig zu einem handlungsorientierten Ansatz waren und zugleich bereits für die spätere Lehre übernommen werden konnten. Die Lösung, die für die Verbindung von ethischen und hochschuldidaktischen Grundkenntnissen gewählt wurde, bestand darin, dass die Grundlagen der Ethik anhand der Analyse und Planung von ethischen Lehr-Lernprojekten der TeilnehmerInnen erarbeitet und für deren Weiterentwicklung eingesetzt wurden. Ethische Theorie diente hier unmittelbar als Instrument didaktischer Selbstreflexion und Konzeption.

Vorverständnisse von Ethik

Das erste der Wochenenden begann – nach einer Reflexion auf die Erwartungen an die Fortbildung – mit einer Reflexion der Teilnehmenden auf ihr Vorverständnis von »Ethik«. In einem ersten Schritt wurden sie aufgefordert, sich in Partnerarbeit auf eine Definition von »Ethik« zu einigen. In einem zweiten Schritt sollte nun mit der Methode des Fishbowls ein Konsens in der Gruppe hergestellt werden – eine Methode, die es erlaubt, zwischen der Teilnahme an der Diskussion und der Beobachtung der Diskussion zu wechseln.[9] Dieser Wechsel bereitete den dritten Schritt vor, nämlich auf die gefundene Definition zu reflektieren und deren Positionierung als solche herauszuarbeiten.

Die Moderatorin stellte ein auf einzelnen Karten notiertes Tableau verschiedener meta- und fundamentalethischer Grundpositionen vor, auf dem die Karten nun gemäß der Gewichtung der Gruppendefinition hierarchisiert wurden. Gefragt wurde z. B., ob die Definition einen Unterschied zwischen *Moral und Ethik* mache, ob sie als *Ausgangsfrage* der Ethik eine eher sollens- oder strebensethischen Frageperspektive sähe, ob ihr *Ausgangspunkt* eher individual- oder sozialethisch sei, ob

---

8 Dr. Uta Müller (IZEW, Universität Tübingen), Dr. des. Martin Ostermann (HochschulDidaktikZentrum der Universitäten Baden-Württemberg/Lokale Arbeitsstelle Tübingen, Universität Eichstädt), Dr. Julia Dietrich (IZEW, Universität Tübingen).

9 Ulrike Hanke, Gerd Macke, Pauline Viehmann, *Hochschuldidaktik. Lehren, vortragen, prüfen. Mit Methodensammlung*, Weinheim, Basel 2008, 180 f.

sie davon ausginge, dass der *Gegenstand* ethischer Bewertung eher in Haltungen, Handlungen oder Institutionen bestünde, ob die *Methode* der Ethik eher von Argumentation, Intuition, Gefühl, gesellschaftlichem Diskurs oder der Aushandlung von Macht geprägt sei, ob sie unter »Ethik« als *Institution* eher eine allgemeine (Kultur-)Kompetenz, eine akademische Disziplin oder einen gesellschaftlichen Diskurs verstünde und welchen *Erkenntnisanspruch* (Nonkognitivismus, Kognitivismus mit den Spielarten des Universalismus oder des Relativismus) sie mit ihr verbände.

Es stellte sich – zum Teil zum Erstaunen der TeilnehmerInnen und in Widerspruch zu eingangs geäußerten Erwartungen und Ansprüchen – eine klare Positionierung der Definition heraus, da sie unter anderem Fragen des Gelingen des Lebens und die Berücksichtigung von Intuitionen und Gefühlen weitgehend ausschloss und den Dissens der Gruppe über den Erkenntnisanspruch der Ethik zwar durch eine formale Formulierung überbrückt, aber nicht gelöst hatte. Es wurde deutlich, dass die TeilnehmerInnen auch in Bezug auf ihr je persönliches Ethikverständnis damit rechnen mussten, implizite Gewichtungen vorzufinden, die sich auch in ihrer Lehre auswirken würden. (Am Schluss dieser Einheit wurde – wie stets – auf den Einsatz und die hochschuldidaktische Begründung der gewählten Methoden reflektiert; hierauf kann ich an dieser Stelle nicht eingehen.)

Auf ähnliche Weise wie bei der Vermittlung meta- und fundamentalethischer Grundlagen wurde auch die Vermittlung der Theorie ethischer Urteilsbildung mit dem didaktischen Lernen unmittelbar verbunden: Anhand der Erprobung verschiedener Methoden zur Diskussion eines Fallbeispiels (schriftliche Fallvignette, Rollenspiel, ExpertInnenstatement, Pro- und Contra Statement) wurde auf die im Kern stets gleich bleibende Grundstruktur ethischer Urteilsbildung reflektiert, wie sie oben skizziert wurde (1.). Auch die Einführung in die Wissenschaftsethik durch einen kurzen Fachvortrag zu den möglichen Bezügen zwischen Fachwissenschaften und Ethik wurde zugleich für die Didaktik nutzbar gemacht: Die TeilnehmerInnen bekamen die Aufgabe, die Verbindungslinien zwischen Wissenschaft und Ethik über den Praxischarakter der Wissenschaft, über die moralische Relevanz ihrer Gegenstände und über ihre externen Folgen am Beispiel ihrer eigenen Fachdisziplin und anhand ihrer Lehr-Lern-Projekte zu konkretisieren. Auf diese Weise entstand am ersten Wochenende de facto ein konzentrierter Überblick über Grundzüge der Meta-, Fundamental- und Wissenschaftsethik.[10]

---

10 In den ethischen Forschungsstand führen ein: Friedo Ricken, *Allgemeine Ethik*, 3., erw. und überarb. Auflage, Stuttgart 2003; und Marcus Düwell, Christoph Hübenthal, Micha H. Werner (Hg.), *Handbuch Ethik*, 2. Auflage, Stuttgart 2006. Einen aktuellen Querschnitt der Forschung zur Integration ethischer Fragen in die Wissenschaften zeigt: Jochen Berendes (Hg.), *Autonomie durch Verantwortung*, Paderborn 2007. Einen breiten Überblick über fachethische Ansätze der Ethikvermittlung in Schule, Hochschule und Erwachsenenbildung bietet: Julia Dietrich, *Wie kann man Ethik lernen?* Tübingen 2008.

Ethische Landkarte

Am zweiten Wochenende wurden diese Grundlagen durch eine ausführliche Wiederholung so in Erinnerung gerufen, dass schlussendlich das gesamte Tableau ethischer und hochschuldidaktischer Grundlagen auf einer Pinnwand als »ethische« und »didaktische Landkarte« noch einmal präsent war. Dieses Tableau wurde nun dazu eingesetzt, die Lehr-Lern-Projekte der Teilnehmenden, welche diese für das zweite Wochenende vorbereitet hatten, in ihrem derzeitigen Zuschnitt zu analysieren und im Hinblick auf ihre Weiterentwicklung zu profilieren. Die »ethische Landkarte« wurde noch einmal als »Fragebogen zur ethischen Analyse und Planung eines Ethik Lehr-Lernprojekts« ausgeteilt, anhand dessen die Teilnehmenden ihre Lehr-Lernziele bzw. ihre Projekte befragten (siehe Abb. 1). (Dasselbe Verfahren wurde für die hochschuldidaktischen Grundlagen angewandt.)

Zunächst wurde ein Lehr-Lern-Projekt exemplarisch im Plenum durch die ModeratorInnen und die TeilnehmerInnen analysiert. Der/die DozentIn wurde gefragt, welche meta- und fundamentalethischen Positionen seinem Projekt zugrundelagen: Konzentrierte er/sie sich stärker auf sollens- oder strebensethische Fragestellungen? In gleicher Weise wurde herausgearbeitet, wo der/die DozentIn die wissenschaftsethischen Schwerpunkte setzte: Wollte er/sie einen Überblick über die möglichen Bezüge zwischen seinem Fach und der Ethik entwerfen oder konzentrierte er/sie sich zum Beispiel – diese Variante schien die häufigste zu sein – auf diejenigen Bezüge zur Ethik, die das Thema aufwarf? Und welche Zielsetzung wurde vorrangig verfolgt: Die Wahrnehmung dieser ethischen Bezüge allein oder auch ihre theoriegeleitete Kritik, der Versuch einer umfassenden Bewertung oder sogar ein handlungsorientierendes Urteil?

Die Selbsteinschätzung des/der DozentIn wurde dabei durch das Feedback des Plenums ergänzt, das häufig die Profilierung noch ergänzen oder verstärken konnte. Auch wurde deutlich, dass und wie meta- und fundamentalethische sowie wissenschaftsethische Gewichtungen interagierten und weitreichende Implikationen für die gewählten Methoden hatten. Diese didaktische Selbstreflexion wurde anschließend für alle Projekte in PartnerInnenarbeit durchgeführt. Zum Abschluss wurde eines der Projekte noch einmal im Plenum differenziert vorgestellt, um zugleich einen Schritt weiter zu gehen und nun nicht nur nach dem Profil, sondern auch nach seiner didaktischen Begründung zu fragen. Dieser Schritt wurde nach einer Pause durch eine Diskussion zur Begründung ethischer Vermittlung vertieft.[11]

Die Fortbildung wurde durch verschiedene Feedback-Methoden und durch einen

---

11 Julia Dietrich, Uta Müller, Martin Ostermann, »›Verantwortung wahrnehmen‹ in der Hochschuldidaktik: Die Fortbildung ›Fit für die Lehre – Schwerpunkt Ethik. Hochschuldidaktische Grundlagen 1 + 2 für EthikdozentInnen aller Fächer‹«, in: Jochen Fehling (Hg.), a. a. O. (Anm. 7) (im Erscheinen).

Fragebogen zur ethischen Analyse und Planung eines Ethik-Lehr-Lernprojekts

Welches Ethikverständnis setze ich in meinem Projekt voraus bzw. ziele ich an?	**Welche Bezüge zwischen Fach und Ethik setze ich in meinem Projekt voraus bzw. ziele ich an?**	**Welche Elemente und Ziele ethischer Urteilsbildung setze ich in meinem Projekt voraus bzw. ziele ich an?**
Ethik und Moral (deskriptiv – präskriptiv)		wahrnehmen
Strebensethik – Sollensethik		bewerten
Individualethik – Sozialethik		urteilen
Haltung – Handlung – Institutionen	Wissenschaft als Praxis	handeln
Argumentation – Intuition – Gefühle – Diskurse – Macht	Gegenstände der Wissenschaften	
Kompetenz – Disziplin – Diskurs	Externe Folgen der Wissenschaft	Handlung/Könnerschaft
Nonkognitivismus – Kognitivismus (Relativismus – Universalismus)		Kritik/Expertise

standardisierten Fragebogen mit offenen und geschlossenen Fragen evaluiert. Es wurde durchgängig hervorgehoben, dass der Einsatz von ethischer Theorie zur didaktischen Selbstreflexion als sehr produktiv und hilfreich empfunden worden war. Insbesondere die als PhilosophInnen und TheologInnen ausgebildeten TeilnehmerInnen betonten den auch innovativen Charakter dieser Methode: Sie würde es ihnen in Zukunft wesentlich erleichtern, insbesondere die metaethischen Grundlagen in ihre Planung und in ihre Lehre zu integrieren und den ethischen Pluralismus nicht nur mehr oder minder resigniert zu konstatieren, sondern im Gegenteil produktiv einzusetzen. Ein Teilnehmer fasste das Ergebnis für sich wie folgt zusammen und verwies damit auf die zentrale Funktion ethisch-didaktischer Selbstreflexion: »Dann kommt ja alles darauf an, wie ich selber über die Dinge denke!«[12]

12 Ich danke allen Teilnehmenden der Fortbildung und insbesondere meinen KollegInnen Uta Müller, Tübingen, und Martin Ostermann, Eichstädt, für die bereichernde Zusammenarbeit.

Christian Gefert

Die Arbeit mit dem philosophischen Text als performatives Experiment mit und in einer philosophischen Weltanschauung

»Performer 1: Ich wähle frei und doch habe ich Angst!

Performer 2: Angst vor Verantwortung. Angst, Angst, Angst.

Performer 3: Angst vor einer schlechten Wahl. Obwohl du nur das Gute wählen kannst. Gott hat Angst?

Performer 2: Und mein Wählen ist für alle Menschen gut, weil ich nur das Gute wählen kann. Mein Vorgehen bindet die ganze Menschheit und deshalb ist es gut, dass ich nie das Schlechte wähle.

Performer 3: Wenn du eine Wahl triffst, die dein Wesen bestimmt, dann bejahst du mit deiner Wahl, das Bild der Menschen, das du durch deine Tat zeichnest und entwirfst eine allgemeine Gültigkeit für die gesamte Menschheit. Das heißt aber auch, dass du mit deiner Wahl die totale Verantwortung für die Menschen hast.

Performer 1: Wir tragen die Verantwortung für unsere Taten, denn wir sind nichts anderes als das, wozu wir uns gemacht haben. Du bist frei, der Mensch zu sein, der du sein willst. Du bist dazu verurteilt frei zu sein. Ich bin dazu verurteilt Gott zu sein!«

Diese Textpassage stammt aus der Performance SEIN WÄHLEN/SEIN WÄHLEN (2008), in der Schülerinnen und Schüler ihre Lesart eines philosophischen Textes zum Ausdruck bringen. Der Arbeitsprozess, im Rahmen dessen diese Produktion entstand, lässt sich als *theatrales Philosophieren* bezeichnen.[1] In ihm wird ein philosophischer Text – hier Sartres berühmter Essay *Der Existentialismus ist ein Humanismus*[2] – performativ erforscht und gedeutet.

---

1 Vgl. Christian Gefert, *Didaktik theatralen Philosophierens. Untersuchungen zum Zusammenspiel argumentativ-diskursiver und theatral-präsentativer Verfahren bei der Texteröffnung in philosophischen Bildungsprozessen*, Dresden 2002.

2 Jean P. Sartre, »Der Existentialismus ist ein Humanismus« (1945), in: ders., *Der Existentialismus ist ein Humanismus und andere philosophische Essays 1943–1948*, 3. Auflage, Reinbek 2005.

Die Darsteller erforschen dabei nicht nur einen philosophischen Text, indem sie das Konzept einer Performance zur Artikulation seiner Bedeutung erarbeiten, sondern sie verkörpern diese Figuren, die sie selbst entworfen haben, auch im Rahmen einer Aufführung. Damit experimentierten sie sowohl im Erarbeitungsprozess als auch in der Aufführungssituation der Performance mit Verkörperungsoptionen für eine existentialistisch fundierte Weltanschauung. Um diese Optionen zu entwickeln, mussten sie zunächst über die Bedeutung des Textes in diskursiven und präsentativen Formen philosophieren und schrittweise angemessene performative Formen der Verkörperung seiner Bedeutung erarbeiten. Eine Möglichkeit zur Realisierung des (Bildungs-)Prozesses beim theatralen Philosophieren spiegelt sich in der zitierten Passage wider: In dieser Passage werden Fragmente des Originaltextes von Sartre neu zusammengestellt und mit eigenen Worten der Darsteller, mit denen sie Sartres Text interpretieren, zu einem Spieltext verwoben. Die Bedeutung des philosophischen Textes wird so in der performativen Haltung von Figuren mit einer existentialistischen Weltanschauung, die die Schüler experimentell verkörpern, verdichtet und konkretisiert.

Die Schüler bzw. Performer erforschen also beim theatralen Philosophieren die Bedeutung philosophischer Texte und die ihnen zugrundeliegenden Weltanschauungen in der Entwicklung und Darstellung einer Performance. Diese Form einer theatralen Texteröffnung ermöglicht nicht nur eine methodisch innovative Interpretation des Textes, sondern sie ist den klassischen, diskursiv reduzierten Methoden der Texteröffnung – etwa in Form eines fragend entwickelnden Unterrichtsgesprächs[3] über die Frage, was der Text eigentlich bedeute – insofern überlegen, als dass durch das theatrale Philosophieren das *gemeinsame* Philosophieren von Schülern *und* Lehrenden stärker gefördert wird. Klassische, diskursiv reduzierte Verfahren der Texteröffnung in philosophischen Bildungsprozessen sind nämlich potenziell der Hemmung in Form eines »hermeneutischen Kurzschlusses« ausgesetzt. Dieser »Kurzschluss« entsteht dadurch, dass der Erfolg gemeinsamer Textarbeit daran festgemacht wird, dass Schüler am Ende des Prozesses genauso viel (oder wenig) über einen philosophischen Text wissen, wie der Lehrer bereits vorher gewusst hat. Philosophische Bildungsprozesse bleiben in konventionellen Formen rein diskursiver Arbeit am Text oftmals Unterweisungen in (Denk-)Routinen, indem Lehrer bekannte, bestenfalls fachphilosophisch legitimierte Lesarten philosophischer Texte rekapitulieren. Sie ermöglichen somit in vielen Fällen keine methodischen Zugriffe, durch die Schüler und Lehrer *am Text* forschen. Gerade für den Philosophielehrer ergibt sich in solchermaßen methodisch gestalteten Bildungsprozessen selten die Möglichkeit, *trotz* seines Informationsvorsprungs in Hinblick auf die argumentative Konsistenz eines Textes für Schüler wahrnehmbar

---

3 Vgl. dazu Werner Jank, Hilbert Meyer, *Didaktische Modelle*, 3. Auflage, Frankfurt a. M. 1994, S. 339.

am Text zu philosophieren. Er transportiert damit innerhalb des Bildungsprozesses in seiner eigenen methodischen Form der Auseinandersetzung mit dem Text nicht den wesentlichen Gehalt einer philosophischen Haltung bzw. Weltanschauung.

Sollen im Philosophieunterricht nicht nur fachphilosophische Lesarten reproduziert, sondern das Philosophieren gelehrt und gelernt werden,[4] gilt es, auch die Textarbeit methodisch im für das Philosophieren genuinen Spannungsfeld *zwischen* Wissen und Unwissen zu gestalten – betonte doch bereits Platon in der »Geburtsstunde der Philosophie«[5] eine *Mittelstellung* des Philosophen zwischen Unwissen und Wissen: Der Philosoph strebt demnach zum Wissen, ohne selbst ein Wissender zu sein.[6] Genau diese Mittelstellung gilt es beim Philosophieren in Bildungsprozessen auch im Umgang mit Texten zu wahren. Konkret bedeutet dies, dass die *philosophische* Auseinandersetzung mit dem Text auch im Selbstverständnis des Lehrenden immer im Bewusstsein der eigenen Mittelstellung zwischen Wissen *und* Unwissen realisiert werden muss. Zugespitzt lässt sich sagen, dass für den Lehrenden die vorschnelle Gleichsetzung des eigenen, fachphilosophisch legitimierten Wissens um die Argumentationsstruktur mit dem vermeintlichen Bedeutungsgehalt eines philosophischen Textes methodisch kontraproduktiv ist, um eine philosophische Weltanschauung im Bildungsprozess zum Ausdruck zu bringen.

Die Haltung des Lehrers gegenüber den Schülern ist im Bildungsprozess oftmals keine philosophische, keine nach Weisheit über den Text strebende, sondern es ist die eines *vermeintlich* Wissenden. In diesem Fall ist das »Wissen« des Lehrenden bei genauerer Betrachtung sogar nur ein *Scheinwissen*: Denn auch wenn der Lehrer die argumentative Struktur in einem philosophischen Text aufgrund seiner akademischen Vorbildung kennt, so weiß er doch nie, welche *Bedeutungsgestalt* sie in der jeweiligen Lektüresituation annehmen kann. Ein philosophischer Text bleibt – so ließe sich in Anschluss an Derrida sagen – ein »schweigender Text«, der nicht wie ein Dialogpartner im philosophischen Gespräch spricht und befragt werden kann, um *eine* Intention zweifelsfrei zum Ausdruck zu bringen, sondern seine Bedeutung wird durch seine Struktur *und* die konkrete Lektüreerfahrung immer wieder neu aktualisiert.[7]

Respektiert der Lehrende nicht das »Schweigen des Textes«, setzt er sich der

---

4 Vgl. Ekkehard Martens, *Methodik des Ethik- und Philosophieunterrichts. Philosophieren als elementare Kulturtechnik*, Hannover 2003.

5 Vgl. Wilhelm Schmid, *Die Geburt der Philosophie im Garten der Lüste. Michel Foucaults Archäologie des platonischen Eros*, Frankfurt a. M. 1990.

6 Vgl. Platon, *Symposion*, 203e–204b.

7 Jacques Derrida thematisiert den Widerstand (*resistance*) der *Schrift*, die es aufgrund ihres Potenzials möglicher »textueller Verschiebungen« (d. h. neuer Lesarten) nicht geschehen lässt, »einen Text als solches auf seine Wirkungen als Sinn, als Inhalt, als These oder als Thema zu reduzieren« (vgl. Jacques Derrida, »Buch-Außerhalb«, in: ders., *Dissemination*, Wien 1995, S. 16). Vgl. dazu auch Christian Gefert, »Die Arbeit am Text – das Schweigen der Schrift und Strategien der Texteröffnung«, in: Johannes Rohbeck (Hg.), *Philosophische Denkrichtungen*, Jahrbuch für Didaktik der Philosophie, Bd. 2, Dresden 2001, S. 144–164.

Gefahr eines performativen Selbstwiderspruchs aus, weil er selbst keine Mittelstellung zwischen Wissen *und* Unwissen in Hinblick auf den Text einnimmt, aber
seinen Schülern im Bildungsprozess das Philosophieren bzw. genau jene philosophische Weltanschauung zwischen Unwissen und Wissen vermitteln möchte.
Folgt man dieser Argumentation, ist deshalb nicht derjenige ein »guter« Philosophielehrer, der lediglich viel über die Argumente des Textes weiß und dieses
Wissen in der Bildungssituation zum Ausdruck bringt, sondern derjenige ist ein
»guter« Philosophielehrer, dem es bei aller legitimen Bemühung um eine diskursiv-
argumentative (Re-)Konstruktion des Textes gelingt, neben seinem Wissen um
die argumentative Struktur auch sein *Unwissen* in Hinblick auf die Bedeutung
des Textes methodisch in den Bildungsprozess zu integrieren. Das heißt, dass die
gemeinsame Arbeit am Text im Wissen um die Notwendigkeit einer fortgesetzten
Aktualisierung seiner Bedeutung gestaltet und nicht zur bloßen Reaktivierung
seines Wissens genutzt werden sollte.

Erst auf der Basis eines Bewusstseins für das *gemeinsame* Unwissen zu Beginn
eines Auseinandersetzungsprozesses mit einem Text wird die Textarbeit in einem
Bildungsprozess also Ausdruck einer philosophischen Haltung bzw. einer philo-
sophischen Weltanschauung. Sie wird es, weil die Bewahrung einer *Perspektive des
Unwissens* im Hinblick auf die je *aktuelle* Bedeutung des Textes für die Rezipienten
Schülern und Lehrenden die Möglichkeit eröffnet, eine Mittelstellung zwischen
Wissen und Unwissen um den Text einzunehmen und damit das *Philosophieren
am Text* überhaupt erst zu realisieren.

Das theatrale Philosophieren ist demnach ein philosophiedidaktisches Verfahren, mit dem es gelingen kann, die Hemmung des skizzierten »hermeneutischen
Kurzschlusses« und die Gefahr der Verwicklung des Lehrenden in einen performativen Selbstwiderspruch in Bezug auf seine philosophische Haltung im Bildungsprozess aufzubrechen. Diese didaktische Konzeption ermöglicht die Eröffnung
philosophischer Texte durch die Entwicklung angemessener präsentativ-theatraler
Ausdrucksformen, also durch *Körperbilder*.[8] Das theatrale Philosophieren betont
dabei ein weitgehend vernachlässigtes Potenzial des Philosophierens – nämlich
seinen *leiblich-wahrnehmbaren* Charakter. Es ermöglicht darüber hinaus eine
fruchtbare Verbindung unterschiedlicher *Rationalitätstypen*[9] in einem Bildungsprozess. Dies geschieht vor dem Hintergrund eines erweiterten Rationalitätsbegriffs
in Anschluss an die symboltheoretischen Ansätze Ernst Cassirers[10] und Susanne
K. Langers[11] Der theatral-leibliche Ausdruck ist aus dieser symboltheoretischen

---

8 Vgl. Hans-Thies Lehmann, *Postdramatisches Theater*, Frankfurt a. M. 1999, S. 371 ff.
9 Vgl. Herbert Schnädelbach, *Philosophie in der modernen Kultur*, Frankfurt a. M. 2000, S. 256 ff.
10 Vgl. Ernst Cassirer, *Philosophie der symbolischen Formen*, 3 Bd., Darmstadt 1997.
11 Vgl. Susanne K. Langer, *Philosophie auf neuem Wege. Das Symbol im Denken im Ritus und in der
Kunst*, 2. Auflage, Mittenwald 1979.

Perspektive nicht irrational, sondern genau wie das diskursiv formulierte Argument rational: Er ist eine rationale *präsentative* Form, die es dem Philosophierenden (im Gegensatz zur diskursiven) ermöglicht, vielschichtige und komplexe Ideen simultan zu artikulieren.[12]

Beim Philosophieren geht es gemäß eines symboltheoretischen Paradigmas darum, in einen fortgesetzten und potenziell unabgeschlossenen Prozess des Deutens von Deutungen eines Textes mit dem Ziel einzutreten, »weiterreichenden, klareren, besser anwendbaren, artikulierteren Bedeutungen« nachzugehen.[13] Das besondere philosophische Potenzial einer *Didaktik theatralen Philosophierens* liegt nun darin, dass sie es in philosophischen Bildungsprozessen ermöglicht, diskursive und präsentative Ausdrucksformen für die Lesart eines philosophischen Textes zu entfalten und aufeinander zu beziehen.

Im Rahmen einer ersten theatralen Annäherung könnten die Philosophierenden so beispielsweise aufgefordert werden, nachdem sie über Sartres Text gesprochen haben, eine Gruppe von Personen zu einem Standbild zu formieren, das als »Denkmal« für die Weltanschauung des Existentialismus dient. Oder die Philosophierenden werden etwa gebeten, eine kleine Szene in einem antizipierten Konflikt zwischen einem radikalen Existentialisten und einem ebenso radikalen Nicht-Existentialisten zu entwickeln, mit der ihre Vorstellungen zur Verkörperung der existentialistischen Weltanschauung in den Haltungen dieser Figuren zum Ausdruck kommen. In beiden Fällen ist die Entwicklung gestischer Ausdrucksformen jedoch nicht durch die improvisierte theatrale Geste abgeschlossen: Das Standbild oder die Szene bieten lediglich das Reservoir für gestisches Material, das im Prozess des theatralen Philosophierens von der Improvisation zum präzisen theatralen Symbol weiter entwickelt und dann präsentiert wird.

Das theatrale Philosophieren wird im Rahmen eines Projekts gestaltet, das bis zur Gestaltung einer Performance führt. Der konkrete Arbeitsprozess innerhalb jeder einzelnen Arbeitseinheit besteht aus vier Phasen, die sowohl das diskursiv-argumentative als auch das präsentativ-leibliche Ausdrucksvermögen der Schüler ansprechen.[14] Zusammenfassend lassen sich diese Phasen für die Organisation des Bildungsprozesses im Philosophieunterricht folgendermaßen charakterisieren:

1. Lehrer und Schüler führen *in der Argumentationsphase* ein Gespräch über einen philosophischen Text. Sie erörtern dabei die Bedeutung verschiedener Begriffe oder Argumente aus dem Text. Sie entscheiden sich für besonders relevante Begriffe oder Argumente, deren Bedeutung im Folgenden theatral artikuliert und möglichst weit reichend gedeutet werden sollen.

---

12 Vgl. zum strukturellen Unterschied zwischen diskursiven und präsentativen Formen des rationalen Ausdrucks ebd., S. 86 ff.

13 Vgl. ebd., S. 289.

14 Produktiv ist eine Arbeitseinheit – so zeigt die Praxis – bereits bei einer Dauer von 90 Minuten.

2. Der Lehrer wählt *in der Vorbereitungsphase* geeignete Übungen zur Vorbereitung und Durchführung des Arbeitsprozesses mit theatralen Formen zu diesen Begriffen oder Argumenten aus. Er sensibilisiert die Schüler durch diese Übungen für den Arbeitsprozess mit theatralen Formen.

3. Die Schüler erproben *in der Erprobungsphase* unter Anleitung des Lehrers je eigene theatrale Ausdrucksformen, um ihre Deutungen relevanter Begriffe oder Argumente des Textes zu artikulieren und so Kernmaterial für den theatralen Ausdruck zu formulieren. Oder die Schüler erproben unter Anleitung des Lehrers immer klarere eigene Formulierungen für das Kernmaterial und erarbeiten so möglichst weit reichende theatrale Deutungsformen für ausgewählte Begriffe oder Argumente des Textes.

4. Schüler und Lehrer sprechen *in der Reflexionsphase* über die erprobten theatralen Ausdrucksformen und isolieren diejenigen Ausdrucksformen, die ihnen angemessen erscheinen, um die Bedeutung besonders relevanter Begriffe oder Argumente des philosophischen Textes zu artikulieren. Diese isolierten Ausdrucksformen bilden das Kernmaterial für die Entwicklung möglichst weit reichender präsentativ-theatraler Darstellungsformen, das weiterentwickelt werden soll. Oder Schüler und Lehrer erörtern Ideen für eine Weiterentwicklung des Kernmaterials und eine abschließende Gesamtpräsentation des innerhalb eines Projekts erarbeiteten theatralen Materials, mit dem die Bedeutung des philosophischen Textes möglichst weit reichend gedeutet wird.

Methodisch oszilliert das theatrale Philosophieren zwischen dem stark diskursiv-argumentativ konturierten Gespräch und der experimentellen Entwicklung angemessener präsentativ-theatraler Ausdrucksformen für die Bedeutung eines Textes. Die diskursive Anstrengung des Begriffs im Gespräch über den Text dient dabei einerseits als Impuls für die Arbeit an der theatralen Geste. Andererseits bietet die Erfahrung des theatralen Ausdrucks auch vielfältige Anknüpfungspunkte für den argumentativen Diskurs. Das theatrale Philosophieren bietet so die Gelegenheit, wechselseitige Impulse des symbolischen Ausdrucks von Ideen in *unterschiedlichen* Rationalitätstypen fruchtbar aufeinander zu beziehen.

Lehrer und Schüler riskieren sich dabei in einer doppelten Bewegung: Sie riskieren sich zum einen in der *Verdichtung* von Ideen, die die Bedeutungsgestalten des Textes zum Ausdruck bringen – denn wie lässt sich etwa mit einer Szene genau das treffend zum Ausdruck bringen, was der Text an einer bestimmten Stelle und in einer bestimmten Lektüresituation bedeutet? Sie riskieren sich darüber hinaus aber auch in der *Konkretion* abstrakter Bedeutungselemente eines Textes – denn wie lässt sich etwa mit einem Körperbild eine bestimmte abstrakte These oder

Argumentation besonders anschaulich machen, d. h. performativ zum Ausdruck bringen, was der Text an dieser Stelle bedeutet?

Die experimentelle Entwicklung präsentativ-theatraler Symbole beim theatralen Philosophieren ist also kein willkürlich-irrationaler Prozess. Er verlangt die ästhetische Verdichtung und Konkretion dessen, was in einer bestimmten Bildungssituation von einem philosophischen Text verstanden wurde. Für den Lehrer ergibt sich dadurch die Möglichkeit, trotz seines Informationsvorsprungs mit Schülern in Hinblick auf die argumentative Konsistenz des Textes bzw. über die darin zum Ausdruck gebrachte Weltanschauung »auf einer Augenhöhe« zu philosophieren, denn er kann in jeder Lektüresituation mit Schülern erneut unvertraute Bedeutungsnuancen in ihm vermeintlich vertrauten Texten entdecken: Denn auch wenn er als Fachphilosoph etwa spezifische Thesen und Argumente zu kennen glaubt, die eine »richtige« Interpretation des Textes enthalten muss, so weiß er doch zu Beginn jeder Auseinandersetzung mit einem philosophischen Text in einer konkreten Bildungssituation nie, welche theatral-präsentative Bedeutungsgestalt (d. h. welche konkrete performative Form) er im Verlauf eines Arbeitsprozesses annehmen wird. Der Texteröffnungsprozess wird so ein Abenteuer im Denken, denn er ist weitgehend frei von der Hemmung der (Denk-)Routine, die durch die fachphilosophisch sozialisierte Denkbewegung des Lehrenden entsteht. Beim theatralen Philosophieren realisiert sich potenziell in einer Bildungssituation eine forschende Denkbewegung, ein forschendes *Philosophieren am Text*.

In diesem Forschungsprozess erfahren Schüler in einem doppelten Sinne einen produktiv experimentellen Umgang mit einer Weltanschauung: Zum einen erleben sie sich gemeinsam mit dem Lehrenden als forschend Experimentierende auf der Suche nach möglichst präzisen Verkörperungsoptionen einer philosophisch fundierten Weltanschauung – wie etwa bei der Deutung des Existentialismus in der Performance SEIN WÄHLEN/SEIN WÄHLEN. Zum anderen entstehen diese Optionen auf der Basis eines gemeinsamen Denkexperiments zwischen Unwissen und Wissen, denn Lehrende und Schüler entwickeln beim theatralen Philosophieren gemeinsam präsentativ-performatives Deutungswissen über Texte, das sie vor der gemeinsamen Arbeit am Text noch nicht besaßen. Auf diese Weise wird die philosophische Weltanschauung des Lehrenden selbst im Arbeitsprozess am Text wahrnehmbar, denn er erforscht *zusammen* mit den Schülern die aktuelle Bedeutungsgestalt des Textes in der konkreten Bildungssituation. Das theatrale Philosophieren ist also eine philosophiedidaktische Option, mit der eine philosophisch fundierte Weltanschauung experimentell erforscht und eine philosophische Weltanschauung in der Arbeitsweise am Text zum Ausdruck gebracht werden kann. Damit kann die Arbeit mit dem philosophischen Text als performatives Experiment *mit* und *in* einer philosophischen Weltanschauung realisiert werden.

Christa Runtenberg

Was ist philosophische Bildung – wenn nicht die Förderung der kritischen Arbeit des Denkens an sich selber?

Über die Bedeutung der Kritik an Weltanschauungen

Jeder Mensch hat Anschauungen dazu, wie er die Welt sieht. Durch Sozialisation, Erziehung und Bildung gewinnen wir Weltanschauungen, Deutungsmuster, Orientierungen. Im Laufe der Entwicklung festigen, lösen, verändern wir diese. Aufgabe philosophischer Bildung – im Sinne einer elementaren Kulturtechnik, im Interesse einer aktualisierten Perspektive von Aufklärung als *Projekt* – ist es, die Kompetenz zu fördern, Weltanschauungen, feste Deutungsmuster kritisieren und reflektieren zu lernen. Weltanschauungen sind in ihrer Genese, die eingeholt und rekonstruiert werden muss, kritisch zu hinterfragen und in ihrer Geltung zu problematisieren. Der Kritiker Michel Foucault bietet dafür einen überzeugenden Ansatzpunkt: Seine Transformation des Aufklärungsgedankens von Kant, seine archäologische und genealogische Kritik, die Sprengung fester Überzeugungen und die Entwicklung neuer Denkweisen intendiert eine Haltung der Kritik, die aus didaktischer Perspektive reizvoll ist. Schüler und Schülerinnen, die sich mit Foucaults Vorstellungen von Aufklärung und Kritik beschäftigen, lernen einen Begriff von Philosophie als eine freiwillig zu erarbeitende kritische Haltung des Denkens kennen, der es ihnen auch ermöglicht, feste Denkweisen aufzulösen und neue Denkweisen auszuprobieren. Orientierung heißt dann nicht Orientierung durch feste Weltanschauungen, sondern Orientierung heißt Orientierung durch Reflexion und Transformation. Dies ist ein genuines Ziel philosophischer Bildung.

Im Folgenden soll gezeigt werden, dass es interessant und möglich ist, Foucaults Vorstellung von Philosophie als Kritik im Philosophieunterricht einzubringen und fruchtbar zu machen. Dazu wird zunächst sein Anliegen kurz skizziert und der Einsatz von Textauszügen Foucaults im Unterricht begründet. Anschließend werden einige praktische Umsetzungsideen zur Diskussion gestellt.

1.   Michel Foucault: Philosophie als Kritik

Der im Juni 1984 verstorbene französische Philosoph, Historiker und Kritiker Michel
Foucault setzt sich etwa 200 Jahre nach Kant mit dessen Begriff von Aufklärung und
Kritik auseinander. Ziel seiner gesamten Arbeit war es, so sagt Foucault selbst, die
»Geschichte der Verfahren zu entwerfen, durch die in unserer Kultur Menschen zu
Subjekten gemacht werden«,[1] und diese der Kritik zugänglich zu machen. Er geht
von drei Achsen der Erfahrung aus, durch die Menschen zu Subjekten gemacht
werden. Das ist die Achse der Wissensformationen, die Achse der Macht- und Tei-
lungspraktiken, und die Achse der Selbstpraktiken, also der Weisen, wie Menschen
sich selbst zu Subjekten machen. Foucault folgt, von Nietzsche ausgehend, einem
Denktypus, der die Analyse der konkreten, immer historisch situierten Voraussetzungen von Wissen, Denken und Urteilen ins Zentrum der »kritischen Aufgabe«
rückt. Statt allgemeinen Vernunftregeln auf der Spur zu sein, geht es um die *Problematisierung* der historisch entstandenen und gesellschaftlich und individuell
wirksamen Voraussetzungen aller menschlicher Erfahrungen, und so auch Weltanschauungen. Genau an diesem Punkt sieht Foucault eine Anschlussmöglichkeit
seiner Arbeit an Kant: Foucault ist der Auffassung, dass seine Frage der Kritik an
Kants Frage der »Aufklärung« anknüpft!

1.1   Foucault liest Kant: »Was ist Aufklärung?«

Michel Foucault hat sich wiederholt mit Kants kleinem Aufsatz »Was ist Aufklärung?« beschäftigt. Das Faszinierende an dieser Schrift bestand für ihn darin, dass
er in ihr die historisch erste klare Formulierung einer philosophischen Aufgabe
fand, der er sich in seinen eigenen Arbeiten verpflichtet fühlte. Erstmalig wurde
die Analyse eines historischen Ereignisses als philosophisches Problem hingestellt,
denn Kant fragt, so sagt Foucault: Was ist unsere Gegenwart? In was für einer Welt
leben wir heute? Kant beantwortet die Frage mit dem Begriff des »Ausgangs«. Für
ihn ist die Aufklärung der »Ausgang des Menschen aus seiner selbst verschuldeten
Unmündigkeit«. Im Begriff des Ausgangs steckt für Foucault das Spannende der
Analyse Kants; Kant sucht, so Foucault, nach einer Differenz, nach der »Differenz,
die das Heute im Unterschied zu dem Gestern einführt«.[2]

Das Ergebnis der historischen Analyse hat Folgen für die weiteren philoso-

---

1 Michel Foucault, »Warum ich Macht untersuche: Die Frage des Subjekts«, in: Hubert L. Dreyfus, Paul
Rabinow, *Michel Foucault: Jenseits von Strukturalismus und Hermeneutik. Mit einem Nachwort von und
einem Interview mit Michel Foucault,* Weinheim 1994, S. 243–261, hier: S. 243.
2 Michel Foucault, »Was ist Aufklärung?«, in: Eva Erdmann, Rainer Forst, Axel Honneth (Hg.), *Ethos
der Moderne: Foucaults Kritik der Aufklärung,* Frankfurt a. M. 1990, S. 35–54, hier: S. 37.

phischen Projekte und die Akzentuierungen der weiteren Arbeit. Kant sieht im Moment der Geschichte, in dem die Menschen beginnen, ihre eigene Vernunft zu gebrauchen, die Notwendigkeit der Kritik; er hält es für wichtig, die Bedingungen zu definieren, so sagt Foucault, »unter denen der Gebrauch der Vernunft zur Bestimmung dessen legitim ist, was erkannt und gewußt werden kann, was getan werden soll, was gehofft werden darf«;[3] es geht Kant um die Bedingung der Möglichkeit *objektiver* Urteile in bezug auf Erkenntnis, Moralität und ästhetische Erfahrung. Deshalb schreibt er, so Foucault, das »Handbuch der in der *Aufklärung* mündig gewordenen Vernunft«.[4] Kant analysiert einen Moment der Geschichte und zugleich die Perspektiven seiner weiteren Arbeit. Diese Haltung Kants, die Analyse eines historischen Moments, die darauf folgende Reflexion und Transformation der eigenen Arbeit, faszinieren Foucault.

Aber auch zentrale inhaltliche Aspekte des Textes von Kant beschäftigen Foucault. Kant definiert die Aufklärung, diesen Moment der Geschichte, so meint Foucault, durch eine Veränderung der bestehenden Beziehungen zwischen Wille, Autorität und Gebrauch der Vernunft. Der Wahlspruch »Sapere aude« steht für die mutige Selbst-Bestimmung des Menschen, für die Fähigkeit des ständigen Infrage-Stellens und der Problematisierung vorgefundener Verhältnisse. Der Wahlspruch ist also einerseits zu verstehen als ein Akt des Mutes, der persönlich, aber zugleich in einem kollektiven Prozess erbracht werden muss. Denn die Menschen sind Teile und Handelnde desselben Prozesses, und er ereignet sich nur, wenn sie daran teilnehmen.

Andererseits betrifft die Aufklärung »die gesamte Menschheit«, sagt Kant weiter, und freier Vernunftgebrauch muss da erlaubt sein, wo die Menschen als Glieder eines »ganzen gemeinsamen Wesens« angesehen werden. Foucault interessiert zunächst die Zweideutigkeit im Begriff der Menschheit und des »ganzen gemeinsamen Wesens«. Spielt Kant damit an auf einen Prozess eines historischen Wandels, der die politische und soziale Existenz aller Menschen auf der Erdoberfläche berührt, oder geht es um die Veränderung dessen, was das Menschliche des menschlichen Wesens konstituiert?[5]

Foucault versteht unter Aufklärung (als Kritik) beides: die Problematisierung der historischen Prozesse und Ereignisse und der Weisen, wie die Subjekte sich selbst konstituieren. Mit der Unterscheidung von »privatem und öffentlichem Vernunftgebrauch« zeigt Kant auf, so Foucault, dass der Mensch als Teil der Maschine »gehorchen«, den freien Vernunftgebrauch gesetzten Zielen unterordnen muss, damit die Maschine funktioniert. Der freie Vernunftgebrauch soll aber da möglich sein, wo der Mensch unabhängig von einem Amt oder einer Funktion, öffentlich,

3 Ebd., S. 41.
4 Ebd.
5 Ebd., S. 38 ff.

als vernünftiges Wesen, als Mitglied einer vernünftigen Menschheit denkt. Aufklärung kann es also nur dort geben, wo der universale, freie und öffentliche Gebrauch der Vernunft sich überlagern. Damit ist Aufklärung als Selbst-Denken nicht nur *Aufgabe* und *Verpflichtung* des Subjekts, des Individuums, sondern zugleich auch ein *politisches Problem*, sagt Foucault: die Maschine, als deren Teil das Individuum gehorchen soll, damit sie funktioniert, funktioniert nur unter der Bedingung, dass sie selbst mit dem freien Vernunftgebrauch, mit der universalen Vernunft übereinstimmt.[6]

Ausgehend von diesen Aspekten in Kants Text entfaltet Foucault sein eigenes Verständnis einer Philosophie als kritische Haltung, von der ausgehend Weltanschauungen als zu kritisierende und problematisierende Perspektiven aufzufassen sind.

1.2   Philosophie als kritische Haltung

Für Kant war die Erziehung zum Selber-Denken eine zentrale Aufgabe der Philosophie. Ihr zentrales Anliegen ist die Förderung des Philosophierens als kritischer Denkhaltung und die Förderung der Reflexions- und Urteilsfähigkeit. Hier schließt Foucault an. Kritik ist aber, und hier folgt er Nietzsche und nicht Kant, nicht zu verstehen als *transzendentale*, sondern als *historische* Untersuchung der Ereignisse, die Menschen dazu geführt haben, sich als Subjekte dessen zu konstituieren und anzuerkennen, was sie tun, denken und sagen. Kritik heißt für Foucault: historische Untersuchungen, genealogische und archäologische Studien, die bestehende gesellschaftliche Formationen, Praktiken, Rationalitäten problematisieren, das Aufdecken solcher Strukturen, die ihre Akzeptanz jeweils erst herausbilden.

Diese kritischen Untersuchungen rekonstruieren keine Wesensbestimmungen menschlichen Lebens, keine apriorischen Bedingungen aller Erfahrung und auch keine geschichtlichen Notwendigkeiten, sondern sie zeigen die Zusammenhänge, die Akzeptabilitäten, in und aus denen heraus sich Zwangsmechanismen, Erkenntnisinhalte, Selbstpraktiken entwickeln. Foucault nennt diese Art der Prüfung, die nicht nach Legitimitätsbedingungen, sondern nach dem einem Ereignis vorausgehendem Geflecht seiner Verwandtschaften, seiner Entstehungs- und Akzeptabilitätsbedingungen fragt, eine »Ereignishaftigkeitsprüfung«.[7] Er entfaltet Kants transzendentalen Begriff der Kritik in historischen Begriffen; statt des erkenntnis-

---

6 Ebd., S. 40.

7 Michel Foucault, *Was ist Kritik?* Aus dem Französischen von Walter Seitter, Berlin 1992, S. 30; vgl. auch: Günther Figal, »Kritik als Problem der Philosophie«, in: *Deutsche Zeitschrift für Philosophie* 50, 2002, S. 267–271, hier: S. 268.

theoretischen Apriori eines denkenden Subjekts untersucht Foucault das »historische Apriori« des Denkens.[8]

Aufklärung ist entsprechend nur als kritische Ontologie möglich. Das impliziert auch die Kritik an Weltanschauungen, ohne subjektzentriertes Denken und Argumentieren. Kritik impliziert für Foucault: die ständige Reaktivierung des Ethos der Grenzhaltung, der Analyse von Grenzen und die Möglichkeit ihrer Überschreitung, die permanente Analyse unseres Seins (und damit auch unserer Weltanschauungen) als historisch-kritische Untersuchung, die Verabschiedung von allen Projekten, die beanspruchen, global oder radikal zu sein zu Gunsten des experimentellen Tests von Grenzen,[9] das Zustandebringen neuer »Formen von Subjektivität«.[10]

Es ist lohnenswert, dieses Kritikverständnis, das eine Transformation der kantischen Aufklärungsidee darstellt und dem individuellen Denken einen zentralen Stellenwert einräumt, für philosophische Bildungskontexte fruchtbar zu machen.

2. Was bedeutet: Bildung zur Kritikfähigkeit?

Es ist nicht einfach, Foucaults Verständnis von Aufklärung fruchtbar zu machen für Bildungskontexte. Hat er doch in Studien wie *Überwachen und Strafen* immer wieder aufgezeigt, dass die Beteiligung an Wissens-Diskursen und Teilungs-Praktiken zur unreflektierten Konstituierung dessen, was wir Subjekt nennen, beiträgt. Dennoch können wir Perspektiven einer Bildung durch Aufklärung aus der Perspektive Foucaults gewinnen. Er selbst kritisiert die Selektionsfunktion des Bildungswesens und schlägt dennoch eine andere Funktion von Bildung vor: »Zu den Hauptfunktionen des Bildungswesens gehört neben der Bildung des Einzelnen die Bestimmung der gesellschaftlichen Stellung. Heute müsste man diese Funktion so gestalten, dass der Einzelne die Möglichkeit hat, sich nach seinen Wünschen zu verändern, und das ist nur möglich, wenn man Bildung zu einem ›permanenten‹ Angebot macht.«[11]

---

8 Dazu ausführlich: Andrea Hemminger, *Kritik und Geschichte. Foucault – ein Erbe Kants?* Berlin, Wien 2004, S. 24 ff.; Christiane Thompson, »Foucaults Zuschnitt von Kritik und Aufklärung«, in: Jan Masschelein, Wolfgang Nieke, Ludwig A. Pongratz, Michael Wimmer (Hg.), *Nach Foucault. Diskurs- und machtanalytische Perspektiven der Pädagogik*, Wiesbaden 2004, S. 30–49.

9 Michel Foucault, »Was ist Aufklärung?«, in: Eva Erdmann, Rainer Forst, Axel Honneth (Hg.), a. a. O. (Anm. 2), S. 48 f.

10 Michel Foucault, »Warum ich die Macht untersuche: die Frage des Subjekts«, in: Hubert L. Dreyfus, Paul Rabinow, a. a. O. (Anm. 1), S. 250.

11 Michel Foucault, *Schriften in vier Bänden. Dits et Ecrits*, Bd. 4, Frankfurt a. M. 2005, S. 135; vgl. auch Achim Volkers, *Wissen und Bildung bei Foucault. Aufklärung zwischen Wissenschaft und ethisch-ästhetischen Bildungsprozessen*, Wiesbaden 2008, S. 103.

2.1 Selbstveränderung im Denken

Ziel der Bildung ist nicht die Vermittlung von Wissen, und auch nicht die Vervoll-
kommnung des autonomen Subjekts im Sinne der kantischen Philosophie. Dies
produziert nur neue Machtstrukturen. Bildung müsste dem Einzelnen die Möglichkeit anbieten, sich permanent nach seinen eigenen Vorstellungen zu verändern.
»Subjektivierung« ist zu verstehen als pragmatische und bewegliche; es geht nicht
darum, eine feste Identität, feste Weltanschauungen und Orientierungsmuster
auszubilden. Vielmehr soll das Individuum lernen, sich von der bestehenden Sicht
der Dinge los zu reißen, »sich von sich selber lösen« zu können, anders denken zu
lernen, als es bisher gedacht hat, eine kritisch-experimentelle Haltung einnehmen
zu können. Nimmt man seinen Standpunkt ernst, vor allem zu analysieren, zu
kritisieren und Ansatzpunkte für Veränderung aufscheinen zu lassen, bleibt nur
ein schmales Bildungskonzept.[12]

Verteidigen kann man den *kritischen Aspekt der Bildung*: zu fördern ist die
kritische Kompetenz – eine Kompetenz, die radikal *als freiwillig zu erarbeitende
Haltung* zu verstehen ist. Dies ist die einzige Weise einer Bildung im Sinne fou-
caultscher Aufklärung: Veränderung, im Denken, als experimentelle Haltung. Für
Foucault ist das Ethos der Kritik, »die kritische Arbeit des Denkens an sich selber«
die zentrale philosophische Aktivität. Dieses stellt ein an »Aufklärung« und Kritik
orientiertes Philosophieverständnis dar, das in den Philosophieunterricht einge-
bracht sowie für den Philosophieunterricht transformiert werden kann. Aber wie
sieht eine Praxis des Philosophierens aus, die diese Kompetenz in Anlehnung an
Foucault fördern will?

2.2 Zentrale Begriffe und Texte von Foucault als Gegenstand im
Philosophieunterricht

Mit seinen historischen Analysen will Foucault normative Gewissheiten erschüttern, destruieren, Ansatzpunkte zum Denken geben.[13] Achim Volkers charakte-
risiert Foucaults Vorgehen als Arbeit mit einer *negativen Fabel*: Mit einer Fabel
wird eine Geschichte erzählt, anhand verfremdeter Situationen werden Normen
aufgezeigt, ohne die Moral von der Geschichte explizit zu nennen. Die Methode
Foucaults verfährt ebenso, nur dass das Gegenteil aufgezeigt werden soll. Bei seinen Analysen handelt sich, so Volkers, jeweils um eine *negative Fabel*, die unser
normatives Selbstverständnis nicht bestätigen, sondern erschüttern soll.[14] Insofern

12 Vgl. auch Achim Volkers, a. a. O. (Anm. 11), S. 139.
13 Vgl. hierzu auch: ebd., S. 40, S. 52.
14 Ebd., S. 40.

sind seine Bücher performativ zu verstehen: Sie erschüttern und lösen dadurch Veränderung aus.[15] Sie fördern die kritische Denktätigkeit der Rezipienten.

Texte von Michel Foucault werden leider kaum im Philosophieunterricht gelesen. Die Gründe dafür liegen auf der Hand: die Komplexität des Werkes, die Neuartigkeit seiner Gedanken oder auch die Kritik an seinen Analysen halten viele Philosophielehrer/innen davon ab, seine philosophischen Thesen in den Unterricht zu integrieren. Eine Ausnahme stellt die philosophische Frage nach dem Stellenwert der Selbstsorge dar. Dazu finden sich instruktive Materialien auch in einem Schulbuch für die Sekundarstufe I.[16]

Man kann aber mit Schülern und Schülerinnen durchaus Textauszüge von Foucault lesen und dadurch die Übung im eigenen Denken (als genuin philosophische Tätigkeit) im Philosophieunterricht kultivieren. Textauszüge aus »Was ist Aufklärung?« oder »Was ist Kritik?« von Foucault könnten im Unterricht gelesen und problematisiert werden. Auszüge aus weiteren Aufsätzen und vor allem auch Interviews mit Foucault eignen sich gut, um in sein Denken einzuführen.

Die Arbeit mit solchen Texten fördert die kritische Denktätigkeit der Schüler und Schülerinnen. Daran anschließend kann man mit diesem (neuen) Verständnis von Kritik als historisch-kritischer, experimenteller Haltung des Denkens daran gehen, Weltanschauungen, theoretische Ansätze, verschiedene Deutungsangebote immer wieder kritisch durchdenken zu lernen.

3. Foucault lesen im Philosophieunterricht?

Die Problemstellung der folgenden Unterrichtsidee ergibt sich aus der Frage: »*Was heißt: kritisches Selberdenken?*« in der Tradition der Aufklärung, die hier *nicht* als historische *Epoche*, sondern als übergreifendes *Projekt* verstanden wird. Mit Bezug auf Kant und Foucault sollen die Schüler und Schülerinnen darüber nachdenken, was sie unter den Begriffen Denken und Aufklärung verstehen, was kritisches Selberdenken ausmacht und wie es mit der Tätigkeit des Philosophierens verknüpft ist.

---

15 Ebd., S. 52.
16 Horizonte Praktischer Philosophie 9/10, Klett Leipzig 2002, S. 161.

3.1   Ideen für einen Einstieg

Entfaltung eines Begriffs durch Sinnergänzungen und Elfchen

Zunächst werden zwei zentrale Kategorien des Ansatzes von Foucault von den Schülern und Schülerinnen selbst begrifflich entwickelt. Ihr Vorverständnis zu den Begriffen *Denken* und *Aufklärung* wird bewusst gemacht. Dieses kann so im Prozess des Philosophierens immer wieder in die Reflexion einbezogen werden. Die Schüler und Schülerinnen sollen den Begriff des Denkens entfalten, indem sie sinnergänzende Begriffe zu den Buchstaben des Begriffs finden und diese jeweils durch Sätze näher charakterisieren.[17]

Ein Beispiel:

D *eutungsangebote*	*werden durch Denken hinterfragt.*
E *rkenntnisse*	*werden durch Denken gewonnen.*
N *eues*	*wird durch Denken erfahren.*
K *ritik*	*ist eine philosophische Denkhaltung.*
E *igenständigkeit*	*wird im Denken erfordert.*
N *eugier*	*ist eine Voraussetzung des Denkens.*

Die verschiedenen Vorschläge der Schüler und Schülerinnen werden präsentiert und diskutiert. Verschiedene Facetten dessen, was mit dem Begriff des Denkens verbunden wird, können gesammelt und auch systematisiert werden.

Anschließend schreiben die Schüler und Schülerinnen ein philosophisches Elfchen zum Begriff der Aufklärung. Elfchen bringen in knapper Form wesentliche Gedanken über ein philosophisches Thema, einen Begriff, ein Problem zum Ausdruck.[18] Die Form sieht folgendermaßen aus:

1 Wort auf der ersten Zeile
2 Wörter auf der zweiten Zeile
3 Wörter auf der dritten Zeile
4 Wörter auf der vierten Zeile
und 1 Wort zum Schluss.

Diese Vorgabe der Form erleichtert es weniger kreativen Schreibern, produktiv zu sein. Die Verarbeitung eines philosophischen Begriffs in einem Elfchen ermöglicht

---

17 Zu diesem kreativen Schreibverfahren vgl. Barbara Brüning, Philosophieren in der *Sekundarstufe. Methoden und Medien,* Weinheim, Basel, Berlin 2003, S. 93.
18 Vgl. ebd., S. 99.

es, zentrale Gedanken dazu so pointiert und zudem mit viel Spaß auf den Punkt zu bringen, dass über die formulierten Gehalten philosophiert werden kann. Bevor sich die Schüler und Schülerinnen also mit den Auffassungen von Kant und Foucault auseinander setzen, haben sie sich über zwei der zentralen Kategorien auf kreative und produktive Weise selbst verständigt.

Erstellen eines Clusters und Schreiben eines Miniaturtextes
Alternativ zu diesen beiden kreativen Schreibmethoden kann man auch einsteigen mit dem Erstellen eines Clusters und Schreiben eines Miniaturtextes. *Clustern* oder *Clustering* ist eine Technik, Einfälle und Assoziationen zu einem Begriff oder Thema zu ordnen und so zu strukturieren, dass sie den Ausgangspunkt für einen eigenen kleinen Text bilden. Man geht von einem zentralen Begriff aus, kreist ihn ein und beginnt dann, aus den Einfällen, die man zu diesem Begriff hat, ein Cluster (»Klumpen«) zu bilden. Dazu lagert man alle Assoziationen an, indem man sie ebenfalls aufschreibt, einkreist und mit einem Strich oder einem Pfeil mit der nächsten Vorstellung verbindet. Zusammen gehörende Assoziationen bilden eine Kette, neue Ideen gehen wieder vom Kern aus und bilden eine neue Spur. In die Kreise kann man Wörter, Sätze, Gedanken, Gefühle schreiben; alles, was einem einfällt, ist erlaubt. Wichtig ist, dass das Clustern ohne Anstrengung erfolgt; man schreibt einfach die Assoziationen auf, die im Fluss der Ideen auftauchen.

Wenn sich die Assoziationen erschöpfen, horcht man in sich, ob man erste Ideen für einen kleinen Text hat. Für diesen Text geht man von den Inhalten des Clusters aus. Man muss nicht alle Ideen des Clusters aufgreifen und verarbeiten, sondern nur die, die einem als wichtig erscheinen. Ein solcher Text umfasst etwa 12 Zeilen; er wird innerhalb von höchstens 15 Minuten geschrieben. Man kann, wenn sich der Text dem Ende nähert, versuchen, mit dem letzten Satz des kleinen Textes zum Ausgangssatz zurückzukehren. So erhält man eine »Miniatur«, eine kleine, geschlossene Texteinheit.[19] Das Verfahren soll hier mit Einbeziehung einer Akzentverschiebung in zwei Schritten umgesetzt werden.

19 Diese Idee stammt von Otto Kruse, *Keine Angst vor dem leeren Blatt. Ohne Schreibblockaden durchs Studium*, Frankfurt a. M. 2004, S. 33 ff.

Erster Schritt
Die Schüler und Schülerinnen erstellen ein Cluster zum Begriff:

AUSGANG

Zweiter Schritt
Die Ideen und Assoziationen werden zur Interpretation der zentralen Definition der Aufklärung von Kant genutzt und in einem Miniaturtext verarbeitet: »Aufklärung ist der Ausgang des Menschen aus seiner selbst verschuldeten Unmündigkeit.« Die Aufgabenstellung lautet folgendermaßen:

1. Probieren Sie aus, ob sich Ihre Assoziationen zum Begriff »AUSGANG« mit dem Satz von Kant sinnvoll verbinden lassen. Entfalten Sie in einem kleinen Text, inwiefern »Aufklärung« ein »Ausgang« ist.
2. Halten Sie die Forderung nach Aufklärung heute noch für wichtig, oder sind wir bereits aufgeklärt? Schreiben Sie eine kurze Stellungnahme.

3.2 »Was ist Aufklärung?« – Textinterpretation durch Sortieren eines Textpuzzles

Die Auffassungen von Kant[20] und Foucault[21] zur Frage: »*Was ist Aufklärung?*« werden produktionsorientiert erarbeitet. Die beiden Textauszüge werden zerschnitten, gemischt und den Schülern und Schülerinnen in Form eines Puzzles zur Verfügung gestellt. Sie werden aufgefordert, eine sinnvolle Ordnung herzustellen und ihre Rekonstruktion zu begründen. Auf diese Weise werden die Schüler und Schülerinnen in die Lage versetzt, die Gedanken beider Philosophen zu lesen, zu interpretieren und aufeinander zu beziehen, ohne dass der Lehrer bzw. die Lehrerin lenkend eingreifen muss.

---

20 Immanuel Kant, »Beantwortung der Frage: Was ist Aufklärung?«, in: *Werkausgabe*, Bd. XI, Wilhelm Weischedel (Hg.), Frankfurt a. M. $3 1977, S. 53–61, hier: AA 8.
21 Michel Foucault, »Was ist Aufklärung?«, in: Eva Erdmann, Rainer Forst, Axel Honneth (Hg.), a. a. O. (Anm. 2).

Immanuel Kant: Was ist Aufklärung?

Aufklärung ist der Ausgang des Menschen aus seiner selbst verschuldeten Unmündigkeit. Unmündigkeit ist das Unvermögen, sich seines Verstandes ohne Leitung eines anderen zu bedienen. Selbstverschuldet ist diese Unmündigkeit, wenn die Ursache derselben nicht am Mangel des Verstandes, sondern der Entschließung und des Mutes liegt. Sapere aude! Habe Mut, dich deines eigenen Verstandes zu bedienen! ist also der Wahlspruch der Aufklärung

Faulheit und Feigheit sind die Ursachen, warum ein so großer Teil der Menschen, nachdem sie die Natur längst von fremder Leitung frei gesprochen (naturaliter maiorennes), dennoch gerne zeitlebens unmündig bleiben; und warum es so leicht wird, sich zu deren Vormündern aufzuwerfen. Es ist so bequem, unmündig zu sein. Habe ich ein Buch, das für mich Verstand hat, einen Seelsorger, der für mich Gewissen hat, einen Arzt, der für mich die Diät beurteilt, u. s. w.: so brauche ich mich ja nicht selbst zu bemühen. Ich habe nicht nötig zu denken, wenn ich nur bezahlen kann; andere werden das verdrießliche Geschäft schon für mich übernehmen.

Daß bei weitem der größte Teil der Menschen (darunter das ganze schöne Geschlecht) den Schritt zur Mündigkeit, außer dem dass er beschwerlich ist, auch für sehr gefährlich halte: dafür sorgen schön jene Vormünder, die die Oberaufsicht über sie gütigst auf sich genommen haben. Nachdem sie ihr Hausvieh zuerst dumm gemacht haben, und sorgfältig verhüteten, dass diese ruhigen Geschöpfe ja keinen Schritt außer dem Gängelwagen, darin sie sie einsperrten, wagen durften: so zeigen sie ihnen nachher die Gefahr, die ihnen drohet, wenn sie es versuchen, allein zu gehen.

Nun ist diese Gefahr zwar eben so groß nicht, denn sie würden durch einigemal Fallen wohl endlich gehen lernen; allein ein Beispiel von der Art macht doch schüchtern, und schreckt gemeiniglich von allen ferneren Versuchen ab. Es ist also für jeden einzelnen Menschen schwer, sich aus der ihm beinahe zur Natur gewordenen Unmündigkeit herauszuarbeiten. Er hat sie sogar lieb gewonnen, und ist vor der Hand wirklich unfähig, sich seines eigenen Verstandes zu bedienen, weil man ihn niemals den Versuch davon machen ließ.

Satzungen und Formeln, diese mechanischen Werkzeuge eines vernünftigen Gebrauchs oder vielmehr Missbrauchs seiner Naturgaben, sind die Fußschellen einer immerwährenden Unmündigkeit. Wer sie auch abwürfe, würde dennoch auch über den schmalsten Graben einen nur unsicheren Sprung tun, weil er zu dergleichen freier Bewegung nicht gewöhnt ist. Daher gibt es nur wenige, denen es gelungen ist, durch eigene Bearbeitung ihres Geistes sich aus der Unmündigkeit heraus zu wickeln, und dennoch einen sicheren Gang tun. [...]

Wenn nun gefragt wird: Leben wir in einem aufgeklärten Zeitalter? so ist die Antwort: Nein, wohl aber in einem Zeitalter der Aufklärung.

Michel Foucault: Was ist Aufklärung?

[...]
Kant definiert die *Aufklärung* auf beinahe gänzlich negative Weise als *Ausgang*. In seinem Text über die *Aufklärung* betriff die Frage die reine Aktualität. Er sucht nicht die Gegenwart von einer Ganzheit oder einer zukünftigen Vollendung her zu verstehen. Er sucht einen Unterschied: Welchen Unterschied führt sie heute gegenüber gestern ein? [...]

Kant beschreibt die Aufklärung als den Moment, in dem die Menschheit, ohne sich irgendeiner Autorität zu unterwerfen, von ihrer eigenen Vernunft Gebrauch machen wird; nun ist aber genau in diesem Moment die *Kritik der Vernunft* vonnöten, weil sie die Rolle hat, die Bedingungen festzulegen, unter denen der Gebrauch der Vernunft rechtmäßig ist, um das zu bestimmen, was man erkennen kann, was man tun muss und was man hoffen darf. Ein unrechtmäßiger Gebrauch lässt zusammen mit der Illusion den Dogmatismus und die Fremdbestimmung entstehen; und umgekehrt kann der rechtmäßige Gebrauch der Vernunft, in seiner Autonomie als gesichert gelten. Die *Kritik* ist gewissermaßen das Handbuch der in der *Aufklärung* mündig gewordenen Vernunft, und umgekehrt ist die *Aufklärung* das Zeitalter der *Kritik*. [...]

Dieser kleine Text von Kant bildet ein Scharnier zwischen der kritischen Reflexion und der Reflexion der Geschichte. Es ist eine Reflexion Kants über die Aktualität seines Unternehmens. Es ist sicher nicht das erste Mal, dass ein Philosoph die Gründe angibt, die er hat, sein Werk in diesem oder jenem Moment zu unternehmen. Aber es scheint mir das erste Mal zu sein, dass ein Philosoph auf eine solche Weise, eng und von innen heraus, eine Verbindung zwischen der Bedeutung seines Werkes im Verhältnis zur Erkenntnis, einer Reflexion über die Geschichte und einer eigenständigen Analyse des einzigartigen Moments, in dem er schreibt und aufgrund dessen er schreibt, herstellt. Die Reflexion über »heute« als Differenz in der Geschichte und als Beweggrund für eine eigenständige philosophische Aufgabe scheint mir das Neuartige an diesem Text zu sein. [...]

Ich wollte eine Art philosophischen Fragens, das zugleich die Beziehung zur Gegenwart, die geschichtliche Seinsweise und die Konstitution seiner selbst als autonomes Subjekt problematisiert, in der *Aufklärung* hervorheben; ich wollte zum anderen deutlich machen, dass der Faden, der uns auf diese Weise mit der *Aufklärung* verbinden kann, nicht die Treue zu den Elementen einer Lehre, sondern vielmehr die permanente Reaktivierung einer Haltung ist, das heißt eines philosophischen *ethos*, das man als permanente Kritik unseres geschichtlichen Seins charakterisieren könnte. [...]

Vieles in unserer Erfahrung überzeugt uns, daß das historische Ereignis der *Aufklärung* uns nicht mündig gemacht hat und daß wir es noch immer nicht sind. Dennoch scheint mir, daß der kritischen Befragung der Gegenwart und unserer selbst, die Kant in einer Reflexion über die *Aufklärung* formulierte, eine Bedeutung verliehen werden kann. Es scheint mir, daß Kants Reflexion selbst eine Weise des Philosophierens ist, die während der letzten zwei Jahrhunderte nicht ohne Bedeutung oder Wirksamkeit geblieben ist. Die historisch-kritische Analyse unserer selbst darf beileibe nicht als eine Theorie, eine Doktrin betrachtet werden, auch nicht als ständiger, akkumulierender Korpus von Wissen; sie muß als eine Haltung vorgestellt werden, ein *Ethos*, ein philosophisches Leben, in dem die Kritik dessen, was wir sind, zugleich die historische Analyse der uns gegebenen Grenzen ist und ein Experiment der Möglichkeit ihrer Überschreitung. [...]

Arbeitsanregungen:

- Diese Puzzle-Stücke stammen aus Texten von Immanuel Kant und Michel Foucault, die sich beide mit der Frage: »Was ist Aufklärung?« beschäftigt haben, der eine 1783/84 und der andere 200 Jahre später. Versuchen Sie, aus den Puzzle-Stücken eine sinnvolle Ordnung herzustellen.
- Begründen Sie Ihre Rekonstruktion.

Die Schüler und Schülerinnen stellen ihre Ergebnisse vor. Die beiden zentralen Begriffe von Aufklärung, das kritische Selberdenken und die Befreiung aus Unmündigkeit bzw. die Haltung des experimentellen, kritischen Denkens werden erarbeitet, gegenübergestellt und verglichen. Die Ergebnisse werden kontrastiert mit den Gedanken, die die Schüler und Schülerinnen selbst in dem Elfchen bzw. dem Miniaturtext zum Ausdruck gebracht haben. Leistungen und Grenzen der Aufklärungsidee von Michel Foucault und ihr Aktualitätsgehalt können anschließend diskutiert werden.

3.3 Anschlussmöglichkeiten

Im Anschluss an die Textauszüge zur Frage »Was ist Aufklärung?« kann man einen Textauszug Foucaults zum Verständnis von Philosophie und der Bedeutung des Gedankens, sich im Denken von sich selbst zu lösen, bearbeiten.[22]

---

22 Michel Foucault, *Der Gebrauch der Lüste. Sexualität und Wahrheit*, Bd. 2, Übersetzt von Ulrich Raulff und Walter Seitter, Frankfurt a. M. 1993, S. 15 f.

Es war Neugier, die einzige Art Neugier, die die Mühe lohnt, mit einiger Hartnäckigkeit betrieben zu werden: nicht diejenige, die sich anzueignen sucht, was zu erkennen ist, sondern die, die es gestattet, sich von sich selbst zu lösen. Was sollte die Hartnäckigkeit des Wissens taugen, wenn sie nur den Erwerb von Kenntnissen brächte und nicht in gewisser Weise das Irregehen dessen, der erkennt? Es gibt im Leben Augenblicke, da die Frage, ob man anders denken kann, als man denkt, und anders wahrnehmen kann, als man sieht, zum Weiterschauen und Weiterdenken unentbehrlich ist. Man wird mir vielleicht sagen, daß diese Spiele mit sich selber hinter den Kulissen zu bleiben haben [...] Aber was ist die Philosophie heute – ich meine die philosophische Aktivität – wenn nicht die kritische Arbeit des Denkens an sich selber? Und wenn sie nicht, statt zu rechtfertigen, was man schon weiß, in der Anstrengung liegt, zu wissen, wie und wie weit es möglich wäre, anders zu denken? Es ist immer etwas Lächerliches im Diskurs, wenn er von außen den anderen vorschreiben will, wo ihre Wahrheit liegt und wo sie zu finden ist, oder wenn er ihnen in naiver Positivität vorschreiben will, wie sie zu verfahren haben. Aber es ist sein Recht zu erkunden, was in seinem eigenen Denken verändert werden kann, indem er sich in einem ihm fremden Wissen versucht. Der »Versuch« – zu verstehen als eine verändernde Erprobung seiner selber und nicht als vereinfachende Aneignung des anderen zu Zwecken der Kommunikation – ist der lebende Körper der Philosophie, sofern diese jetzt noch das ist, was sie einst war: eine Askese, eine Übung seiner selber, im Denken. [...]
  Foucault; Michel: SW II; Der Gebrauch der Lüste. S. 15 f.

Der Textauszug kann mit anderen philosophischen Textauszügen (von Montaigne oder Nietzsche) verglichen und diskutiert werden.

    Anschließend können im Unterricht weitere Textauszüge unter folgenden Leitfragen gelesen und problematisiert werden: Was versteht Foucault darunter, »sich von sich selbst zu lösen«[23]? Was versteht Foucault unter »Macht« und inwieweit ist es möglich, die »Linie der Macht«[24] zu überschreiten? Wie wichtig ist die »Beschäftigung mit einem selbst«, die »Sorge um sich«?[25] So kann eine allgemeine Verständnisgrundlage in Hinsicht auf Foucaults Problematisierung des Subjekts in der Geschichte geschaffen werden.

    Inzwischen gibt es neben den Schriften in vier Bänden auch verschiedene Auf-

---

23 Michel Foucault, *Sexualität und Wahrheit 2 – Der Gebrauch der Lüste*, Frankfurt a. M. 2002, S. 9–21.
24 Foucault, Michel: »Subjekt und Macht«, in: ders., *Analytik der Macht*. Daniel Defert, Francois Ewald (Hg.) unter Mitarbeit von Jacques Lagrange. Auswahl und Nachwort von Thomas Lemke, Frankfurt a. M. 2005, S. 240–263.
25 Michel Foucault, »Die Ethik der Sorge um sich als Praxis der Freiheit«, in: ders., *Analytik der Macht*. a. a. O. (Anm. 25), S. 274–300.

satzsammlungen,[26] in denen die Auffassungen Foucaults in kürzerer und verständlicher Form dargelegt sind und die man für didaktische Reduktionen nutzen kann. Es ist einen *Versuch* wert, im Philosophieunterricht Texte von Foucault zu lesen. Besonders im Kontext der Frage nach dem Verhältnis von Weltanschauung und schulischer Bildung scheint ist mir zentral zu sein, ein Verständnis von Philosophie als Kritik neu zu akzentuieren und die Bedeutung der Kompetenz des eigenen Denkens zu betonen.

---

26 Michel Foucault, *Analytik der Macht*, a. a. O. (Anm. 24); Michel Foucault, *Ästhetik der Existenz. Schriften zur Lebenskunst*, Daniel Defert, Francois Ewald (Hg.), unter Mitarbeit von Jacques Lagrange. Auswahl und mit einem Nachwort von Martin Saar, Frankfurt a. M. 2007.

Donat Schmidt

Vorurteile und Weltanschauung

1. Weltanschauungen und Vorurteile, Deutungsmuster und Urteile

Weltanschauungen sind subjektiv-intuitive, mutmaßlich unfundierte Zugänge zur Welt, die sozial induziert und sprachlich vermittelt sind. Sie sind historisch gewachsene Denk- und Wertesysteme, welche die soziale Ordnung stützen bzw. konstituieren. Weltanschauungen gelten daher als unreflektiertes Orientierungswissen, dass sich recht nah am Ideologischen bewegt – wenn nicht gar deckungsgleich mit diesem ist. Insofern ist das Verhältnis von Weltanschauung und Philosophie ausgesprochen spannend: Philosophie ist ebenfalls ein Orientierungssystem, allerdings zeichnet es sich eher durch Reflexivität, durch kritisches Hinterfragen aus. Philosophie bietet wenig inhaltliche Orientierung, vielmehr bietet sie Orientierungskompetenzen: analytische Techniken, verschiedene Denkmethoden und dialektisch-diskursive Verfahren. Insofern wird die Philosophie – trotz aller Ähnlichkeiten mit Weltanschauungen – als kritisches Korrektiv zu diesen verstanden. Seit jeher sieht die Philosophie es als ihre Aufgabe an, weltanschauliche Deutungsmuster in reflektierte Deutungsmuster, »doxa« in »episteme« zu überführen – nicht erst seit Bacon oder Kant.

Vorurteile, so die Ausgangsüberlegung dieses Artikels, haben ihren Ursprung in Weltanschauungen. Zugleich üben Vorurteile – wie ich zeigen werde – einen großen Einfluss auf die moralische Urteilsbildung aus. Sollte es also die Aufgabe der Philosophie sein, aus Vorurteilen reflektierte Urteile zu formen? Meine provokante These als Antwort auf diese Frage lautet: Nein, Vorurteile sollen nicht »abgebaut« werden. Mehr noch: Weltanschauungen sollten nicht kategorisch in reflektierte Deutungsmuster überführt werden.

Ziel des Artikels ist es, diese These zu entfalten und etwas nuancierter darzustellen sowie nachvollziehbar zu begründen. Dazu werde ich zunächst erklären, was Vorurteile ausmacht, wie sie funktionieren, worin ihr Einfluss auf das moralische Urteil besteht und wieso verschiedene Einwände gegen Vorurteile unbegründet sind. Letztlich werde ich den Zusammenhang von Vorurteilen und Weltanschau-

ungen nochmals aufgreifen, um zu erläutern, wann meiner Meinung nach die
Philosophie das Recht und ggf. auch die Pflicht hat, Weltanschauungen kritisch
zu hinterfragen.

2.   Vorurteile – Strukturmerkmale und Definitionsansätze

Der Begriff des Vorurteils ist seit jeher emotional besetzt. Vorurteile gelten als Feind
der Vernunft, als Widersacher der Erkenntnis, Gegenspieler der Urteilskraft – sogar
als Grund für gesellschaftliche Missstände. Gerade die philosophische Auseinandersetzung mit Vorurteilen hat einen großen Anteil an der negativen Deutung von
Vorurteilen. Über die historische Entwicklung der Sichtweise auf Vorurteile und
verschiedene Vorurteilstheorien wurde bereits an anderer Stelle Einiges geschrieben.[1] Um die gängigen »Vorurteile« über Vorurteile differenzierter betrachten zu
können, ist es nötig, Merkmale und Strukturelemente von Vorurteilen genauer
herauszuarbeiten.

Das Vorurteil als Urteil – Erste Annäherungen an den Vorurteilsbegriff

Aus heutiger Sicht bleibt zu konstatieren, dass Vorurteile sich deutlich von bloßen Meinungen unterscheiden. Vorurteile weisen vielmehr eine Urteilsstruktur
(»aufgrund von a gilt: x ist y«) auf – d.h. es werden zusätzlich zur Behauptung
Begründungen angeführt. Dabei sind Vorurteile – anders als in der philosophischen Tradition bisweilen behauptet – keinesfalls inhaltlich falsche Urteile. Man
sollte, um eine schlüssige Arbeitsdefinition zu gewinnen, den Wahrheitsgehalt
eher unbestimmt lassen, also Vorurteile wahrheitsneutral definieren. Dieser
Konzeption entspricht das Verständnis des Vorurteils als Wahrscheinlichkeits-
schluss.[2]
 Interessant ist die Frage nach der Qualität der Begründung des Vorurteils. Einige
Autoren sehen die Begründung als unsachgemäß an, einige halten sie für nicht
hinreichend. Der Urteilende empfindet jedoch die Begründung als sachgemäß
und hinreichend. Um eine Unterscheidung zwischen Vorurteilen und »zulässi-
gen Urteilen« zu ermöglichen, muss jener subjektive Eindruck berücksichtigt und

---

1 Vgl. Donat Schmidt, »Studien zum Vorurteilsbegriff«, in: Peggy H. Breitenstein, Joachim Siebert,
Volker Steenblock, *Geschichte – Kultur – Bildung: Philosophische Denkrichtungen*, Hannover 2007.
2 Vgl. Bernd Schlöder, »Soziale Vorstellungen als Bezugspunkte von Vorurteilen«, in: Franz Petermann,
Bernd Schäfer, *Vorurteile und Einstellungen – Sozialpsychologische Beiträge zum Problem sozialer Orientierung. Festschrift für Reinhold Bergler*, Köln 1988, S. 75.

erklärt sowie als subjektive Wahrnehmung verdeutlicht werden, da die Begründung von Vorurteilen de facto defizitär ist.[3]

Was der Inhalt der Vorurteile bezüglich ihres Gegenstandes ist, wandelt sich in der Tradition der Vorurteilstheorien in Abhängigkeit von den Forschungsschwerpunkten der Autoren. In den logisch orientierten und erkenntnistheoretisch akzentuierten Betrachtungen der Aufklärungszeit wird vordergründig die inhaltliche Zuschreibung von Merkmalen thematisiert (kognitive Komponente, Attribuierung), während die soziologischen und sozialpsychologischen Ansätze des 20. Jahrhunderts primär die sozialen Auswirkungen von Vorurteilen untersuchen und daher die Zuschreibung von Gefühlen oder Einstellungen (affektiv-evaluative Komponente, Wertung) hervorheben. Beide Sichtweisen schließen einander nicht aus. Es dürfte daher Konsens sein, dass es sich bei Vorurteilen um kognitive Konzepte handelt (d. h. innere Vorstellungen zu einem bestimmten Sachverhalt), an die bestimmte affektive Wertungen (gleichgültig, ob positiv oder negativ) geknüpft sind, welche die Attribuierung normativ aufladen. Man kann Vorurteilen demgemäß eine kognitive und eine affektive oder normativ-evaluative Komponente zusprechen. Diese Zuschreibungen führen zu einer – in der Tradition meist negativ gewerteten – Veränderung der Wahrnehmung des Vorurteilsgegenstandes sowie möglicherweise zu einem anderen Verhalten gegenüber dem entsprechenden Objekt.

Als Ursprünge der Vorurteile gelten aus heutiger Sicht soziale Faktoren. Wenngleich man ausschließen kann, dass die Entstehung von Vorurteilen auf die Persönlichkeitsstruktur des Urteilenden zurückzuführen ist, geht ein Vorurteil dennoch stets von einem Urteilenden aus. Das zu entwickelnde Strukturmodell muss daher mindestens zwei Ebenen aufweisen: Die *Oberflächenstruktur* verdeutlicht, wie ein Vorurteil getroffen wird, wie es funktioniert – dies ist die Ebene des urteilenden Subjekts.

Die *Tiefenstruktur* hingegen müsste erklären, wieso es zu den entsprechenden Zuschreibungen kommt und wieso die Begründung des Vorurteils dem Subjekt nicht defizitär erscheint. Es handelt sich um eine Ebene, die dem urteilenden Subjekt reflexiv schwer zugänglich ist und die zeigt, wie soziale Faktoren die Vorurteilsbildung beeinflussen. Sie enthält soziale Vorstellungen, die dem Individuum nicht bewusst sind und die das Weltbild des Individuums ausmachen. Die beiden Ebenen – Oberflächenstruktur und Tiefenstruktur – sollen nun genauer beschrieben werden (vgl. Abb. 1).

---

3 Problematisch kann die Begründung auf verschiedenen Ebenen sein: 1. Die empirische Datenbasis ist (zu) gering/überhaupt nicht existent. 2. Prämissen und Schluss bilden keine logische Struktur. 3. Empirische Belege sprechen gegen die Begründung. Anmerkung: Die Begründung muss aus Abgrenzungsgründen als defizitär definiert werden, um eine viable Arbeitsdefinition zu erhalten.

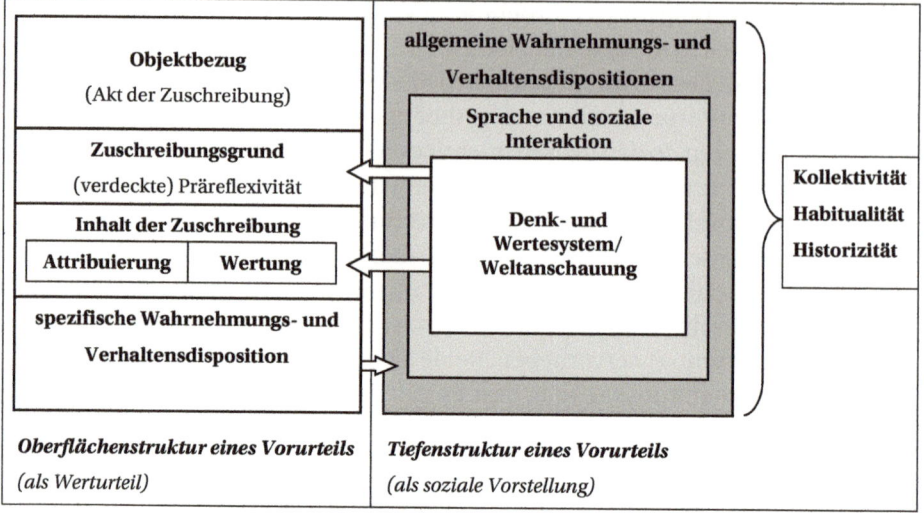

Abb. 1: Das Vorurteil als Werturteil und soziale Vorstellung

Das Vorurteil als Werturteil – Oberflächenstruktur des Vorurteils

Auf der Ebene des urteilenden Subjekts zeigt sich das Vorurteil als Werturteil. Zunächst bleibt festzuhalten, dass sich Vorurteile immer auf ein Objekt (eine Person oder Sache) beziehen. Das Objekt wird im Akt der Zuschreibung erst zu einem solchen. Ihm werden aufgrund einer bestehenden Wahrnehmungsdisposition Merkmale zugeschrieben, die es einer bestimmten Kategorie zuordnen (Kategorisierungsprozess). So wird das »Ausländersein« erst zum Unterscheidungskriterium zwischen Menschen usw. – Entsprechend existiert innerhalb eines Vorurteils ein *Objektbezug* als verbindendes Element zwischen dem Objekt und der Zuschreibung eines Attributs/einer Wertung. Der Objektbezug benennt, über welches Objekt etwas gesagt wird. Dieser Bezug entsteht mit dem *Zuschreibungsakt*, der aufzeigt, was über das im Objektbezug zugeordnete Objekt gesagt wird.

Objektbezug und Zuschreibungsakt
(a) »Ausländer sind kriminell.«
(b) »Fisch ist gesund.«
(c) »Lügen ist schlecht.«
(d) »Der Eco-Roman ›Die geheimnisvolle Flamme der Königin Loana‹ ist nicht lesenswert.«

Der *Inhalt der Zuschreibung* ist, wie bereits angedeutet, einerseits kognitiver Natur, andererseits normativ aufgeladen bzw. emotional besetzt. Der kognitive Inhalt ist die *Attribuierung*, die Zuschreibung von bestimmten Merkmalen, welche die Kategorisierung bedingen. Der emotional besetzte Inhalt ist die *Wertung* – d. h. die Gesinnung, die der Vorurteilsträger der Kategorisierung wegen gegenüber dem Objekt einnimmt. Die Wertung macht das Vorurteil zum Werturteil.

Attribuierung (Stereotypenkomponente/kognitiver Zuschreibungsinhalt)
Was genau heißt das im Bezug auf jene Person oder Sache?
   (a) »Ausländer begehen häufig Straftaten.«
   (b) »Wer Fisch isst, tut etwas Positives für seinen Körper. Fisch ist gesünder als Fleisch.«
   (c) »Lügen ist ein unerwünschtes Verhalten.«
   (d) »Der Roman hat einige Längen und statt des Aufbaus eines Spannungsbogens verliert sich der Autor in Exkursen.«

Wertung (affektiver bzw. normativ-evaluativer Zuschreibungsinhalt)
Wie wird jene Person oder Sache beurteilt?
   (a) »Ausländer sind böse Menschen.«
   (b) »Fisch zu essen ist erstrebenswert.«
   (c) »Lügen sind böse. Wer lügt, ist böse.«
   (d) »Langweilig!«

Die Zuschreibung geschieht aus einem bestimmten Grund. Hier kommt eine Besonderheit des Vorurteils gegenüber anderen Werturteilen zum Tragen: Es wird zwar ein Grund angeführt, doch dieser Grund erweist sich als (unbewusst) vorgeschobener Grund. Er wird subjektiv, also vom Urteilenden selbst, als wahrer Grund für das Urteil und als Tatsache angenommen. Allerdings ist dies nicht der Grund, den Außenstehende als wahren Grund der Zuschreibung ausmachen können. Das Urteil steht bereits vor einer Abwägung fest und erst im Nachhinein wird eine – nicht weiter auf Konsistenz geprüfte – Begründung gesucht.[4] Der wahre *Zuschreibungsgrund* ist nicht reflektiert (Präreflexivität), wird jedoch nachträglich rational begründet (verdeckt). Dass die Aussage »Ausländer sind kriminell« durch eine rassistische Einstellung bedingt ist, gesteht niemand ein – vielmehr werden verschiedene andere Argumente bemüht.

---

4 Vgl. Jonathan Haidt, »The emotional dog and its rational tail – a social intuitionist approach to moral judgement«, in: *Psychological Review* 108, 2001, S. 814–836.

angeführter Zuschreibungsgrund (verdeckte Präreflexivität)
Welcher Grund wird für die Zuschreibung bei einer Nachfrage angeführt?
  (a) »Ausländer sind schlecht erzogen; ihnen fehlt die gute deutsche Ordnung.«
  (b) »Fisch enthält wichtige Eiweiße, wertvolle Mineralstoffe und Fettsäuren –
      sagen Ernährungsexperten.«
  (c) »Ich will nicht gern belogen werden. Niemand will gern belogen werden.«
  (d) »Das steht so in den amazon-Bewertungen.«

Während sich die Attribuierung im Entstehen einer *Wahrnehmungsdisposition*
äußert, schlägt sich die Wertung in einer *Verhaltensdisposition* nieder. Diese Dispositionen legen letztlich den Urteilenden fest, welche Personen bzw. Sachen in
welchem Maße das Objekt von Vorurteilen werden und wie diese betrachtet und
bewertet werden.

spezifische Wahrnehmungs- und Verhaltensdisposition
*Welche Konsequenzen entspringen daraus für die individuelle Wahrnehmung bzw.
das individuelle Verhalten?*
  (a) auf kriminelle Verhaltensweisen von Leuten mit fremdländischem Aussehen
      oder fremden Namen besonders achten; Ausländer meiden
  (b) hohen Schadstoffgehalt in Fischen vernachlässigen; Fischgeschmack positiv
      erleben; Fisch essen; schlechtes Gewissen bei Fleischverzehr
  (c) weitere Aussagen von Leuten, die einen belogen haben besonders skeptisch
      betrachten; Lügen vermeiden; Lügner abwerten
  (d) Augenrollen bei Exkursen; das Buch wird nur widerwillig und sehr kritisch
      gelesen bzw. erst gar nicht gekauft/gelesen

Auf dieser Ebene stellen sich Vorurteile folglich als Werturteile dar, die konkrete
Personen oder Sachen als Objekte einer Kategorie zuweisen, wobei der wahre
Zuschreibungsgrund unbewusst bzw. unreflektiert ist (im Sinne einer – meist ver-
deckten – Präreflexivität).

Das Vorurteil als soziale Vorstellung – Tiefenstruktur des Vorurteils

Es ist nicht anzunehmen, dass Vorurteile bereits vor aller Sozialisation vorhanden
sind. Man geht davon aus, dass Vorurteilsstrukturen ab dem zweiten Lebensjahr
aufgebaut werden. Ob etwas wahr oder unwahr, richtig oder falsch, gut oder böse
ist, muss von Kindern erst »erlernt« werden – oder besser: es muss in Gewohn-
heit übergehen. Als verinnerlichte Denkmuster haben Vorurteile gleichsam eine
normative Kraft. »Lügen ist böse, sagt man.« Die Präskriptivität des Denkmusters

entsteht im Zuge der Gewöhnung. Doch wie genau werden im Laufe der Sozialisation Vorurteile induziert?

Das Subjekt ist in seinen Vorurteilen stets in soziale Vorstellungen eingebunden. Diese sozialen Vorstellungen gründen zunächst auf *allgemeinen Wahrnehmungs und Verhaltensdispositionen* – also Dispositionen, die zwar individuell verschieden sein können, aber sich nicht auf konkrete Objekte beziehen.[5] Gemeint sind grundlegende Wahrnehmungs- und Verhaltensvoraussetzungen, welche Wahrnehmung und Verhalten von vornherein lenken bzw. einschränken: biologische Voraussetzungen (bspw. Wahrnehmungsapparat, Reflexe, Instinkte), das soziale Umfeld usw.

Diese Dispositionen prägen ihrerseits die *Sprache und soziale Interaktion* – und werden von ihr wiederum beeinflusst. Der Sprache kommt in diesem Zusammenhang eine besondere Funktion zu: Sie stellt das begriffliche Repertoire bereit, das eine Kategorisierung und somit eine Orientierung des Individuums innerhalb seiner Lebenswelt ermöglicht.

Durch (sprachliche) Interaktion entsteht innerhalb des sozialen Systems des Individuums ein *Denk- und Wertesystem* – die *Weltanschauung*.[6] Die Erfahrungen, die das Individuum im Austausch mit seinen Mitmenschen sammelt, schlagen sich in seiner Weltanschauung nieder. Dabei ist dieses Denk- und Wertesystem dem Individuum als solches nicht bewusst, sondern es bildet für ihn den unhintergehbaren Grund seiner Anschauungen. Es wird erst dann reflektiert und teilweise reflektierbar, wenn sich unüberwindbare Risse in der Konsistenz des Weltbildes offenbaren.

Dies ist in Bezug auf Vorurteile insofern relevant, als sowohl der Zuschreibungsgrund als auch der Zuschreibungsinhalt eines Vorurteils durch das Werte- und Denksystem des Urteilenden determiniert ist: Das Denk- und Wertesystem definiert die Attribuierung und Wertung und liefert Begründungen für jede Art von Vorurteilen. Das Denksystem bildet das Reservoir, aus dem sich die vom Urteilenden angeführten (Schein-)Argumente speisen. Dabei wird das Vorurteil als kognitiv-evaluative Einheit durch das Denk- und Wertesystem stabilisiert und durch die Verdeckung des wahren Zuschreibungsgrundes immunisiert.

Diese Immunisierung ist zugleich eine Art Selbstschutz des Denk- und Wertesystems, das die Konsistenz des Weltbildes wahrt. Die Tatsache, dass die spezifisch auf das jeweilige Objekt bezogene Dispositionen vor allem Konsistenz erhaltende Erfahrungen zulassen und in die allgemeinen Wahrnehmungs- und Verhaltensdis-

---

5 Vgl. Bernd Schlöder, »Soziale Vorstellungen als Bezugspunkte von Vorurteilen«, in: Franz Petermann, Bernd Schäfer, a. a. O. (Anm. 2), S. 78 ff. Ähnlich, in der Konsequenz jedoch negativ, sind Bacons idola tribus und idola specus zu deuten.

6 Vgl. ebd. Eine Analogie zu Bacons idola fori und idola theatri ist auch hier denkbar.

positionen einfließen lassen, wirkt sich wiederum stabilisierend auf das Denk- und Wertesystem aus.

Auf dieser tiefer liegenden Ebene sind Vorurteile als soziale Vorstellung zu verstehen. Vorurteile sind eine *Anwendung der Weltanschauung auf konkrete lebensweltliche Phänomene* (die dadurch zu Objekten von Vorurteilen werden). Letztlich werden Vorurteile über die Weltanschauung durch soziale Interaktion vermittelt, weshalb sie auch einen kollektiven Charakter aufweisen: Sie werden innerhalb sozialer Systeme habitualisiert und sind in diesen historisch gewachsen. So viel zum Verhältnis von Vorurteilen und Weltanschauung.

3. Vorurteile und Vorurteilskritik – Vorurteile über Vorurteile

Es gibt innerhalb der Philosophiegeschichte eine ganze Reihe von vorurteilskritischen Denkansätzen. Diese lassen sich im Großen und Ganzen wie folgt systematisieren und kritisch kommentieren:

1. *Vorurteilen mangelt es an Erfahrung, sie sind folglich vorschnelle und unzulässige Verallgemeinerungen.* Alle induktiv gewonnen Urteile sind hinsichtlich ihrer Begründung mehr oder weniger unsicher. Es ist de facto nicht möglich, alle Einzelfälle zu prüfen, alle Erscheinungen zu untersuchen. Ab wann ist ein Urteil vorschnell gefällt, ab wann ist eine Verallgemeinerung zulässig? Eine nicht-zirkuläre Unterscheidung von Urteil und Vorurteil scheint auf diesem Wege nicht erreichbar. Häufig sind es gerade Erfahrungen, auf die sich Vorurteile berufen. Wenn z. B. ein Mensch mit ausländerfeindlicher Einstellung behauptet, dass Ausländer kriminell seien, so fußt dies meist auf bestimmten Statistiken und Erfahrungen. Wenn man ihm die Aufgabe stellen würde, weitere Beobachtungen anzuschließen, würde dies nicht notwendig seinen Horizont erweitern. Vielmehr wären diese Beobachtungen durch seine Weltanschauung vorgeprägt bzw. gelenkt.
2. *Vorurteile verhindern das Selbstdenken und verhindern somit autonome, freie und moralische Handlungen.* Zu verhindern wäre demnach die unreflektierte Stützung auf Autoritäten und Traditionen. Dem zweiten Teilsatz (Vorurteile verhindern autonome Handlungen) ist entgegenzusetzen, dass Vorurteile Handlungen überhaupt erst ermöglichen. Ein radikaler Vernunftgebrauch, ein stetes Abwägen, ein Handeln ohne Vorurteile ist nämlich aus pragmatischen Gründen unmöglich. Zum einen würde man nicht alle urteilsrelevanten Umstände erfassen können, zum anderen würde eine derart intensive Reflexion zeitnahes Handeln vereiteln. Wer den Anspruch hat, alles abzuwägen, ist gänzlich handlungsunfähig. Der erste Teilsatz (Vorurteile

verhindern das Selbstdenken) ist ebenso problematisch: Vorurteile schaffen vielmehr Denk- und Reflexionsräume. Erst wenn man imstande ist, seine Welt zu kategorisieren, kann man die dadurch frei gewordenen Potentiale für Reflexionen nutzen.[7] Vorurteile sind übernommene Urteile und Meinungen. Erst wenn sich ein Mensch Meinungen aneignet (und sich mit ihnen auseinandersetzt), kann er eine größere Reflexionstiefe erreichen.[8] Dies ist wohl auch der Grund dafür, dass man sich im philosophischen Unterricht mit verschiedenen Denktraditionen auseinandersetzt. Nun könnte man einwenden, dass dies ja wohl nicht dasselbe ist: die kritische Reflexion von Theoriegebäuden und die Tatsache, eine Weltanschauung (weitgehend unreflektiert) zu teilen. Und tatsächlich – es mag einen Unterschied geben. Der besteht jedoch nicht darin, dass man gänzlich selbst- und eigenständig denken kann, sondern allenfalls darin, dass man sich mehr oder minder bewusst für oder gegen ein bestimmtes Denk- und Wertesystem entscheiden kann. In Anbetracht der Unmöglichkeit von Letztbegründungen und der Tatsache, dass beispielsweise religiöse Eiferer ihren Standpunkt durchaus begründen und (systemimmanent) reflektieren können (z. B. durch angebliche Erfahrung göttlichen Wirkens im eigenen Leben), stellt sich die Frage, wo genau die Grenze zwischen Weltanschauung und reflektierten Deutungsmustern verläuft.

3. *Vorurteile sind dumm.* Dieser Vorwurf scheint insofern problematisch, als eine klare Definition von »dumm« nicht einfach vorzunehmen ist. Bezieht man sich auf eine gewisse Engstirnigkeit und Borniertheit, so ist dem entgegenzuhalten, dass selbst Urteile im engeren Sinne dumm sein können. »Borniert« zu sein heißt, in seiner Perspektive beschränkt zu sein. Weil es weder wünschenswert noch möglich ist, perspektivlos zu sein, läuft es wiederum nur auf eine graduelle Abstufung hinaus. So könnte man sagen, dass jedes Urteil ein bestimmtes Maß an »Dummheit« voraussetzt. Es würde sich folglich um nichts Vorurteilsspezifisches handeln. Versteht man unter Dummheit jedoch einen Mangel an Urteilskraft, so kommt man nicht umhin, die metaphysische und zweifelhafte Ansicht zu teilen, dass *eine* für alle geltende Vernunft existiert.

4. *Vorurteile sind unmoralisch und diskriminieren Menschen.* Diese These enthält zwei Behauptungen, von denen die erste durch die zweite gestützt wird.

7 Vgl. Friedrich Nietzsche, »Ueber Wahrheit und Lüge im aussermoralischen Sinne«, in: ders., *Sämtliche Werke – Kritische Studienausgabe in 15 Bänden*, Bd. 1, Giorgio Colli, Mazzino Montinari (Hg.), Berlin, München, New York 1999, S. 881 f.
8 Ähnliches meinte wohl auch Goethe, als er in seinen »Zahmen Xenien« (IV) schrieb: »Ein Quidam sagt: ›Ich bin von keiner Schule!/Kein Meister lebt, mit dem ich buhle;/Auch bin ich weit davon entfernt,/Daß ich von Toten was gelernt‹. –/Das heißt, wenn ich ihn recht verstand:/Ich bin ein Narr aus eigner Hand«.

Das lateinische Verbum »discriminere« lässt sich mit »unterscheiden« über-
setzen. Tatsächlich helfen Vorurteile (und Urteile) bei der Klassifizierung von
Menschen, ohne die eine Orientierung in der Lebenswelt unmöglich wäre.
Die Frage ist nur, wie klassifiziert wird und mit welchen Auswirkungen auf
Betroffene. Nicht Vorurteile an sich sind es, die Menschen zu Menschen
zweiter Klasse machen, sondern die mit den Vorurteilen einhergehenden
Verhaltensdispositionen. Rassistische oder sexistische Vorurteile sind nicht
schlecht, weil sie Vorurteile sind, sondern weil sie rassistisch bzw. sexistisch
sind.[9] Diese auf den ersten Blick unscheinbare Differenz ist – wie sich noch
zeigen wird – äußerst bedeutsam.

5. *Vorurteile schaden dem Zusammenleben.* Dem könnte man entgegensetzen,
    dass Vorurteile ein Zusammenleben von Individuen eben gerade konstituie-
    ren. Durch Klassifizierungen und Orientierungen innerhalb der gemeinsa-
    men Lebenswelt wird Kultur und Gesellschaft erst möglich. Der Sprung aus
    den Vorurteilen wäre ein Sprung aus der Gesellschaft.[10] Vorurteile stärken
    das Zusammenleben in einer Gruppe.[11]

Es gibt, so konnte zumindest kurz angedeutet werden, keine stichhaltigen Sachar-
gumente gegen Vorurteile – zumal eine Grenzziehung zwischen Vorurteilen und
vorläufigen Urteilen unmöglich ist. Es scheint vielmehr so, als würden Ressenti-
ments gegen Vorurteile (1. bis 3.) instrumentalisiert, um schwer lösbare moralische
Probleme zu einer erkenntnistheoretischen Frage zu verkürzen. Es fehlt jegliche
Rechtfertigung für eine Abwertung von Vorurteilen im Allgemeinen.

Im Gegenteil: Es ist festzuhalten, dass Vorurteile gewisse positive Effekte haben.
Sie stärken das *soziale Gefüge* und stiften *Identität* (s. o.). Sie erleichtern die *Orientierung*. Orientiert sich jemand an Buchkritiken oder an Filmrezensionen, so handelt er nach Vorurteilen, spart aber unter Umständen Zeit und Geld. Es ist ohnehin
nicht möglich, alles aus erster Hand zu erfahren. Die von Vorurteilen ausgehende
Orientierung ist eher als Komplexitätsreduktion und Denkökonomie zu betrachten. Vorurteile *entlasten* und schaffen Denkräume sowie eine Reflexionsbasis.

Es ist zuweilen auch gar nicht sinnvoll, *alle* Erfahrungen sammeln zu wollen:
Wenn ich des Nachts eine Straße entlang gehe und eine Gruppe kahlköpfiger Base-
ballschlägerträger sehe, dann vermute ich, dass es sich um möglicherweise gewalt-
bereite Skinheads handelt, beschleunige meinen Schritt und wechsele schnell die
Straßenseite. Die Vermutung ist ein Vorurteil. Es wäre ebenso möglich, dass es sich
um Menschen mit Haarausfall handelt, die vom Baseballspielen kommen und

---

9 Vgl. Andreas Dorschel, *Nachdenken über Vorurteile*, Hamburg 2001, S. 142 f.
10 Vgl. ebd., S. 21 f.; Wolfgang Sander, *Handbuch politische Bildung*, Schwalbach 1999, S. 371.
11 Vgl. Peter O. Güttler, *Sozialpsychologie – Soziale Einstellungen, Vorurteile, Einstellungsänderungen*,
München, Oldenbourg, Wien 1996, S. 82.

eigentlich recht freundlich sind. Außerdem bin ich noch kein Opfer rechter Gewalt gewesen und habe daher eigentlich wenig Grund, Skinheads derart misstrauisch zu begegnen.[12] Einerseits wird an diesem Beispiel die *Schutzfunktion* von Vorurteilen deutlich, andererseits zeigt sich, in welchem Maße Vorurteile eine handlungsleitende Funktion haben. Durch Skripts, die jeweils in verschiedenen Klassen von Situationen ablaufen, entsteht Verhaltenskonsistenz. Einander ähnliche Situationen können mit einer großen *Verhaltenssicherheit* bewältigt werden – ohne dass über jeden Aspekt nachgedacht werden muss.

4. Vorurteile und ethisches Urteil

Vorurteile sind insofern handlungsleitend, als sich in ihnen eine Handlungsdisposition manifestiert. Man kann Vorurteilen einen normativen Anteil keinesfalls absprechen. Damit werden sie auch für die ethische Urteilsbildung und die Entwicklung der moralischen Urteilsfähigkeit relevant. Um aufzuzeigen, wie Vorurteile die Urteilsbildung beeinflussen, ist zunächst zu untersuchen, wie ein ethisches Urteil zustande kommt.

Ein ethisches Urteil entsteht stets aus einer konkreten Situation heraus. Die Situation wird vor dem Hintergrund der verinnerlichten und bestehenden Werte geprüft. Anschließend wird entschieden, ob und in welchem Maße eine Handlung gut oder schlecht ist. Im Wechsel »Wahrnehmen und Beurteilen«[13] kommt man zu einer Schlussfolgerung. Dies geschieht de facto in Form eines umgekehrten »praktischen Syllogismus«, bei dem der präskriptiven Prämisse die deskriptive voraus geht (wobei die deskriptive Prämisse die Funktion hat, »den vorliegenden Fall als Fall der präskriptiven Prämisse auszuweisen«).[14]

Nun muss man nicht erst konstruktivistische Theoreme bemühen, um einsichtig zu machen, dass die Wahrnehmung einer Situation durchaus individuell verschieden sein kann. Die Situationswahrnehmung hängt von bestimmten Erwartungen ab, d. h. von den in ähnlichen Situationen gemachten Erfahrungen und der Perspektive des Betrachters – kurz: von Vorurteilen und den in ihnen gegründeten Wahrnehmungsdispositionen. Vorurteile sind damit mittelbar in die ethische Urteilsbildung einbezogen, da sie in Form von Kategorisierungsprozessen und Merkmalszuschreibungen die Situationswahrnehmung beeinflussen.

Mitunter spielen Vorurteile hinsichtlich der präskriptiven Aspekte der ethischen

---

12 Dieses Beispiel entspricht weitestgehend einem von Dorschel skizzierten Szenario. Vgl. Dorschel, a. a. O. (Anm. 9), S. 30.

13 Julia Dietrich, »Grundzüge einer ethischen Urteilsbildung – Ein Beitrag zur Bestimmung ethisch-philosophischer Basiskompetenz und zur Methodenfrage der Ethik«, in: Johannes Rohbeck (Hg.), *Ethisch-philosophische Basiskompetenz*, Dresden 2004, S. 86.

14 Ebd., S. 85.

Urteilsbildung eine wesentliche Rolle. Es ist kein Zufall, dass gerade in alltäglichen moralischen Argumentationen die präskriptive Begründung ausgelassen wird (»Du sollst nicht Rauchen! Rauchen verursacht Krebs.«, »Du sollst nicht lügen. Das ist ungezogen!«). Die enthymemische Struktur dieser Argumentationen[15] und die Tatsache, dass jeder sie versteht (Habitualität), zeigen, dass viele Normen scheinbar weder einer Explizierung noch einer Begründung bedürfen. Sie sind im präreflexiven Bereich zu verorten. Die Orientierungsleistung dieser »thick moral concepts«[16] hat ihren Ursprung in der Vorurteilshaftigkeit der Überzeugungen.

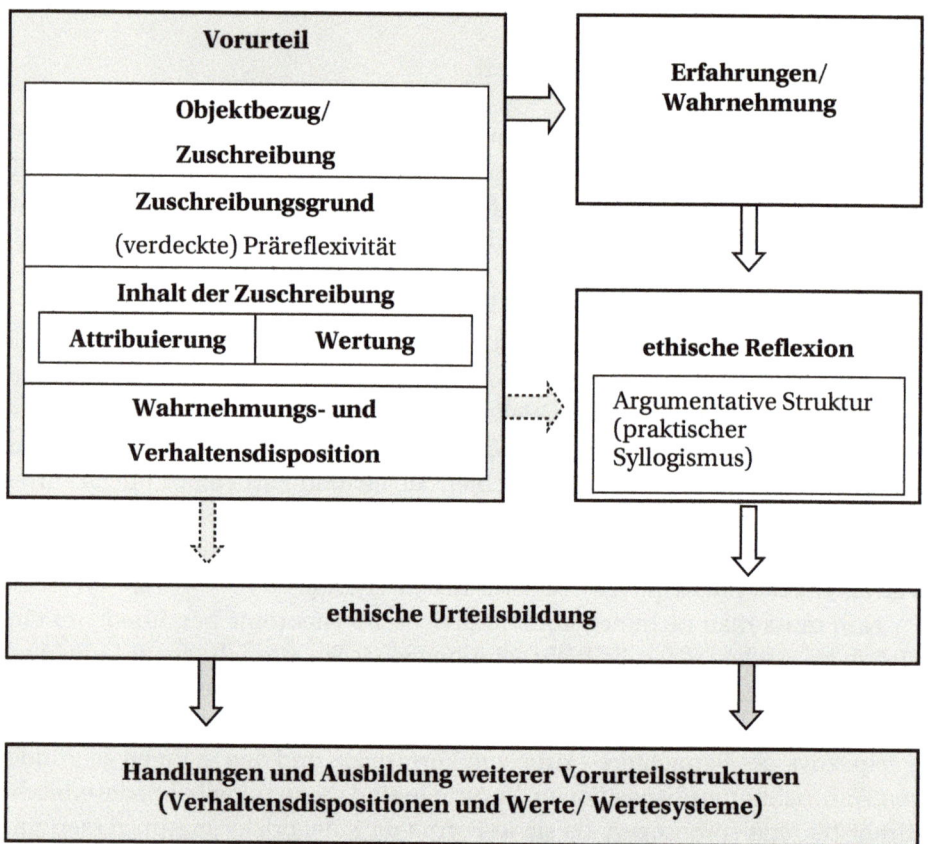

Abb. 2: Einfluss von Vorurteilen auf die ethische Urteilsbildung

15 Die präskriptive Prämisse wird einfach stillschweigend vorausgesetzt (»Krebs verursachende Sachen sollte man unterlassen.«, »Ungezogene Sachen tut man nicht.«).
16 Bernard Williams, *Ethics and the limits of philosophy*, London 1993, S. 129; vgl. Dietrich, a.a.O. (Anm. 13), S. 84.

So können Schüler unter Verwendung dieser Vorurteile zu – aus ethischer Sicht – akzeptablen und viablen Urteilen gelangen. Somit sind Vorurteilsstrukturen selbst in unmittelbarem Sinne der *Ausgangspunkt ethischer Reflexion und Urteilsbildung*. Der Einfluss, den Vorurteile auf die ethische Urteilsbildung haben, kann positiv sein.

In welchem Maß diese Einflussnahme von Vorurteilen auf die ethische Urteilsbildung mittelbar (über Wahrnehmungsdispositionen) oder aber unmittelbar (über Verhaltensdispositionen) erfolgt, ist schwer erfassbar. Allein die weitgehende Übereinstimmung zwischen diesen Dispositionen und ethischen Urteilen lässt vermuten, dass Vorurteile urteilsleitend wirken.

5. Kategorisierung von Vorurteilen – Problematische und akzeptable Vorurteile

Vor diesem Hintergrund wird deutlich, wie wichtig die Rolle von Vorurteilen als *Orientierungswissen* ist – selbst im Bereich ethischen Urteilsbildung. Womit nicht gesagt ist, dass Vorurteile uneingeschränkt positiv zu beurteilen sind. Doch eine pauschale Aburteilung von Vorurteilen ist in meinen Augen ebenso wenig vertretbar.

Versuch einer Kategorisierung nach Nützlichkeitsabwägungen

Vorurteile sind nicht an sich dumm, rassistisch, böse. Sie schaden nicht per se der Gesellschaft oder Individuen. Einige Beispiele zeigen aber: Sie können dies tun. Es sind folglich *problematische* Vorurteile von *akzeptablen* (und nützlichen) Vorurteilen zu unterscheiden. Zu behaupten, dass Ausländer kriminell, Muslime fanatisch und Frauen unfähig zu Führungstätigkeiten sind, ist schließlich etwas kategorial anderes als Aussagen wie: »Christen sind gute Menschen«, »Lügen sind schlecht« und »Spinat ist gesund«.

Einer Reflexion bedarf indes nicht der Zuschreibungsgrund,[17] vielmehr ist die entstehende Wahrnehmungs- und Verhaltensdisposition hinsichtlich ihres Nutzens für alle Beteiligten zu prüfen. Alle Vorurteile, die zu einer Verletzung oder Herabsetzung von Personen, Institutionen und Standpunkten führen, sind daher als »problematisch« zu betrachten.

---

17 Dies ist wie oben bereits ausgeführt nur bedingt möglich. Festzuhalten bleibt: Könnte der Zuschreibungsgrund reflektiert werden und würde dieser reflektiert, so handelte es sich nicht mehr um ein Vorurteil, sondern um ein Urteil.

Das Kriterium der Viabilität

Da Nutzen nur schwer messbar ist, bildet das Kriterium der Viabilität innerhalb eines sozialen Systems ein mögliches Kriterium für die Abgrenzung problematischer von akzeptablen Vorurteilen. Vorurteile sind dann akzeptabel, wenn sie funktional sind und einen gangbaren Weg im sozialen Miteinander ermöglichen – d. h. wenn soziale Interaktion durch das Vorurteil nicht auf eine Weise gestört wird, die für einen der Interaktionspartner inakzeptabel ist.

Der Umgang mit Vorurteilen

Letztlich bleibt zu konstatieren, dass eine generelle Abwertung von Vorurteilen ebenso unsinnig ist wie der undifferenzierte Kampf gegen Vorurteile. Sicher gibt es Vorurteile, die problematisch sind und beseitigt werden sollten. Mindestens im selben Maße gibt es aber Vorurteile, die nützlich sind und ethische Orientierungen bieten. Diese Vorurteile beseitigen zu wollen (und es handelt sich dabei um einen Großteil dessen, was man als »Alltagsmoral« verstehen kann), heißt, große Potentiale zu verschenken. Dadurch werden Verhaltensunsicherheiten bzw. Handlungsinkonsistenzen in Kauf genommen – zu Lasten der Lebenstauglichkeit. Bezogen auf den philosophischen Unterricht bedeutet dies, dass dem Lernziel »Vorurteile abbauen« ein zweifelhaftes »rationalistisches« Ressentiment mit einem zu hohen Generalisierungsgrad zugrunde liegt: Maßnahmen zur Bekämpfung von Vorurteilen können sich kontraproduktiv auf die Entwicklung der moralischen Urteilsfähigkeit auswirken und tragen zur Desorientierung bei.

Es ist demnach sinnvoll, Vorurteile für den Ethik- und Philosophieunterricht produktiv zu nutzen, da sie ein wesentlicher Ausgangspunkt ethischer Urteilsbildung sind. Es ist wichtig, an und mit Vorurteilsstrukturen zu arbeiten. Es gilt, die bestehenden Vorurteilsstrukturen aufrecht zu erhalten und im Blick auf problematische Vorurteile zu verändern. Dies erfordert eine differenzierte Betrachtung von Vorurteilen bezüglich ihres Nutzens bzw. ihrer Viabilität.

6. Rückschlüsse auf das Verhältnis von Weltanschauung und Philosophie

An dieser Stelle ist die Philosophie von Bedeutung – und ihr Verhältnis zur Weltanschauung. Es ist – und diese Konsequenz wurde im Workshop intensiv diskutiert und hinterfragt – nicht die Aufgabe der Philosophie, jedes weltanschauliche Deutungsmuster in ein reflektiertes Deutungsmuster zu überführen. Dieser undifferenzierte »Kampf« gegen Vorurteile würde Sinn tragende Orientierungen zerstören und einer stabil funktionierenden »Alltagsmoral« entgegenwirken. Gleichwohl ist die Philosophie als kritisches Korrektiv notwendig: Mit ihren Orientierungskompetenzen ermöglicht sie eine adäquate Prüfung des Nutzens/der Viabilität von Vorurteilen. Philosophie hat das Recht und die Pflicht, Weltanschauungen zu befragen, aber nicht indem sie diese infrage stellt, anzweifelt oder gar widerlegt, sondern indem sie diese differenziert. Die Philosophie kann den Diskurs über die Viabilität und Angemessenheit von weltanschaulichen Deutungsmustern sinnvoll steuern und moderieren. Hier hat die Philosophie als Orientierungssystem ihre Aufgabe.

Markus Tiedemann

Bestandteil, Gegenstand, Herausforderung oder Überforderung?

Weltanschauungen und ihre Bedeutung
für den Philosophieunterricht

Der Workshop hatte sich das Ziel gesetzt, das systematische Verhältnis von Weltanschauungen und Philosophie genauer zu bestimmen. Im Zentrum der Untersuchung standen drei Fragen:

1. Können Weltanschauungen selbst Bestandteil der Philosophie sein?
2. Sollten diejenigen Weltanschauungen, die nicht ohnehin Bestandteil der Philosophie sind, Gegenstand des Philosophieunterrichtes sein?
3. Wann stellen Weltanschauungen für den Philosophieunterricht eine Überforderung dar?

Um diese Fragen zu diskutieren, wurden den Workshopteilnehmern Beispiele mit unterschiedlichen Schwerpunkten vorgelegt.

1. Weltanschauungen als ethische Konzeptionen

Das erste Beispiel, die ethische Konzeption Albert Schweitzers, sollte vor allem die Frage stimulieren, in wieweit Weltanschauungen immanenter Bestandteil der Philosophie sein können. Den Workshopteilnehmern wurde folgende Aufgabe gestellt:

Albert Schweitzer: »Ehrfurcht vor dem Leben«

Ethische Konzeptionen, wie die von Albert Schweitzer, werden in zahlreichen Lehrwerken des Philosophie- und Ethikunterrichtes vorgestellt.
Es stellt sich aber die Frage, ob derartige Konzeptionen als genuin philosophisch verstanden werden sollten oder ob es sich um externe Werke handelt, die ebenso wie Poesie Gegenstand einer philosophischen Untersuchung werden können.

Bitte ordnen Sie sich tendenziell einer der drei folgenden Positionen zu:
  1. Konzeptionen wie Schweitzers Achtung vor dem Leben sind genuin philosophisch.
  2. Nein, derartige Weltanschauungen sind selbst keine Philosophie, können aber zum Gegenstand philosophischer Untersuchungen werden.
  3. Nein, derartige Weltanschauungen sind keine Philosophie und sollten auch nicht zum Gegenstand philosophischer Untersuchungen werden.

Die überwiegende Mehrheit der Workshopteilnehmer vertrat die Positionen 1 und 2. Diejenigen, die Schweitzers »Ehrfurcht vor dem Leben« selbst als immanent philosophisch betrachten, beriefen sich auf die Esoterik-Exoterik-Spannung[1] der Philosophie. Weltanschauungen wie die Schweitzers auszuschließen, führe unnötig zu einem rein akademischen und tendenziell sprachanalytischen Philosophieverständnis.

Die Vertreter der zweiten Position verstanden Schweitzer als einen legitimen, ja attraktiven Gegenstand des Philosophieunterrichts, ohne ihn jedoch selbst den Status einer philosophischen Konzeption zubilligen zu wollen. Kriterium für diese Bewertung war ein Mangel an argumentativer Schärfe und die als »naiv« bezeichnete religiöse Prämisse der Konzeption. Eine formale Qualifikation des Autors war indes kein Kriterium. Im Falle Schweitzers, der bekanntlich über Kant promovierte, war dies nicht anders zu erwarten. Es bestand aber ein genereller Konsens, die philosophische Güte einer Konzeption nicht an der akademischen Qualifikation der Autoren zu messen.

Nur zwei Stimmen vertraten die Ansicht, dass Weltanschauungen wie die Schweitzers weder philosophisch seien, noch Gegenstand des Philosophieunterrichtes sein sollten. Konzeptionen, die einer religiösen Grundhaltung entspringen,

---

1 Vgl. Ekkehard Martens, »Philosophie in der Spannung von Esoterik und Esoterik. Zum Begriff einer Philosophie für jedermann«, in: Kommer, Lorenzen u. a., *Philosophie als Thema der universitären Erwachsenenbildung*, Hannover 1981, S. 9–27.

seien immanent unphilosophisch und daher auch als Gegenstand des Philosophieunterrichts unerwünscht.

Dieser Einschätzung wurde entgegengehalten, dass zahlreiche allgemein anerkannte, philosophische Werke und Systeme auf jüdisch-christlichen oder buddhistischen Fundamenten beruhten. Zudem stelle sich die Frage ob es überhaupt möglich ist, Philosophie ohne metaphysische Vorannahmen zu betreiben. Religiös geprägte Systeme nicht einmal als Gegenstand des Philosophieunterrichtes anzuerkennen, hieße u. a. die Religionskritik aus dem Philosophieunterricht zu verbannen.

2. Weltanschauung als Pseudowissenschaft

Die nachfolgenden Beispiele konzentrierten sich vorrangig auf die Fragen, in wieweit Weltanschauungen als Gegenstand eine zu bewältigende Herausforderung oder eine Überforderung des Philosophieunterrichtes seien.

Den Workshopteilnehmern wurde zunächst ein Beispiel aus dem Bereich Pseudowissenschaft vorgelegt und kurz referiert.

Familienaufstellung nach Hellinger

Familienaufstellung (auch: Familienstellen) ist die bekannteste Form der sogenannten Systemaufstellung. Durch Bert Hellinger wurde dieses allgemein anerkannte psychotherapeutische Verfahren abgewandelt und mit bisher ungekannten Ansprüchen auf Diagnose- und Heilungskraft beworben.

Während einer klassischen Familienaufstellung wählt die zu therapierende Person sogenannte Stellvertreter für die Mitglieder der eigenen Familie aus und verteilt diese intuitiv im Raum. Die Betrachtung der Konstellation und die Befragung der Stellvertreter ermöglicht Einblicke in das System der Familie und die möglichen Gefühle der Familienmitglieder.

Hellinger hingegen beansprucht einen Effekt »repräsentativer Wahrnehmung«.[2] Dies bedeutet, dass die Aussagen, Reaktionen und Gefühle der Stellvertreter die authentischen Aussagen, Reaktionen und Gefühle der echten Familienmitglieder repräsentieren. Namhafte Therapeuten haben sich öffentlich von Hellinger

---

2 Vgl. Bert Hellinger, *Was Familien krank macht und heilt*, Freiburg 2000, S. 98 ff.

distanziert. Zudem werfen sie Hellinger ein reaktionäres und patriarchalisches Denken, sowie einen autoritären Umgang mit Patienten vor.

Aufsehen erregte ein Spiegel-Bericht aus dem Jahre 2002, welcher kaum fassbare Therapiepraktiken dokumentierte. So forderte Hellinger eine Patientin dazu auf, vor dem Stellvertreter ihres Vaters niederzuknien, um sich für dessen sexuellen Missbrauch zu bedanken.[3] Ebenso schwer erträglich sind Hellingers Vorschläge zur Enttraumatisierung ganzer Völker. »[Das] jüdische Volk [findet] erst dann seinen Frieden mit sich selbst, mit seinen arabischen Nachbarn und mit der Welt, wenn auch der letzte Jude für Hitler das Totengebet gesprochen hat.«[4] Einsichten wie diese überkommen den Therapeuten »blitzartig«, wie Hellinger in einem Interview mit der Wochenzeitung DIE ZEIT berichtet.[5]

Dessen ungeachtet beansprucht die Familienaufstellung nach Hellinger eine wissenschaftlich anerkannte Methode zu sein, die es verdient, in internationalen Kongressen gewürdigt zu werden.[6] Zudem überschwemmt eine Flut von Hellingerangeboten das Land, deren Therapeuten ihre Qualifikation auf Wochenendkursen erlangen.

»Aufgestellt wird inzwischen neben den obligatorischen Familien samt Uropas und abgetriebenen Kindern geradezu alles, was nicht mehr niet- und nagelfest ist: Organisationen, Körperteile, Völker, Gott und, bei Hellingers Hang zum Morbiden nicht verwunderlich, der Tod höchstpersönlich.«[7]

Bitte ordnen Sie sich einer der drei folgenden Positionen zu:

1. Ja, der Philosophieunterricht kann und sollte auch Pseudowissenschaften thematisieren und analysieren.
2. Es wäre wünschenswert, derartige Pseudowissenschaften zu thematisieren und zu analysieren, aber der Philosophieunterricht ist hierzu nicht in der Lage.
3. Es ist nicht wünschenswert derartige Pseudowissenschaften im Philosophieunterricht zu thematisieren und zu analysieren.

Mit Ausnahme einer Stimme, die nach wie vor die Behandlung nicht genuin philosophischer Theorien im Philosophieunterricht verweigerte, kamen die Workshopteilnehmerinnen und Workshopteilnehmer schnell zu dem Konsens, dass die Bearbeitung derartiger Theorien möglich ist und wünschenswert sein kann. Wün-

---

3 Beate Lakotta, »Danke, lieber Papi«, in: *DER SPIEGEL* 7, 2002.
4 Vgl. Bert Hellinger, *Mit der Seele gehen*, Freiburg 2001, S. 50.
5 Vgl. Martin Buchholz, »Da sitzt das kalte Herz!«, in: *DIE ZEIT* 21.08.2003, Nr. 35.
6 Vgl. ebd.
7 Werner Haas, *Familienstellen – Therapie oder Okkultismus? Das Familienstellen nach Hellinger kritisch beleuchtet*, Stuttgart 2005, S. 1.

schenswert sei die Behandlung derartiger Pseudowissenschaften als Teilbereich einer längeren Unterrichtseinheit, etwa zum Thema Wissenschaftstheorie oder Erkenntnistheorie. Darüber hinaus sollte sich der Philosophieunterricht derartigen Themen stellen, sofern diese von den Schülern in den Unterricht getragen werden oder als dringliches, pädagogisches Anliegen einzuschätzen seien. Wer das didaktische Prinzip der Problemorientierung ernst nehme, der könne sich den Interessen der Schülerinnen und Schüler nicht verschließen. Auch sei zu berücksichtigen, dass der Philosophieunterricht Teil eines übergeordneten Bildungs- und Erziehungsauftrages sei. In Fällen akuter Dringlichkeit sollte sich der Philosophieunterricht an der Aufarbeitung von Pseudowissenschaften beteiligen.

Weiterhin sah die Mehrheit der Workshopteilnehmer den Philosophieunterricht als kompetentes Forum zur Entlarvung von Pseudowissenschaften an. Wissenschaftskritik, so der Konsens, sei schließlich ein zentraler Bereich der Philosophie. Der Umgang mit betroffenen Schülern erfordere allerdings weit mehr als philosophische Aufklärung.

3. Weltanschauung als politischer Extremismus

Als nächstes wurde ein Beispiel aus dem Bereich des politischen Extremismus vorgelegt.

Rechtsextremer Geschichtsrevisionismus

Der selbsternannte Revisionismus gehört zum geistigen Überbau jener rechtsextremen Bewegungen, die in immer neuen Wellen die Bundesrepublikanische Gesellschaftsordnung bedrohen. Neben der Legitimation des eigenen Weltbildes und der vertretenen politischen Forderungen zielt diese Geschichtsschreibung auf Erschütterung der bestehenden Gesellschaft.

Auch die liberale, pluralistische Gesellschaft ruht – trotz aller Differenzen des privaten und wissenschaftlichen Diskurses – auf einem historischen Minimalkonsens. Was könnte diese Grundfeste empfindlicher erschüttern als die Behauptung, der Holocaust sei eine Erfindung, Auschwitz ein normales Arbeitslager und Vergasung nicht mehr als ein Gräuelmärchen? Wenn diese Thesen zudem mit angeblich wissenschaftlichen Gutachten untermauert werden, können sich nagender Zweifel und die Faszination des Stigmas entfalten.

Bitte ordnen Sie sich einer der drei folgenden Positionen zu:
1. Ja, der Philosophieunterricht kann und sollte auch extreme politische Ideologien thematisieren, analysieren und bewerten.
2. Es wäre wünschenswert, derart extreme Ideologien zu thematisieren, zu analysieren und zu bewerten, aber der Philosophieunterricht ist hierzu nicht in der Lage.
3. Es ist nicht wünschenswert derart extreme Ideologien im Philosophieunterricht zu thematisieren, zu analysieren und zu bewerten.

Wie nach der Vordiskussion nicht anders zu erwarten, kam die überwiegende Mehrheit der Workshopteilnehmer schnell zu der Übereinkunft, dass die Analyse und Bewertung extremistischer Weltanschauungen auch im Philosophieunterricht durchaus wünschenswert erscheint. Hauptargumente waren erneut das didaktische Prinzip der Problemorientierung und der übergeordnete Bildungsauftrag.

Anders als bei dem vorangegangenen Beispiel fühlt sich die Mehrheit der Kolleginnen und Kollegen für die Bearbeitung politisch extremistischer Weltanschauungen nur ungenügend gerüstet. Erforderlich sind aus Ansicht der Workshopteilnehmer eigene, dezidiert gute historische Kenntnisse oder aber eine enge fachliche und didaktische Kooperation mit Fächern wie Geschichte oder Politik. Gleichzeitig konnte Konsens darüber erzielt werden, dass das sokratische Fragen eine attraktive Methode zur Auseinandersetzung mit extremistischen Weltanschauungen bietet. Da Sokrates ohne erhobenen Zeigefinger auftritt, entfalten seine Fragen nicht selten eine entwaffnende und entlarvende Wirkung.[8] Auch für die eigene Entlastung mit schwer erträglichen Personen und Positionen kann die sokratische Grundhaltung dienen. Die Analyse der sokratischen Dialoge lehrt, dass Sokrates nicht selten weniger sein Gegenüber als das Auditorium im Sinn hat. Pädagogisch lässt sich daraus die Lehre ziehen, die eigene Kraft nur auf diejenigen zu richten, die noch von Argumenten erreicht werden können. Aufreibende Einzelgespräche mit unbeweglichen Dogmatikern können unterbleiben. Wo aber eine Wirkung auf das Auditorium erzielt werden kann, lohnt sich der Einsatz, auch wenn die Einstellung des konkreten Gesprächspartners unverändert bleibt.

Als letztes Beispiel war geplant, den Umgang mit religiösem Fanatismus anhand des Karikaturenstreites zu thematisieren. Dieser konnte aus Zeitgründen nicht mehr realisiert werden. Ein eiliger Austausch ergab lediglich, dass die Mehrheit der Workshopteilnehmer den Karikaturenstreit als geeigneten Anlass für ethische, erkenntnistheoretische und metaphysische Untersuchungen im Philosophieun-

---

8 Vgl. Markus Tiedemann, »Sokratische Tugenden im Umgang mit rechtsradikaler Geschichtsverfälschung«, in: Christian Gefert, Ekkehard Martens, Volker Steenblock, *Philosophie und Bildung*, Bd. 1, Münster 2005.

terricht erachten. Zudem war man der Ansicht, dass die Philosophie, vertreten durch Lehrer-, Hochschullehrer und Publizistik, während des Karikaturenstreites eindeutiger Partei hätte ergreifen sollen.

Resümee

Der Workshop ergab, dass die überwiegende Mehrheit der Teilnehmer ein durch Esoterik-Exoterik-Spannung geprägtes Philosophieverständnis vertritt. Demnach vermögen Weltanschauungen Teil der Philosophie zu sein, sofern sie bereit sind, sich in der argumentativen Auseinandersetzung zur Disposition zu stellen.

In der didaktischen Fachliteratur kommt dieses Verständnis unter anderem bei Ekkehard Martens zum Ausdruck: Weltanschauungen, so Martens, stehen zwar in der Gefahr, »seicht« oder »dogmatisch« zu werden, haben aber z. B. in der »Kulturphilosophie Albert Schweitzers« bemerkenswerte Ansätze hervorgebracht, die es verdienen, »vor allem in der begrifflichen und argumentativen Darstellung... methodisch elementarisiert« zu werden.[9]

Weltanschauungen in jedem Fall als Gegenstand des Philosophieunterrichts zuzulassen, ergibt sich vor allem aus dem didaktischen Prinzip der Problemorientierung. Problem- und Schülerorientierung sind als Leitprinzipien in nahezu allen Lehr- und Rahmenplänen der Republik zu finden. Neben motivationalen Überlegungen bringen diese Prinzipien die Überzeugung zum Ausdruck, dass Qualität einer philosophischen Untersuchung nicht primär durch ihren Gegenstand, sondern durch die methodische Vorgehensweise und die Haltung der Forschenden geprägt wird.

Gleichwohl ist nicht zuletzt aus pädagogischen Gründen zu bezweifeln, ob der Philosophieunterricht geeignet ist, jede weltanschauliche Herausforderung allein zu bewältigen.

Pseudowissenschaften können durch die philosophische Wissenschaftskritik einer entlarvenden Kritik unterzogen werden. Die Betreuung persönlich betroffener Schülerinnen und Schüler ist dadurch aber noch nicht geleistet.

Eine gewinnbringende Auseinandersetzung mit politischem Extremismus bedarf nicht nur philosophischer, sondern auch politischer, historischer und pädagogischer Kenntnisse und Fähigkeiten. In diesen Zusammenhängen gewinnt das Prinzip des fächerübergreifenden Unterrichts besondere Bedeutung.

Hilfreich im Umgang mit dogmatischen Gesprächspartnern erscheint die Methode der sokratischen Gesprächsführung. Zum einen entfaltet die sokrati-

---

9 Vgl. Ekkehard Martens, *Methodik des Ethik- und Philosophieunterrichts. Philosophieren als elementare Kulturtechnik,* Hannover 2003, S. 26.

sche Fragetechnik nicht selten eine erfreulich entlarvende Wirkung, zum anderen lehrt Sokrates, nicht an der Unzulänglichkeit des Gegenübers zu verzweifeln, sondern Genugtuung aus der Wirkung auf das Auditorium zu ziehen.

Marie-Luise Raters (Hg.)

Werte in Religion und Ethik

Modelle des interdisziplinären Werteunterrichts in Deutschland und der Schweiz

 Welche Rolle darf die persönliche Weltanschauung des Lehrenden im Unterricht spielen? Wie authentisch dürfen Lehrende im Religionsunterricht sein? Was sollte den Lernenden vermittelt werden, Fachwissen oder Medienkompetenz? Wie wichtig ist die Sprachfähigkeit der Lehrenden im Ethikunterricht? Mit diesen und anderen Fragen setzen sich namhafte Vertreter der Didaktik der Philosophie und Religion im vorliegenden Band auseinander. In ihren Aufsätzen vergleichen sie Modelle des Ethik- und Religionsunterrichts in Deutschland und der Schweiz und entwickeln neue Ansätze für dessen Gestaltung.

Thelem 2011. Kt., ca. 16 x 23 cm, 198 S., zahlr. Tabellen, Grafiken und Abb., 29,80 € [D]
ISBN 978-3-942411-16-5

 **Marie-Luise Raters** ist seit 2002 Privatdozentin für Ethik an der Universität Potsdam. Sie ist u. a. Mitherausgeberin des *Handbuchs für Angewandte Ethik* und veröffentlichte zahlreiche Bücher und Artikel zur (Religions-)Philosophie, Philosophiedidaktik und Ethik.

Marie-Luise Raters

Das moralische Dilemma im Ethik-Unterricht

Moralphilosophische Überlegungen zur Dilemma-Methode nach Lawrence Kohlberg

Die Dilemma-Methode nach Lawrence Kohlberg ist eine favorisierte Methode des Ethik-Unterrichts unserer Zeit. Tatsächlich setzt sie genau da an, wo der Ethik-Unterricht ansetzen sollte: Bei konkreten lebensweltlichen Problemen nämlich. Vom Standpunkt der Moralphilosophie weist die Methode allerdings das Problem auf, dass sie den falschen Anschein erweckt, es ließe sich auf der höchsten 6. Stufe der Moralentwicklung ausnahmslos jedes moralische Problem durch Anwendung universalistischer Moralprinzipien lösen. Das Buch plädiert deshalb nach einem I. Teil zu den didaktischen und methodischen Standarddiskussionen in einem II. und III. Teil dafür, dass im Ethikunterricht eine 7. Stufe der Moralentwicklung anvisiert wird, die sowohl zu einem situativ begründeten Prinzipienverstoß als auch zum Umgang mit unauflösbaren moralischen Dilemmata befähigen soll.

Das Buch richtet sich vorrangig an Lehrende beider Sekundarstufen, an Lehramtsstudent/innen, Referendar/innen und ihre Ausbilder.

Thelem 2011. Kt., ca. 16 x 23 cm, 196 S., 29,80 € [D]
ISBN 978-3-942411-29-5

Jahrbuch für Didaktik der Philosophie und Ethik

Herausgegeben von Johannes Rohbeck

2000: Methoden des Philosophierens
Hg. v. Johannes Rohbeck
Thelem 2000. Kt., 188 S., 18,50 € [D]
im Fortsetzungsbezug 15,– € [D]
ISBN 978-3-933592-11-8

2001: Philosophische Denkrichtungen
Hg. v. Johannes Rohbeck
Thelem 2001. Kt., 204 S., 18,50 € [D]
im Fortsetzungsbezug 15,– € [D]
ISBN 978-3-933592-16-3

2002: Denkstile der Philosophie
Hg. v. Johannes Rohbeck
Thelem 2002. Kt., 200 S., 19,– € [D]
im Fortsetzungsbezug 15,50 € [D]
ISBN 978-3-933592-29-3

2003: Didaktische Transformationen
Hg. v. Johannes Rohbeck
Thelem 2003. Kt., 200 S., 19,– € [D]
im Fortsetzungsbezug 15,50 € [D]
ISBN 978-3-935712-14-9

2004: Ethisch-philosophische Basiskompetenz
Hg. v. Johannes Rohbeck
Thelem 2004. Kt., 194 S., 19,– € [D]
im Fortsetzungsbezug 15,50 € [D]
ISBN 978-3-935712-45-3

2005: Anschauliches Denken
Hg. v. Johannes Rohbeck
Thelem 2005. Kt., 190 S., 19,– € [D]
im Fortsetzungsbezug 15,50 € [D]
ISBN 978-3-937672-02-1

2006: Philosophische Bildung und Ausbildung
Hg. v. Johannes Rohbeck und Volker Steenblock
Thelem 2006. Kt., 180 S., 19,– € [D]
im Fortsetzungsbezug 15,50 € [D]
ISBN 978-3-937672-48-9

2007: Hochschuldidaktik Philosophie
Hg. v. Johannes Rohbeck
Thelem 2007. Kt., 190 S., 19,– € [D]
im Fortsetzungsbezug 15,50 € [D]
ISBN 978-3-939888-45-1

2008: Empirische Unterrichtsforschung und Philosophiedidaktik
Hg. v. Johannes Rohbeck,
Urs Thurnherr und Volker Steenblock
Thelem 2009. Kt., 186 S., 19,– € [D]
im Fortsetzungsbezug 15,50 € [D]
ISBN 978-3-939888-67-3

2009: Maß nehmen – Maß geben
Leistungsbewertung im Philosophieunterricht und Ethikunterricht. Hg. v. Gisela Raupach-Strey und Johannes Rohbeck
Thelem 2011. Kt., 198 S., 19,– € [D]
im Fortsetzungsbezug 15,50 € [D]
ISBN 978-3-942411-30-1

Erhältlich in Ihrer (Online-) Buchhandlung oder direkt beim Verlag:
THELEM | Bergstr. 70 | D-01069 Dresden | Tel. +49 351 4721463 |
Fax: +49 351 4721465 | mail@thelem.de | **www.thelem.de**